# La douleur de la Grâce

### Vivre et souffrir dans la dignité

Joni J. Seith

Traduit par le Père Michel Legault, MSA

En Route Books and Media, LLC
Saint Louis, MO

En Route Books and Media, LLC
5705 Rhodes Avenue
St. Louis, MO 63109

Crédit de la couverture : Katie Busch
Crédit photo de la quatrième de couverture : Annie Norton

Sur la photo de couverture, prise par Katie Busch, on peut voir l'Italie. Le paysage est visible à travers la vitre de la fenêtre qui est du verre, fabriqué à la main, troué et imparfait. La lumière qui le traverse nous permet non seulement de voir le paysage charmant, mais, de plus, elle met en relief les picots et les défauts du verre, sans en altérer la beauté,
Mais plutôt elle l'enrichit.

ISBN- 13 : 979-8-88870-146-1
Numéro de contrôle de la bibliothèque du Congrès : 2024933936

Copyright © 2023 Joni J. Seith
Tous droits réservés.

Aucune partie de cette brochure ne peut être reproduite, stockée dans un système d'archivage ou transmise sous quelque forme ou par quelque moyen que ce soit, électronique, mécanique, photocopie ou autre, sans l'autorisation écrite préalable de l'auteur.

À l'homme en qui mon cœur bat et le sien dans le mien,
mon mari, Bob

Comme fruit de l'œuvre salvifique du Christ, l'homme existe *sur* terre, avec l'espérance de la sainteté et de la vie éternelle. Et même si la victoire sur le péché et sur la mort, remportée par le Christ grâce à sa Croix et à sa Résurrection, ne supprime pas les souffrances temporelles de la vie humaine, et ne libère pas de la souffrance l'existence humaine dans la totalité de sa dimension historique, elle jette cependant une lumière nouvelle : la lumière du salut.

*-IV La souffrance vaincue par l'amour - "Salvifici Doloris"*

# Remerciements

Sans l'amour, les prières et le soutien de mon mari, Bob, de mes enfants, Kaitlyn et Chris McGrath et de mes petits-enfants, le père Chris, Logan et Éric, de ma meilleure amie Mary Funk, de mes parents, de mes beaux-parents, de Tierney, ma fille d'adoption,[1] et d'une foule d'amis admirables et de membres de la famille, ce livre n'aurait jamais vu le jour. Plus important encore, ma vie n'aurait pas été aussi fructueuse sans les grâces que Dieu m'a accordées grâce à vos prières et à vos sacrifices. Je vous en suis éternellement reconnaissante!

Je tiens également à remercier nommément quelques-uns de mes amis, qui ont longtemps souffert avec moi en me soutenant de

---

[1] Dans la version originale de son livre en anglais, Mme Seith mentionne comme membre de sa famille Tierney qu'elle présente comme sa « bonus daughter» [fille bonus] qui vit avec elle comme un membre de la famille. Dr. Sebastian Mahfood, l'editeur de son livre; s'est informé auprès d'elle à propos de la meilleure façon de traduire « bonus daughter. Voici le mot qu'elle lui a fait parvenir. :

« Tierney s'est lié d'amitié avec Éric et Chris lors d'un pèlerinage aux JMJ. Le père Chris m'a mentionné à plusieurs reprises après leur voyage que cette fille avait besoin d'une maman et il savait que nous l'aimerions. Et nous l'avons fait!!! Lorsque Bob et moi avons appris sa situation de vie intolérable, nous l'avons fait emménager avec nous. Tierney est comme un clone de moi. Je ne sais pas comment elle ne vient pas de mes gènes. Parce qu'elle avait 19 ans, nous n'avons pas pu l'adopter, mais c'est ma fille et je suis sa mère. Je ne sais donc pas comment décrire notre relation. Je suppose que nous pourrions l'appeler notre fille adoptive. Je n'imagine pas que quelqu'un en France vérifie ses papiers. Tierney m'appelle maman. Donc je sais qu'elle serait d'accord avec « « fille adoptive ». Vous savez maintenant pourquoi l'appeler «fille bonus » la décrit parfaitement. »

leur amitié et qui, d'une manière ou d'une autre, continuent à sourire, à me soutenir et à prier sans relâche pour moi : Mary Funk, Sam Fatzinger, Evie Svoboda, Magda Pettey, Karen Howard, Gael Swick, Margaret Grybauskas, Kathleen Brunner, Anita Lamb, Betsy et Bob April, Kristy et Jim April, Amy et Rob Van Rite, Barb Lorei, et les autres amis de ma famille paroissiale du Sacré-Cœur. Kevin Wells et Justin McClain, merci pour vos conseils et vos encouragements tout au long de cette aventure!

J'ai aussi la chance d'avoir une foule de « *guerriers de la prière* » extraordinaires, qui prient tous pour moi et pour ma famille et dont les noms sont écrits dans mon cœur. Que puis-je dire? Sans vos prières et vos sacrifices, je ne peux même pas imaginer la personne misérable que je serais. Que le Seigneur vous bénisse tous!

Merci à mes elfes de l'édition : Margaret Grybauskus, Ann Nalley, Laurie Danko et aux rédacteurs d'*En Route!* Dr. Sebastian Mahfood, OP, merci d'avoir donné des ailes à mon histoire et de lui avoir permis d'être partagée avec d'autres personnes! C'est un plaisir de travailler avec vous, et je vous en suis très reconnaissante!

Un grand merci également aux prêtres de l'Archidiocèse de Washington, aux religieux des *Serviteurs de Notre Seigneur et de la Vierge Marie de Matara* et aux Missionnaires de la Charité dont les prières sont inestimables et nous maintiennent, moi et ma famille, dans la grâce! Merci de continuer à garder la famille Seith dans vos prières!

# Remerciements

Nous remercions tout particulièrement Todd Herzberger, physiothérapeute, qui, pendant plus de 20 ans, a reconstitué *Humpty Dumpty* sans jamais se plaindre.[2]

Merci à mes "Shleppers" - Papa et Margie (Reposez en paix!), Evie Svoboda, Rob VanRite et, bien sûr, Mary Funk. Je ne sais pas ce que je ferais sans vous!

Comment même commencer à remercier Dieu? Que mon amour pour Toi soit perceptible dans mon cœur reconnaissant et qu'il se propage aux autres afin qu'ils puissent eux aussi Te connaître et t'aimer! J'espère de tout cœur que le récit de mon histoire Te rende gloire, Seigneur. Je Te remercie aussi pour Ta très Sainte Mère dont les soins, le réconfort, les conseils et l'amour maternel ont rendu ma vie joyeusement riche. Je te remercie également pour mes amis célestes, en particulier le Pape saint Jean-Paul le Grand et Sainte Sœur Faustina. J'ai hâte de vous rencontrer tous de l'autre côté. Vous m'avez inspirée pour atteindre les sommets. Enfin, et ce n'est pas le

---

[2] Mme Seith soufre des syndromes d'Ehlers-Danlos qui sont des maladies héréditaires rares du tissu conjonctif qui aboutissent à une souplesse anormale des articulations, une peau très élastique et des tissus fragilisés. Cette maladie peut provoquer la dislocation des membres., Mme Seith se compare à Humpty Dumpty, personnage bien connu des anglophones. On le représente souvent sous la forme d'un œuf qui, en tombant, se brise en miettes.

Humpty Dumpty est un personnage d'une comptine anglaise,

Humpty Dumpty était assis sur un mur.
Humpty Dumpty fit une grande chute.
Tous les chevaux du roi et tous les hommes du roi
Ne purent remettre Humpty Dumpty sur pied.
[Informations prises sur le Web]

moindre, j'adresse un grand coup de chapeau à mon Ange Gardien, qui a eu du pain sur la planche depuis le jour où j'ai été créée! Tu fais du bon travail! Je sais que cela n'a pas été facile.

- Joni J. Seith

# Table des matières

Remerciements ............................................................ i

Préface ................................................................ vii

**Première partie** ...................................................... 1

Chapitre 1 : La famille, oh! Mon Dieu! ................................. 3
Chapitre 2 : Vivre ma vie ............................................. 21
Chapitre 3 : Éveil à la Vérité ........................................ 35
Chapitre 4 : Un nouvel état de vie .................................... 49
Chapitre 5 : Problèmes familiaux ...................................... 69
Chapitre 6 : Les défis de la vie ...................................... 83
Chapitre 7 : Que se passe-t-il? ....................................... 99
Chapitre 8 : La passion de la prière ................................. 113
Chapitre 9 : Motivation .............................................. 131
Chapitre 10 : Un rêve réalisé ........................................ 147
Chapitre 11 : Vivre immergé dans la vie et la grâce .................. 161
Chapitre 12 : Envoyée en mission ..................................... 175
Chapitre 13 : Tout est dans ma tête .................................. 185
Chapitre 14 : Grâces inattendues ..................................... 197
Chapitre 15 : Appelés à vivre la Messe ............................... 207

**Deuxième partie** ........................................................................... 217

Chapitre 1 : Le temps s'envole ................................................. 219
Chapitre 2 : Les montagnes russes ........................................... 231
Chapitre 3 : Des bénédictions à profusion .............................. 241
Chapitre 4 : Guérisons et bénédictions et la grâce de la
    souffrance ............................................................................ 253
Chapitre 5 : Mères juives ........................................................... 269

# Préface

La vie pue.[1] Regardons les choses en face : parfois, c'est vraiment le cas, et d'autres fois, c'est tout simplement injuste. Même certains des plus grands saints ont pensé ainsi. On peut le voir dans ce fait que raconte Sainte Thérèse d'Avila. Après être tombée de l'arrière de son carrosse, elle dit à Jésus : « Si c'est ainsi que tu traites tes amis, il n'est pas étonnant que tu en aies si peu ». Elle le savait. Et nous le savons aussi. Parfois, la vie pue et vraiment dure. D'autres fois, ça ne va pas si mal, et nous pouvons gérer les petits défis de notre vie, les « *croix* », si vous voulez. Parfois, les choses semblent aller très bien et parfois, eh bien! elles puent tout simplement.

Dans ce livre, je partagerai avec vous mon histoire, les événements de la vie, qu'ils soient « malodorants » ou « parfumés ». Et comme mon mari me le rappelle toujours, « Avec Joni, rien n'est ennuyeux ». Alors soyez prudents, enfoncez bien votre chapeau et profitez de la balade. D'une manière un peu étrange, mon voyage a été l'occasion de tirer de nombreuses leçons sur la façon dont ces deux affirmations apparemment opposées, à savoir que la vie n'a pas de sens et que Dieu est toujours bon, peuvent être vraies en même temps. En un clin d'œil, je suis passée d'un plongeon dans un désespoir total à la louange du Dieu de toute bonté, puis je suis redescendue et remontée, comme des coups de fouet dans ce manège imprévisible qu'est la vie.

Et je parle bien de coup du lapin. Je me suis retournée, je me suis endormie dans mon lit et je me suis déplacé des vertèbres du cou.

---

[1] Un langage familier anglais suggérant que la vie est injuste.

J'ai éternué et ma mâchoire s'est disloquée. Je me suis assise dans mon lit et je me suis cassé la jambe, et la dernière et la plus humiliante, je me suis disloqué et tordu deux côtes en essayant de faire un nœud sur l'emballage d'un cadeau. Au cours des vingt-huit dernières années, la douleur a dicté chaque décision et chaque action de ma vie. C'est dur, vraiment dur. Au début, je me suis demandé, si Dieu est un Père parfait et aimant, qui ne donne que de bonnes choses à ceux qui le Lui demandent (Matt. 7:11) A quoi pensait-Il lorsqu'Il m'a « tricotée dans le sein de ma mère » (Ps.139:13)? A-t-Il utilisé du fil mité, laissé tomber quelques points ou tricoté alors qu'il aurait dû enfiler des perles? De toute évidence, pensais-je, quelque chose a terriblement mal fonctionné quand Il m'a créée!

Après de nombreuses années et un lent processus d'apprentissage, j'ai fini par comprendre que le Seigneur m'a donné un corps avec lequel je peux prier et m'unir à mon Seigneur crucifié. Et c'est auprès de Lui que je peux trouver l'espoir et la joie. Bien que mon cheminement soit unique, j'ose croire que vous vous reconnaîtrez dans bon nombre de ces pages. Une fois, alors que je me rendais rencontrer mon directeur spirituel avec l'espoir d'être réconfortée au milieu d'une dure épreuve, il haussa les épaules, me regarda droit dans les yeux et me dit : « Il y a toujours *quelque chose.* » Puis il s'en alla. « Quoi! me suis-je dit. J'étais venue le voir dans l'espoir de recevoir des mots de réconfort, et voilà tout ce qu'il avait à me dire! » Était-il temps pour moi de trouver un nouveau directeur spirituel? Au cours des nombreuses années qui ont suivi, avec ma propre maladie incurable qui progressait et les nombreux problèmes de ceux que j'aime, j'en suis venue à percevoir la sagesse dans la simple boutade de mon directeur spirituel. Vous savez, il y a toujours « *quelque chose »*. Tout au long de notre vie, ces « *quelques choses* » peuvent s'étaler dans le temps. D'autres fois, ils arrivent d'un seul coup, s'écrasant comme un météore sur la terre, laissant des traces indélébiles dans nos cœurs, nos esprits, nos âmes et même nos corps.

En racontant mon histoire dans ces pages, je souhaite que vous et moi puissions explorer avec plus de clarté et d'espoir les croix de notre vie. Je prie pour que, à travers la Sainte Bible, ainsi que par les mots de Saint Jean-Paul II dans sa « *Lettre sur la souffrance humaine* », et même dans l'humble récit de mon propre parcours, les mots de ces pages puissent, par la grâce de Dieu, apporter guérison et compréhension en résonnant dans votre âme comme ils le font encore dans la mienne.

Bien que les détails de nos histoires soient très différents, je suis convaincue qu'il y a des chemins où nos histoires se croisent ou même se déroulent parallèlement. Commencer ce voyage avec vous n'exige aucun déplacement, car cette aventure commence dans notre propre jardin à l'arrière de la maison où, jadis, on sentait la puanteur des mauvaises herbes, oppressivement sudorifères, lesquelles peuvent croître pour exhaler l'arôme de l'amour de Dieu.

Père céleste, nous Te demandons de bénir nos sens, afin que nous puissions avoir les yeux de la foi pour nous permettre de voir Ta Vérité à la lumière de Ton Esprit Saint. Nous prions également pour que notre vision restaurée nous permette de regarder clairement à travers le portail du Cœur très Sacré de Ton Fils, transpercé pour nous. Nous Te demandons de tourner notre regard vers Jésus, et qu'Il nous montre comment, même dans nos croix, notre vie est parfumée d'amour, de paix et de Sa Vie en nous, la vie de de Sa grâce. Enfin, Père, nous prions pour que, par Ta grâce et avec Ta grâce, nos déclarations selon lesquelles *la vie pue* » se transforment en un cri de joie constant, alors que nous percevons le parfum de sainteté qui grandit en nous.

Lorsque parfois la vie semble insupportablement douloureuse, cela m'aide à me rappeler que Jésus a promis qu'Il sera toujours là avec nous (Mt. 28:20) et que, en portant notre croix, elle devient plus légère et moins pénible quand nous portons ce joug avec Lui (Mt. 11:28-30). Accrochons-nous à Ses promesses et demandons-Lui de nous guider à travers notre propre *Douleur de la Grâce*.

# Première partie

# Chapitre 1

## La famille, oh! Mon Dieu!

*L'homme souffre de différentes manières, des manières qui ne sont pas toujours prises en compte par la médecine, même dans ses spécialisations les plus avancées. La souffrance est un phénomène encore plus vaste que la maladie, plus complexe et en même temps encore plus profondément enraciné dans l'humanité elle-même. Une certaine idée de ce problème nous vient de la distinction entre la souffrance physique et la souffrance morale. Cette distinction se fonde sur la double dimension de l'être humain et désigne l'élément corporel et spirituel comme sujet immédiat ou direct de la souffrance. Dans la mesure où les mots « souffrance » et « douleur » peuvent, jusqu'à un certain point, être utilisés comme synonymes, la souffrance physique est présente lorsque « le corps a mal » d'une manière ou d'une autre, tandis que la souffrance morale est la « douleur de l'âme ». En fait, il s'agit d'une douleur de nature spirituelle, et pas seulement limitée à la dimension « psychologique » de la douleur qui accompagne la souffrance morale et physique. L'immensité et la multiplicité des formes de la souffrance morale ne sont certes pas moindres que celles de la souffrance physique. Mais en même temps, la souffrance morale semble, pour ainsi dire, moins identifiée et moins accessible à la thérapie.*

-II Le monde de la souffrance humaine - "*Salvifici Doloris*"

C'est ma mère qui m'a enseigné pour la première fois l'amour inconditionnel. Bien sûr, elle ne l'appelait pas ainsi. Ce n'est que des années plus tard que ce terme a été défini. Et même à ce moment-là, ce n'était pas une définition de manuel. Il s'agissait plutôt d'un enseignement par l'exemple.

Petites filles, ma sœur et moi l'entendions encore et encore sans nous lasser. Nous savions qu'elle était sincère, même si la colère qui se lisait parfois sur son visage ne correspondait pas aux mots qui s'échappaient de ses lèvres. « Il n'y a rien que tu puisses faire pour que je cesse de t'aimer », nous disait-elle. « Je ne vais pas toujours aimer ce que tu fais ou ce que tu dis, mais je t'aimerai toujours. », Et c'est ce qu'elle faisait, à sa manière. Une famille aimante était extrêmement importante pour elle.

Ce n'est pas comme si ma mère avait eu un grand exemple d'amour de la part de son père. Sa mère était différente. Bien que mes grands-parents maternels soient tous deux issus des bouleversements de leur pays d'origine, la Pologne, ils ont vécu leurs expériences de manière très différente. Je me souviens de ma Grand-maman comme d'une personne douce et aimante, et de mon Grand-père comme d'un homme amer. Non seulement j'ai entendu ma mère parler de la froideur de son père, mais j'en ai été témoin tout au long de ma petite enfance.

Ma grand-maman, de santé fragile, se sentait dépendante de mon grand-père pour tout : ses besoins physiques, financiers et spirituels. Bien que mon grand-père ait souvent laissé ma grand-mère en manque de soutien et culpabilisée parce qu'il la rendait responsable de sa mauvaise santé, elle était obéissante et silencieuse. Elle suivait son mari et le soutenait dans ses diverses entreprises professionnelles et ses quêtes religieuses. En raison de son amour et de sa fidélité, elle finit par quitter sa foi juive et par le suivre dans une religion qui allait briser leur mariage et leur vie. En tant que Scientiste

Chrétienne, sa souffrance et ses sacrifices ne pouvaient se concilier avec la paix d'un Dieu aimant. Là, sa douleur et ses renoncements n'avaient pas de but, ils n'avaient pas de sens et faisaient monter la colère chez mon grand-père.

La joie fut rare au début de la vie de ma mère, surtout après la mort de sa sœur aînée à l'âge de neuf ans. Ma mère n'avait que quatre ans lorsque cela s'est produit. Ma grand-maman était persuadée qu'il s'agissait d'une punition de Dieu. Un jour, bien des années plus tôt, alors que ma grand-maman s'est retrouvée enceinte de manière inattendue, mon grand-père l'a forcée à avorter. Ma grand-maman aimait les enfants et aurait accueilli un jour de nombreux enfants en famille d'accueil chez elle pour s'occuper d'eux et les aimer. Mais elle ne s'occuperait jamais de cet enfant. Cinq ans plus tard, Dieu allait prendre la vie de sa belle fille aînée pour la punir, du moins c'est ce que pensait Grand-maman. La culpabilité et le chagrin ne la quittèrent pas. « Mon père ne montra jamais à ma mère ni tendresse ni émotion. Il ne pensait qu'à lui », nous disait ma mère. « Et mon frère était tout aussi mauvais ».

Ma mère, Elaine, porta dans son cœur la douleur du vide qu'elle ressentait en aspirant à avoir un père aimant. C'est peut-être cette qualité que ma mère a perçue chez Stanley Felser. Lorsqu'Elaine a rencontré Stanley pour la première fois, elle n'a pu s'empêcher de remarquer le rôle de père qu'il avait adopté dans sa propre famille. Mon grand-père paternel, John, était mort subitement d'une hémorragie cérébrale alors que mon père n'avait que quinze ans, laissant derrière lui ma Grand-maman Lizzie et leurs sept enfants. Les liens familiaux ont toujours été instillés chez les Felser, en grande partie grâce à la vision de la famille de leur culture juive, ainsi qu'à l'exemple et à l'amour transmis de génération en génération. Stanley et ses frères et sœurs ont comblé le vide causé par la mort de son père. Le sacrifice affectueux de Stanley à sa famille et à ses besoins a fait de lui un fils et un frère honorable et lui a conféré de nombreuses qualités souhaitables pour un époux. Elaine Ruth Ringelheim et Stanley Zola Felser se sont mariés le jour de Thanksgiving, quatre mois seulement après leur première rencontre.

Après leur cérémonie de mariage simple à la synagogue *Tree of Life* [l'arbre de vie] et leur lune de miel d'un week-end, Elaine et Stanley ont emménagé à l'étage supérieur d'un duplex à Pittsburgh. Ma grand-maman Lizzie vivait au rez-de-chaussée avec sa fille Selma et son mari. Lorsqu'ils ont pu s'offrir leur propre maison individuelle, ils ont acheté des maisons voisines les unes des autres. Peu après ce déménagement à Noel Drive, ma sœur Holly est née. Avec de bons voisins, des baby-sitters bien intégrées et de nombreux parents à proximité, la famille Felser s'est agrandie. De nombreux cousins ont rejoint la famille, et je suis née deux ans après Holly. Mes parents voulaient un garçon, mais ils m'ont eue. On m'a amenée au temple et on m'a donné le nom de Joni [Prononcez : « Johnny» ]. Dans la tradition juive, les enfants sont nommés d'après les membres décédés de la famille afin de leur rendre hommage et de garantir la mémoire de leurs chers disparus. J'ai reçu le nom de mon grand-père paternel, John, et de mon arrière-grand-père, Samuel. Alors que Samuel, dans la Bible, était connu pour avoir dit « Me voici, Seigneur, ton serviteur écoute » (Sam. 3:9), mon arrière-grand-père, Samuel, était surtout connu pour avoir dit « Il y a toujours un chemin ». Lors de nos réunions de famille, on racontait généralement quelques histoires sur les situations cocasses dans lesquelles Samuel se mettait, et comment il finissait par s'en sortir, en proclamant « *Ver there's a vil there's a vay!* » (« S'il y a un mal, il y a un bien. ») avec son fort accent juif. Samuel était un optimiste.

C'était une telle bénédiction d'être issue d'une famille si proche et si aimante. Les cousins jouaient comme des frères et sœurs. Les beaux-parents n'étaient pas traités différemment des parents de sang, et la famille Felser, qui s'agrandissait, devenait le témoin de ce que pouvait être une famille.

En raison des liens familiaux étroits, il a été extrêmement difficile pour mon père, Stanley, d'annoncer son changement de carrière. Il allait quitter son emploi d'imprimeur à Pittsburgh, une profession qu'il partageait avec son jeune frère, pour s'installer dans le Maryland en tant que correcteur d'épreuves pour le gouvernement. Ce déménagement s'est accompagné de beaucoup de larmes, surtout de la part de ma sœur et de moi. Papa avait promis que nous reviendrions souvent dans notre chère ville de Pittsburgh pour voir notre famille, et il a tenu sa promesse. Chaque mois, nous empruntions l'autoroute de Pennsylvanie. Au printemps et en été, papa nous montrait les vesces couronnées, ces fleurs bleutées qui poussent sur le flanc des Montagnes Rocheuses. À l'automne, nous admirions les couleurs changeantes le long de la route panoramique, qui était beaucoup plus longue, mais qui valait la peine d'être parcourue pour le magnifique paysage qu'elle nous offrait. Et en hiver, il y avait la neige. Nous n'avons peut-être pas souvent prié ou invoqué l'aide de Dieu dans notre vie quotidienne, mais nous nous sommes tournés vers la prière lorsque nous avons glissé hors de l'autoroute enneigée de Pennsylvanie. Parfois, notre voyage de quatre heures se transformait en une aventure de huit heures, mais cela en valait toujours la peine, car nous rentrions chez nous pour voir notre famille. Le retour dans le Maryland nous paraissait toujours beaucoup plus long. La première heure de notre voyage de retour était généralement noyée dans les larmes. Nous supplions papa : « Est-ce qu'on doit retourner à la maison, Papa? Ne pouvons-nous pas rester un jour de plus? ». Et même si nous nous étions fait des amis dans notre nouvel ensemble d'appartements dans le Maryland, nous attendions toujours avec impatience nos voyages de retour pour voir notre famille à Pittsburgh. Nous avons fini par nous résigner, au fait que le Maryland était notre nouveau foyer. Les jeunes enfants s'adaptent bien.

À l'âge de trois ans, je suis allée me promener avec mes nouvelles baby-sitters près de notre appartement. Cette promenade s'est terminée brusquement aux urgences. C'est là que les médecins ont remis en place mes deux bras disloqués. Ce qui avait commencé comme une sortie de routine s'est terminé par une visite à l'hôpital et, plus tard, par un voyage au magasin de jouets pour me consoler ou comme si on voulait s'excuser bien que personne ne fût vraiment en faute. Il n'a jamais semblé irresponsable ou dangereux pour les enfants de balancer les bras quand ils marchent entre deux adultes. C'est normal. Peut-être que c'est moi qui n'étais pas normale.

Notre vie dans l'appartement se déroulait paisiblement. Papa aimait bien travailler de nuit à l'imprimerie du gouvernement. Maman et Holly s'étaient fait quelques amis. Moi aussi, je me suis fait des amis. J'aimais jouer sur le patio à l'arrière de notre appartement avec mes nouveaux petits amis, des vers de terre. Je les appelais « Hermies ». Je les déterrais du sol jour après jour. J'aimais leur façon de se recroqueviller quand je les touchais ou qu'ils avaient peur, se protégeant ainsi du danger. Ces petits vers sont devenus les amis parfaits

## Chapitre 1: La famille, oh! Mon Dieu!

d'un enfant de trois ans. J'organisais des mariages pour mes Hermies et je prétendais qu'ils avaient une famille. Je les emmenais dans une bibliothèque imaginaire où je leur racontais des histoires. À la fin de la journée, lorsque j'avais « épuisé » mes Hermies, je devais creuser leur petite tombe et procéder à leur enterrement, en les enterrant à nouveau dans le sol où je les avais trouvés. J'ai joué avec eux jusqu'à ce que, la nuit, l'une d'entre eux me morde. Je ne me suis pas rendu compte alors que j'avais dérangé un nid de guêpes souterrain. Pour moi, mes « Hermies » m'avaient mordue, et ce fut la fin de ce jeu pour toujours. Je devais me trouver de nouveaux amis. Peut-être que des amis humains feraient bien en échange.

La vie était belle dans l'appartement, nous passions du temps avec ma maman, Holly et nos nouveaux amis. L'histoire la plus mémorable qui s'est déroulée pendant notre séjour dans cet appartement fut celui de ma disparition. La crise fut beaucoup plus importante pour mes parents que pour moi. Il y avait eu un meurtre dans le parc, près de notre maison, celui d'une jeune fille. N'étant moi-même qu'une enfant, je n'en ai pas été informée. Tout ce que je savais, c'était que je m'étais fait une nouvelle amie et qu'elle m'avait invitée à jouer dans son appartement. Après de nombreuses prières et un appel à la police, cette dernière entreprit de fouiller l'une après l'autre toutes les maisons de notre quartier. Mes parents et la police m'ont retrouvée. Je m'amusais beaucoup avec ma nouvelle amie dans son appartement. Lorsque l'on a frappé à la porte de l'appartement où je m'amusais et que j'ai découvert mes parents affolés, je n'ai pas pu comprendre leur expression de panique et leurs larmes. « Comment as-tu pu nous causer tant de soucis? Nous pensions t'avoir perdue », s'est écriée ma mère. « Qu'est-ce qui ne va pas? » demandai-je. « Je ne suis pas perdue. Je savais où j'étais. »

Un peu plus tard, mes grands-parents maternels sont venus vivre avec nous après que ma grand-maman tombe gravement malade du cœur. Nous avons emménagé dans une maison unifamiliale dans une nouvelle communauté Levitt à Bowie, dans le Maryland, où il y avait beaucoup de place pour tout le monde. Holly et moi avons partagé une chambre. Maman et Papa ont renoncé à la chambre des parents pour que Grand-maman et Grand-papa puissent avoir leur chambre et leur salle de bain. Mes grands-parents ont vécu avec nous pendant la majeure partie de mon enfance. J'adorais que ma grand-maman vive avec nous. Quant à grand-père, ce fut une autre histoire. Il régnait comme un coq sur son perchoir sans se soucier des autres membres de la famille. La tension, l'animosité et la colère grandissaient dans notre foyer, même chez la plus jeune de la famille, moi.

Les Juifs sont des gens passionnés, des amoureux passionnés et des combattants passionnés. J'ai chéri les étreintes et les baisers, les moments qui montraient à quel point notre famille s'aimait et tous les bons moments que nous passions à parcourir le pays en vacances. Les étés que nous passions à la piscine ou à la plage, ou simplement à manger des crabes sur le porche arrière. Nous nous rendions souvent dans des endroits spéciaux, comme les musées Smithsonian à Washington, DC, et le parc Great Falls en Virginie, ou dans divers dîners-théâtres. Mes parents, et surtout mon père, voulaient que nous voyions toutes les beautés du monde. Même si cela signifiait aller quinze fois à Fort McHenry, parfois deux fois dans la même semaine, pour que tous nos proches puissent en voir la splendeur lorsqu'ils vienaient nous rendre visite dans le Maryland, et que ma sœur, ma mère et moi les accompagnions encore et encore. Après tout, c'était la tradition, et notre famille était réunie. C'étaient les choses importantes de la vie, et c'est là que nous trouvions une grande partie de notre joie et de nos rires. Cependant, comme dans toutes les familles, nous avons eu des désaccords. Nous nous sommes battus! Nous nous nous sommes disputés souvent et bruyamment! Je n'étais pas très douée pour les joutes verbales, ce qui n'était pas le cas de Holly. Elle semblait toujours savoir ce qu'il fallait dire pour transpercer le cœur. Je mettais du temps à trouver les mots, et parfois je ne les trouvais que plusieurs jours plus tard. « Alors pourquoi se donner la peine de les dire? Personne n'écoute de toute façon », me disais-je.

J'avais l'impression d'être lente dans presque tous les domaines, et pas seulement dans celui de la lutte verbale. Je mettais une éternité à faire mes tâches ménagères et mes devoirs. Je finissais par y arriver, mais je ne ressentais pas le besoin de faire de mon mieux ni de faire quelque réel effort. Si j'attendais assez longtemps, peut-être que je n'aurais même pas à faire ce qu'on me demandait. Je suis devenue la *Reine de la procrastination,* terminant rarement ce que je commençais, ce qui provoquait davantage de disputes et de cris dans notre famille. J'ai développé une éthique de travail et une attitude très paresseuse pour beaucoup de choses, mais pas pour mes activités artistiques. Non! J'ai toujours donné le meilleur de moi-même et de mon temps à l'art. C'est lorsque je travaillais sur mes créations que je me sentais en paix, sans être critiquée ni insultée par n'importe qui. Cependant, nettoyer après avoir créé, que ce soit en peignant ou en travaillant sur mon tour de poterie, c'était une autre histoire.

J'étais une barbouilleuse et j'ai reçu très tôt un autre surnom, celui de *Pig Pen (plume de cochon)*. Ce surnom, je le méritais. Tout au long de ma vie, une longue liste de sobriquets s'est allongée, allant des surnoms affectueux de mon père comme son *homme-enfant* aux surnoms colériques qu'on me donnait - *Moronne, Simplette, Ignoramus*. Ce sont les plus doux. « *Perdante* », cependant - celui-là m'a piquée.

Mon manque d'enthousiasme finissait par rendre mes parents fous, ce qui déclenchait la litanie d'injures de mon père, et nous nous disputions encore plus. Nous nous disputions pour beaucoup de choses, et nous nous disputions pour rien, pour des choses stupides! Peu importe que les disputes aient lieu entre mes parents et moi, ou entre ma sœur et mes parents., nous nous mêlions aux disputes des autres. Après tout, nous étions une famille et nous faisions les choses ensemble. L'heure du dîner était bruyante. C'est là que nous nous retrouvions tous ensemble chaque soir et que nous nous disputions. Au moins, je n'étais pas celle qui se faisait tirer les cheveux longs et qui recevait des gifles sur la bouche, à l'occasion, quand les choses s'envenimaient sérieusement. Non, j'ai toujours eu droit à une « coupe de cheveux à la « garçonne », comme ma mère l'appelait. Peut-être que ma mère-coiffeuse me protégeait simplement contre le fait que mon père m'attrape aussi les cheveux. Ou peut-être que cela allait de pair avec le fait que j'étais leur *enfant-homme-*, le fils qu'ils avaient toujours voulu; je ne sais pas. Tout ce que je sais, c'est que je détestais ma coupe de cheveux courts de garçon, mais je n'avais pas le choix en cette matière.

## Chapitre 1: La famille, oh! Mon Dieu!

Lorsque notre famille s'est finalement rendu compte que nous avions probablement besoin d'une « aide professionnelle », mes parents ont contacté un conseiller. Notre premier rendez-vous a été mémorable. Le bureau du conseiller était situé dans un commissariat de police, car il conseillait les personnes arrêtées. Ce conseiller avait tout vu. Du moins c'est ce qu'il pensait. Il n'avait pas encore rencontré la famille Felser. Lorsque nous avons traversé le poste de police pour nous rendre à son bureau, nous avions déjà commencé à nous disputer. Nous hurlions tous les quatre, en même temps, et personne n'écoutait les autres. Nous avons continué à crier en entrant dans la salle et avons pris place sur les chaises disposées en cercle. Le thérapeute avait l'air de ne pas vouloir se trouver au milieu de ce cirque à quatre pistes et a dit : « Bon sang! Est-ce que vous vous parlez toujours de cette façon? » Nous nous sommes tous regardés, et ensemble nous avons répondu : « Oui! ». Il avait du pain sur la planche!

Il m'a toujours semblé que les cris les plus forts et les bagarres les plus féroces se produisaient au printemps et à l'automne, lorsque toutes les fenêtres de notre maison étaient ouvertes pour laisser entrer l'air frais. J'étais horrifiée à l'idée que nos voisins puissent nous entendre laver notre linge sale. Je me demandais s'ils entendaient chaque fois que mes parents menaçaient de divorcer. Je me demandais qui allait menacer de partir ce mois-ci. Mais ni l'un ni l'autre ne l'a jamais fait. Mais mois après mois, nous avions les mêmes disputes, qui explosaient toujours jusqu'à la prochaine fois. Je trouvais cela ridicule, déchirant et pathétique. On pouvait couper avec un couteau la tension dans notre maison. C'était devenu un mode de vie, et il me semblait que personne ne s'en souciait ou ne le remarquait. Mais je m'en souciais, et peut-être que ma mère s'en souciait aussi. Je suis sûre que c'est pour cela que, un matin d'été, j'ai dû lui arracher le couteau de la main.

Papa et Holly étaient les plus forts. Ils nous le rappelaient constamment. Rien ne semblait les déranger. Mais maman et moi n'étions pas aussi fortes. Nous étions trop sensibles. « Nous ne devrions pas nous laisser importuner », disaient-ils. Si nous étions aussi fortes qu'eux, nous nous rendions compte que les disputes et les bagarres n'étaient pas graves pour eux. Mais pour maman et moi, c'était grave. Holly et papa disaient que les disputes nous endurciraient. Et si cela ne me rendait pas plus forte assez vite au goût de Holly, elle s'est donné pour mission d'accélérer le processus. Ma sœur savait que j'avais une ouïe très sensible. Les lumières fluorescentes des grands magasins produisaient un son que j'entendais et qui me faisait monter les larmes aux yeux. Je ne supportais pas le son aigu de quelqu'un qui fait craquer son chewing-gum. Cela me mettait les nerfs à vif. Holly s'est fait un devoir de profiter de nos longs voyages en voiture vers Pittsburgh, entre autres nombreuses occasions, pour m'aider à surmonter « mon problème ». Nous nous asseyions ensemble sur le siège arrière et Holly faisait continuellement claquer son chewing-gum jusqu'à ce que je devienne folle. Lorsque mes parents lui demandaient pourquoi elle continuait à me provoquer, elle répondait : « J'essaie juste de l'endurcir. » Inutile de dire que cela provoquait des bagarres dans la voiture et un véritable enfer pour les « faibles » que nous étions, ma mère et moi.

Toutes les tensions de notre vie firent des ravages sur ma mère, qui a finalement appris à les gérer de manière appropriée pendant un certain temps, après sa dépression nerveuse. Je n'ai appris à y faire face que bien plus tard. En attendant, je m'occupais de mes œuvres

## Chapitre 1: La famille, oh! Mon Dieu!

d'art et de mes amis. Je savais que, malgré toutes les disputes, mon père et ma mère nous aimaient, Holly et moi, et que rien de ce que nous pourrions faire ou dire n'y changerait jamais rien. Mes parents le pensaient vraiment. Même si nous testions les limites de leurs convictions, ils seraient toujours là pour nous. Ils prendraient toujours soin de nous. Notre famille avait juste une drôle de façon d'exprimer l'amour parfois, et nous avons pris l'habitude de nous disputer beaucoup. Nous n'avons pas été maltraités physiquement ni négligés. Et à l'époque, la violence psychologique ne faisait même pas partie de mes préoccupations. On me disait de me résigner et d'aller de l'avant. Cela m'endurcirait. On nous a toujours appris, à ma sœur et à moi, à compter nos bénédictions. « Tu peux toujours trouver quelqu'un qui est dans une situation bien pire que la tienne », disait Papa. Il avait raison! Ses paroles m'ont permis d'apprécier tout ce que j'avais et m'ont aidée à relativiser les « mauvais moments ». Les sentiments de Papa étaient optimistes et vrais et m'ont inculqué un sentiment de gratitude plutôt que de droit. Nous savions que nous étions très bien lotis; nous nous aimions et nous nous aimerions toujours. Parfois, c'était simplement douloureux.

Ma mère a essayé de transmettre dans sa maternité le même amour qu'elle avait appris de sa propre mère : elle nous aimait quoi qu'il arrive. Notre atmosphère familiale tendue a cependant eu des répercussions sur moi. Comme je n'étais pas très douée pour laisser éclater ma colère en me défendant, je me retirais dans ma chambre. Là, je m'asseyais sur mon lit et me mettais en boule pour me protéger, comme mes *Hermies*. Mais la douleur émotionnelle demeurait. Je faisais des trous dans mon taie d'oreiller et mes vêtements, et je pleurais, laissant échapper une partie de ma colère et de ma frustration. Mais pas toute ma colère. Ce qui restait finissait par faire un trou dans mon estomac et se manifestait par des accès de rage. Je gardais ma frustration en moi jusqu'à ce que je ne puisse plus la contenir et que j'explose comme un volcan. Ces crises de colère m'ont rendue célèbre. Quand j'explosais enfin, attention! Rien n'était à l'abri, surtout pas ma sœur.

Holly a semblé faire les frais de ma colère. Pour de nombreuses raisons, je pense. La raison la plus évidente était probablement l'accessibilité et la taille. Holly était une cible facile. C'était une petite chose et elle était généralement à portée de main. Je pouvais facilement l'attraper et la jeter contre un mur. Malheureusement, il ne fut pas rare de m'assoir sur elle et de passer ma colère en la frappant avec mes poings. À l'époque, je voulais qu'elle ressente aussi le mal autant que celui qu'elle m'avait fait sentir. Une partie de ma colère, j'en suis sûre, était simplement de la jalousie. Holly était belle et populaire, ce qui n'était pas mon cas. Elle savait bien danser et faire du sport, alors que j'étais maladroite. Lorsque nous jouions à cache-cache avec les garçons de l'autre côté de la rue, ils la cherchaient toujours. Je pouvais rester absente pendant des heures sans que personne ne s'en aperçoive. Je finissais généralement par aller jouer avec la fille d'à côté et j'avais des ennuis parce que je n'avais pas inclus Holly dans notre jeu. La majeure partie de ma colère contre Holly provenait de ce qui me semblait être son manque de sensibilité à l'égard de l'harmonie paisible de notre famille, à laquelle je tenais tant. Holly était connue pour être "l'*instigatrice*", qui provoquait le tumulte et les ennuis, puis s'en allait lorsque les choses s'envenimaient. Ma colère montait et je finissais par me défouler violemment sur elle. Mes solutions inappropriées et mon animosité contribuaient à accroître les tensions entre ma sœur et moi dans la maison. Maman s'en mêlait alors, en criant : « Je ne veux pas que vous finissiez par avoir la même relation que j'ai eue avec mon frère. » Les disputes allaient de mal en pis, car nous réveillions inévitablement papa avec nos cris, et il se joignait à nous. Finalement, tout ce bazar se dissipait, jusqu'à la prochaine fois.

Lors d'une de mes fameuses crises de colère, Holly a été épargnée. Au lieu de cela, j'ai claqué une porte si violemment dans ma fureur que j'ai laissé une partie de mon doigt entre le cadre et la porte. Mon père a dû récupérer l'appendice manquant et l'amené aux urgences où il a été recousu, avant d'être à nouveau retiré en raison de complications. Tout le monde espérait que cette épisode serait ma dernière « explosion ». Ce ne fut pas le cas.

La vie chez nous semblait toujours mouvementée, pour ne pas dire stressante. Entre les fréquents voyages en ambulance de Grand-maman à l'hôpital au milieu de la nuit et les nombreuses disputes pendant la journée, nous étions toujours sur nos gardes, comme si nous marchions sur des œufs. Un exemple humoristique est la nuit où Grand-maman a tenté de nous sauver du danger. Holly (14 ans) et moi (12 ans) étions allées voir avec nos amis un film classé « {R » [Réservé aux adultes], horriblement effrayant et diabolique, Je n'ai aucune idée de la façon dont nous sommes allées voir ce film malgré notre jeune âge, mais c'est ce qui s'est passé. Lorsque nous sommes rentrées à la maison, encore tremblantes, nous sommes allées dans notre chambre et avons baissé les stores pour nous préparer à aller au lit. Ces stores avaient tendance à se relever à l'occasion. Bien sûr, alors que Holly et moi mettions nos pyjamas, le store s'est relevé. En nous effrayant, il nous a laissées à moitié mortes. Nous avons poussé des cris à glacer le sang, bientôt suivis d'un bruit sourd provenant de la chambre de Grand-maman. Nous avons couru dans sa chambre et l'avons trouvée par terre. Elle s'était évanouie. Maman a récupéré les sels odorants et Grand-maman a été rapidement réanimée. Lorsque nous lui avons demandé ce qui s'était passé, elle nous a répondu : « Je vous ai entendues crier et j'allais vous sauver! ».

J'ai toujours été touchée par la tentative désintéressée et héroïque, bien qu'infructueuse, de Grand-maman pour nous sauver, ma sœur et moi, de l'attaque de l'aveugle tueur. Même si notre famille se disputait souvent, cela n'enlevait rien au fait que nous nous aimions les uns les autres, que nous nous oublions pour les autres, comme Grand-maman l'a fait cette nuit-là. Ce n'est que des années plus tard que j'ai appris de saint Paul (1 Cor. 13) que l'amour doit être patient et bon, qu'il ne doit pas ruminer les blessures et qu'il ne doit pas s'emporter. J'avais beaucoup à apprendre sur l'amour. Mais ce n'est pas l'église de mon Grand-père qui me l'apprendrait.

Mes grands-parents avaient abandonné leur foi juive pour les enseignements de la *Science chrétienne*. Ma sœur et moi allions avec Grand-père à son église et suivions l'école du dimanche. Quelque chose ne tournait pas rond. Grand-père était toujours grognon et méchant. Il ne pouvait pas supporter les nombreux rendez-vous médicaux de Grand-maman, ses médicaments ou ses fréquents voyages en ambulance à l'hôpital. Il l'affrontait continuellement au sujet de ce qu'il appelait la « foi ». Grand-père pensait que, si Grand-maman avait suffisamment de foi, elle ne serait pas malade. Il était en colère à cause de son manque de foi et du fardeau qu'elle était devenue pour lui. Pourquoi ne voyait-il pas la paix et la joie qu'elle m'apportait? Pourquoi ne pouvait-il pas apprécier les nombreuses heures qu'elle passait avec ma sœur et moi à écouter les événements de notre journée? Pourquoi ne trouvait-il pas le plaisir d'être simplement avec nous, comme le faisait Grand-maman? C'était si paisible de s'asseoir avec Grand-maman pendant qu'elle fabriquait ses fleurs en perles et qu'elle fredonnait ses chansons préférées. J'adorais la regarder se vernir les ongles avec son vernis *Cherry Mousse*. Je me souviens encore de son odeur. Il n'était pas parfumé comme les vernis à ongles d'aujourd'hui. Il sentait bon, comme Grand-maman. Pourquoi Grand-père ne pouvait-il pas profiter d'elle et l'aimer comme nous l'avons fait, comme elle nous a aimées?

Ma sœur et moi avons décidé ne plus aller à l'église de la *Science chrétienne*. « Si nous sommes juives, nous devrions aller au temple juif et apprendre ce qu'est le Judaïsme », disions-nous à nos parents. Apprendre les histoires de Noé, du roi David et d'Esther étaient les leçons les plus agréables pour moi. L'étude de l'hébreu ne l'était pas! Malheureusement, toutes ces nouvelles lettres et ces nouveaux mots me rendaient anxieuse. Je redoutais les cours hebdomadaires du dimanche et les leçons d'hébreu à la synagogue. Je me souviens avoir pensé : « Si c'est ça être juif, je vais faire une horrible juive ». Dans notre naïveté, nous avons décidé qu'il serait tout à fait acceptable d'observer nos traditions juives et de célébrer certaines fêtes, et nous avons interrompu notre « éducation juive ». Nous avons apprécié les nombreuses et merveilleuses traditions transmises par nos ancêtres juifs. J'ai particulièrement apprécié la nourriture et les festivités du Pourim, de la Hanoukka, du Roch Hachana et de la Pessah. Il n'y a rien de tel que le festin qui suit le jeûne du Yom Kippour.

La judéité de notre famille était restée culturelle plutôt que religieuse. Nous croyions en Dieu. On nous enseignait que Dieu est notre Créateur et qu'il nous indique des règles selon lesquelles nous devons vivre. En dehors de cela, nous ne pensions pas beaucoup plus à Lui. Je me disais : « La famille d'en face est de toute façon meilleure juive que nous d'une certaine manière. Nous pouvons aller à leur Bar Mitzvah et à leur Seders de Pessah pour remplir nos obligations juives ». De toute évidence, je n'avais aucune idée de ce que signifiait être juif. « De toute façon, qui a besoin de la religion ou de Dieu? » me disais-je. La vie me semblait suffisamment belle et nous avions tout ce dont nous avions besoin. Nous avions notre famille.

# Chapitre 2

## Vivre ma vie

*Le christianisme proclame le bien essentiel de l'existence et le bien de ce qui existe, reconnaît la bonté du Créateur et proclame le bien des créatures. L'homme souffre à cause du mal, qui est un certain manque, une limitation ou une déformation du bien. On pourrait dire que l'homme souffre à cause d'un bien auquel il n'a pas part, dont il est en quelque sorte coupé, ou dont il s'est privé. Il souffre surtout lorsqu'il « devrait », dans l'ordre normal des choses, avoir part à ce bien, et qu'il ne l'a pas.*

-II Le monde de la souffrance humaine – « *Salvifici Doloris* »

À treize ans, je savais deux choses. Je savais d'abord qu'un jour j'aurais un fils qui s'appellerait Logan. Et l'autre chose que je savais, c'est que je voulais faire carrière dans l'art. Je ne connaissais pas les détails. Je savais simplement que j'aimais l'art et que j'étais passionnée par la création, l'admiration et l'étude de toutes ses formes glorieuses. C'est immédiatement après mon premier cours de poterie que j'ai été piquée par le virus de l'art. Maman était censée suivre le cours de poterie cet été-là, mais elle s'est sectionné un tendon de la main, et c'est donc moi qui ai suivi le cours à sa place. Cet accident malheureux pour ma mère s'est transformé en bénédiction pour moi. J'ai trouvé mon amour, et ce fut l'ART!

J'aimais recevoir de nouveaux livres d'art, des carnets de dessin et des fournitures artistiques comme cadeaux d'anniversaire et de Hanoukka. Je me rendais régulièrement dans des galeries d'art avec des amis. La mère de ma meilleure amie, Barb, était une artiste et elle nous emmenait, sa fille Terri et moi, dans les galeries d'art. Barb avait installé un studio d'art dans sa buanderie où je pouvais la regarder travailler. Barb semblait toujours si joyeuse, jeune et pleine de vie. Terri avait la même étincelle en elle. Elle semblait toujours rire et s'amuser avec des choses simples. Je me rendais à vélo chez Terri presque tous les jours. J'adorais jouer chez elle. Je ne me souviens pas avoir jamais entendu les frères de Terri et elle ou ses parents se disputer. Je me disais : « Ils se parlent ». « Quel concept intéressant! » Même lorsque Terri devait se rendre à ses cours de CCD [*Confraternity of Christian Doctrine*, Confraternité de la doctrine chrétienne] ou elle participait à des pratiques la préparant à la confirmation, elle me semblait heureuse. Elle m'invitait à ses réunions CYO [*Catholic Youth Organization, Organisation de la jeunesse catholique*], où de nombreux adolescents semblaient éprouver la même joie. La mère de Terri voulait encourager notre créativité et m'enseignait qu'il n'y avait pas de mal à colorier en dehors des lignes. Elle nous laissait créer avec elle, que ce soit en peignant, en dessinant, en décorant des biscuits ou en faisant des sculptures en neige. Je me souviens de la paix qui régnait. Je me souviens que je voulais moi aussi être joyeuse et pleine de vie comme Barb lorsque je serais plus âgée. Elle avait un esprit auquel j'aspirais. Je voulais être une artiste comme elle. Je voulais être ce qu'elle avait.

Peu importe que mon professeur d'arts plastiques en classe de seconde [*10th grade* aux USA] m'ait dit que je ne serais jamais un artiste. Il disait que je n'accomplirais jamais rien dans ce domaine. Il affirmait que je n'avais pas ce qu'il fallait…le talent. Mais au lieu d'abandonner et de m'éloigner du rêve de mon cœur, j'ai trouvé que ses paroles étaient pour moi un défi et un encouragement pour mener le combat que je pouvais gagner. Dis-moi que je ne peux pas faire quelque chose et je te prouverai que tu as tort! C'est devenu mon appel au combat. Je pouvais être forte lorsqu'il s'agissait de quelque chose en quoi je croyais. Je pouvais être forte comme Papa et Holly. J'aurais une volonté de fer.

Ma première année de lycée [*junior year of high school*] a été difficile, la plupart du temps avec des béquilles. socialement! À la fin de ma deuxième année. Ayant échappé mes souliers, je suis tombée. Cette chute m'a causé aux genoux des problèmes récurrents qui ont entraîné des opérations. Ce n'était pas déjà assez de d'avoir eu honte en tombant parce que j'avais laissé tomber mes souliers devant mes camarades de classe! Mais maintenant les béquilles leur rappelleraient constamment à quel point j'étais une empotée. Inutile de dire que, si j'avais pu perdre mes souliers, marcher avec des béquilles serait encore plus difficile, et donc encore plus humiliant. Croyez-moi quand je dis que ce fut une année difficile, physiquement, émotionnellement et socialement! À la fin de la seconde [10th grade, 10$^e$ année], j'avais suivi tous les cours d'art proposés par mon lycée et j'ai décidé qu'il fallait que j'aille à l'université pour « commencer ma vie ». J'ai donc suivi mes cours d'anglais en été et j'ai obtenu mon diplôme de fin d'études secondaires un an plus tôt que prévu. J'avais commencé à détester le lycée. Il y avait trop de monde, trop de tension, trop d'embarras et trop de choix. J'ai commencé à faire de mauvais choix et j'ai pensé qu'il valait mieux passer à autre chose.

C'est au cours de ma dernière année de lycée que je me rendais aux soirées dansantes de l'*Académie navale* avec ma sœur et nos copines. Je pense que c'est l'optimisme qui me poussait à les accompagner encore et encore. Je savais qu'un jour ou l'autre, quelqu'un m'inviterait à danser ; après tout, la salle grouillait de garçons. Mais semaine après semaine, je restais sur la touche et je regardais mes amies et ma sœur se faire bien souvent inviter à danser Moi? Rarement! C'était incroyable. Étais-je à ce point une insignifiante? Je ne portais plus ces lunettes bizarres. J'utilisais des lentilles de contact. Je n'étais pas encore si laide, n'est-ce pas? J'étais en surpoids, mais pas tant que ça.

Cela brisait le cœur de papa et de maman de me voir, semaine après semaine, rentrer à la maison en larmes. Papa essayait toujours de me réconforter. Il disait des choses idiotes, comme, par exemple, que les garçons devaient avoir peur de m'inviter à danser parce que j'étais trop jolie, et qu'ils avaient peur que je refuse. Je savais que c'était ridicule et je ne l'ai pas cru un seul instant, mais cela me touchait le cœur que papa pouvait y croire. Il voulait tellement faire disparaître ma peine, mais il n'y arrivait pas. Maman aussi essayait de m'aider. Elle n'arrivait pas à comprendre pourquoi je voulais continuer à aller danser. Je ne sais pas non plus pourquoi je continuais. Je crois que je pensais que ça irait mieux.

Àu Communauty College l'université communautaire, les choses semblaient bien meilleures que les jours que j'avais passés au lycée, peu de temps auparavant. J'ai adoré le *Prince George's Community College!* Les gens, les cours, l'atmosphère détendue. J'ai tout aimé. J'avais l'impression de contrôler ma vie, et j'aimais ça. J'ai travaillé dur et j'ai réussi. Je me suis intégrée aux autres étudiants en art. Ils ne se rendaient même pas compte que je n'avais aucun talent, comme me l'avait dit un jour mon professeur d'arts plastiques au lycée. Les professeurs ne s'en rendaient pas compte non plus. Ils aimaient mon travail et m'ont appris à créer des œuvres d'art encore meilleures. Certains de mes dessins ont même été exposés dans la galerie où mes amis et ma famille ont pu admirer mon travail, une expression de moi-même. J'allais à l'école pendant la journée, je rentrais ensuite chez mes parents et j'effectuais quelques heures de travail à temps partiel pour rembourser le prêt contracté lors de l'achat de mon automobile. J'allais de temps en temps à des concerts, où il m'était à nouveau facile de faire de mauvais choix, et j'allais à quelques fêtes, où c'était encore plus facile. Je me sentais heureuse et je réussissais bien à l'école. J'avais quelques amis qui m'aimaient bien, et même un petit ami. Les choses semblaient aller beaucoup mieux.

Mon petit ami était un garçon très gentil. Il me traitait bien aussi. Il ne m'a pas laissé tomber quand j'ai eu une mononucléose. Il est même venu me rendre visite à l'hôpital lorsque j'ai dû subir une nouvelle opération du genou. Il a été patient avec moi lorsque j'ai dû rester à l'hôpital deux semaines de plus que prévu à cause des caillots sanguins dans mes deux jambes. Il m'a même aidée à porter mes livres et mes fournitures artistiques jusqu'à mes cours lorsque je suis retournée à l'école avec des béquilles. Et il n'a pas été gêné lorsque je suis tombée de mes béquilles, envoyant toutes mes fournitures artistiques dans tous les coins de la galerie d'art. En évitant les jambes des spectateurs, ce garçon a récupéré mon matériel; il m'a aidée à me relever et m'a accompagnée jusqu'à la classe. C'était un garçon très gentil. « Trop gentil », me suis-je dit. « Je ne le mérite pas. » J'ai perdu tout intérêt et nous avons rompu.

Peu après, j'ai trouvé un autre petit ami. Celui-ci n'était pas aussi gentil. Il me disait qu'il m'aimait bien et qu'il m'attirait. Il m'envoyait des fleurs. J'aimais ce qu'il me disait et ce qu'il me faisait ressentir, parfois. Avec ses beaux yeux bleus, il pouvait me dire n'importe quoi et je le croyais. Même quand je savais qu'il me mentait, je m'en fichais. Je voulais le croire. Je lui trouvais des excuses pour ses actions. Je gobais ses mensonges. Je faisais de mauvais choix et je me sentais mal dans ma peau par la suite. Puis je faisais des choix encore pires pour cacher mes erreurs. Lorsque j'ai appris qu'il était impliqué dans ce qui me semblait être des pratiques occultes, il me rendit malade. Je me suis dit que c'en était trop. Mais je me suis quand même encore accrochée à notre relation. Nous nous étions liés et je ne voulais pas lâcher prise, mais c'est lui qui l'a fait. La rupture a été difficile pour moi, déprimante.

J'ai terminé mes études au *Communauty College* et je suis allée à l'*Université du Maryland*, où je pouvais encore vivre chez mes parents. Je n'étais pas pressée de quitter la maison de mes parents depuis que Holly avait déménagé. En fait, elle a été mise à la porte. Elle avait été une rebelle, mais ne l'avait pas caché à ses parents. En fait, elle semblait l'afficher. Et quand ils en ont eu assez, ils l'ont chassée de la maison, mais pas de leur cœur. « Joni est aussi mauvaise que moi », criait Holly pour se défendre. « Elle se tait et ne se fait pas prendre! » Holly avait raison. Je ne pouvais pas supporter l'idée de blesser mes parents comme elle le faisait avec son comportement. Je me taisais sur mes escapades, et ainsi ils n'étaient pas contrariés, blessés ou en colère contre moi. Très tôt dans mon enfance, je me suis perçue comme la gardienne de la paix dans la maison. Je n'allais pas troubler la paix maintenant et risquer de me faire jeter dehors à

## Chapitre 2: Vivre ma vie

mon tour. Depuis que Holly avait déménagé, il semblait y avoir un peu moins de bagarres. Je me taisais, et personne n'était blessé. Du moins, c'est ce que je pensais.

Je me suis inscrite au programme d'enseignement secondaire à l'Université du Maryland afin d'obtenir mon diplôme pour enseigner l'art. Je voulais partager mon amour de l'art avec les enfants. J'aimais particulièrement être avec les enfants qui n'étaient pas parfaits, les inadaptés, les enfants spéciaux, ceux auxquels je pouvais m'identifier. Je savais à quel point je me sentais bien lorsque je dessinais ou peignais, et je savais que cela les aiderait, eux aussi, à se sentir mieux. J'ai suivi des cours d'éducation et de psychologie pour obtenir mon diplôme de professeur d'arts plastiques avec une spécialisation en psychologie. Les cours étaient énormes et impersonnels. Il semblait facile de faire de mauvais choix quand on n'était qu'un parmi d'autres. J'ai été happée par la vie universitaire, la vie mondaine. Plus on me servait de mensonges, déguisés en amusement et en plaisir, plus j'en absorbais. Les mensonges qui me disaient que j'avais le droit de faire des choses que je savais ne pas devoir faire. Ces choses étaient censées m'apporter le bonheur. Ce n'était pas le cas.

N'apprenant pas de mes erreurs, j'ai continué à espérer que je pourrais trouver le vrai bonheur dans des activités vides et creuses. J'ai essayé de combler mon besoin de paix et de bonheur avec ce que le monde avait à offrir. Encore et encore, je ne trouvais rien, et je sombrais de plus en plus dans la dépression. J'allais en cours le jour et je faisais la fête le soir. J'ai fréquenté des hommes que je ne devais pas côtoyer. Et lorsqu'ils ne parvenaient pas à me rendre heureuse, je sombrais encore plus dans la dépression. Mes parents ont essayé de m'aider, en m'emmenant voir les médecins qui traitaient mes migraines, mes ulcères et mes problèmes d'estomac. J'aimais enseigner aux élèves et travailler avec les enfants dans la salle d'art, mais même cela ne suffisait pas à apaiser mon cœur. Rien ne m'apportait la paix, ni ma famille, ni même mon travail artistique. J'étais malade du cœur.

C'est au cours de ma dernière année d'études que Holly m'a présentée à des «*Born-Agains* »[ « renés »] qu'elle connaissait. Nous les avons rencontrés à plusieurs reprises, mais notre amitié a été de courte durée. J'avais du mal à accepter la contradiction entre ce qu'ils disaient et ce qu'ils faisaient. Holly avait encore plus de mal que moi avec ça. Cela la rebutait au plus haut point. Ils m'ont cependant fait découvrir la Bible, le livre vers lequel j'allais bientôt me tourner pour trouver du réconfort.

Lorsque les cauchemars commencèrent, j'ai pensé qu'il s'agirait d'un tremblement passager. Mais pendant une année entière, ils ont continué. Les cauchemars récurrents sont devenus un tremblement de terre qui a ébranlé mes fondations déjà rocailleuses. Ce fut toujours le même cauchemar : des psalmodies, des nonnes et des moines diaboliques qui m'enterraient vivante. Chaque pelletée de terre jetée sur moi, alors que je m'enfonçais plus profondément sous terre dans l'obscurité totale, était paralysante. Je sentais le poids du monticule de terre froide peser lourdement sur ma poitrine tandis que je cherchais de l'air. Mais il n'y avait pas d'air, pas de lumière, car j'étais étouffée par la haine et le mal qui écrasaient non seulement mon corps, mais aussi mon esprit. Chaque nuit, la même terreur se répétait sans cesse. Il n'est pas étonnant que je sois devenue de plus en plus déprimée et confuse. La vie, éveillée ou endormie, était une torture, et je n'avais aucune paix. Je me sentais tellement seule. J'avais ma famille, mais même leur amour ne suffisait pas. Je me vautrais dans ma dépression et je mettais de la musique déprimante tout en peignant des tableaux sombres. Je restais tard à faire la fête pour ne pas avoir à dormir. Je ne pouvais pas dormir! Le sommeil ne faisait qu'empirer les choses. Chaque nuit, les psalmodies, les nonnes et les moines diaboliques transformaient mes journées et mes nuits en un véritable enfer!

C'est en essayant d'éviter de dormir que j'ai pris la Bible. En la parcourant, j'ai trouvé de la consolation dans le Psaume 143. Je fus réconfortée par le fait que l'auteur se sentait aussi malheureux que moi. Il comprenait mon angoisse.

> SEIGNEUR, entends ma prière,
> écoute mon appel à la miséricorde ;
> dans ta fidélité et ta justice
> viens à mon secours.
>
> Ne fais pas entrer ton serviteur en jugement,
> car aucun vivant n'est juste devant toi.
>
> L'ennemi me poursuit,
> il m'écrase sur le sol ;
> il me fait demeurer dans les ténèbres
> comme ceux qui sont morts depuis longtemps.

C'est pourquoi mon esprit s'affaiblit en moi ;
mon cœur au-dedans de moi est consterné.

Je me souviens des jours anciens ;
Je médite sur toutes tes œuvres
et je considère ce que tes mains ont fait.

Je tends mes mains vers toi ;
J'ai soif de toi comme d'une terre desséchée.

Réponds-moi vite, Seigneur ;
mon esprit est défaillant.
Ne me cache pas ta face
ou je serai comme ceux qui descendent dans la fosse.

Que le matin apporte la preuve de ton amour,
car j'ai mis ma confiance en toi.
Montre-moi le chemin que je dois suivre,
car c'est vers toi que j'élève mon âme.

Sauve-moi de mes ennemis, Seigneur,
car je me cache en toi.

Apprends-moi à faire ta volonté,
car tu es mon Dieu ;
que ton bon Esprit
me conduise sur un terrain plat.

Chapitre 2: Vivre ma vie

> A cause de ton nom, SEIGNEUR, préserve ma vie ;
> dans ta justice, fais-moi sortir de la détresse.
>
> Dans ton amour indéfectible, fais taire mes ennemis ;
> détruis tous mes ennemis,
> car je suis ton serviteur.
>
> (*Nouvelle version internationale*)

L'auteur ressentait ma douleur, ma désolation et mon vide. Lui aussi semblait désenchanté par la vie. Mais il avait de l'espoir. Je n'en avais aucun. Je ne pouvais pas m'échapper dans le sommeil et j'avais trop peur de mourir.

Mais ma grand-maman n'avait pas peur de mourir. Elle disait qu'elle en avait assez de souffrir. Comme le psalmiste, ma Grand-maman connaissait une source de réconfort au-delà d'elle-même, au-delà de sa soufrance. Elle devait s'être attachée à une source de paix avant la période durant laquelle elle fréquenta l'Église de *science chrétienne* car, pendant cette période, elle n'avait pas grand-chose. Ma Grand-maman a fini par abandonner son engagement dans cette Église et s'est accrochée à des croyances bien ancrées qui lui donnaient de la force et de l'espoir, des dispositions que je désirais ardemment. Et je me suis souvenue du jour où la foi de Grand-maman s'était profondément implantée dans mon âme...

Je rentrais de mon excursion dans la nature avec ma classe de sixième [*6th grade*]. Maman faisait des courses et ma sœur n'était pas encore rentrée de l'école. Papa dormait. Grand-maman était au lit. Elle venait de sortir de son dernier séjour à l'hôpital la veille et était encore trop malade et trop faible pour sortir de son lit. Grand-papa n'était pas retourné à la maison depuis longtemps. Il avait déménagé en Floride. Je suis allée dans la chambre du fond pour voir Grand-maman et lui dire que j'étais rentrée de l'école. Grand-maman avait une mine épouvantable! Elle m'a dit : « Il faut que je retourne à l'hôpital tout de suite ». J'ai donc appelé le 911, j'ai écrit un mot à maman, je l'ai laissé sur la table de la cuisine et j'ai accompagné Grand-maman dans son dernier voyage en ambulance à l'hôpital.

Alors que Grand-mère fut installée dans son lit aux soins intensifs, on m'a demandé de me rendre au bureau des admissions pour répondre à quelques questions. J'étais effrayée! Mais pas Grand-maman. Alors que je me retournais pour quitter la chambre de Grand-maman, elle m'a dit : « Je suis prête, Joni. J'ai vécu assez longtemps et je suis prête à partir ». Ce n'est pas exactement ce qu'a dit Grand-maman, mais c'est la façon dont elle l'a dit qui m'a le plus marquée. Elle m'a adressé ses derniers mots avec une telle paix, avec une joyeuse anticipation. Elle était prête et n'avait pas peur. Et je l'ai crue.

Ma grand-maman a appris à porter ses croix dans la paix et avec confiance, en priant, je crois, pour que nous apprenions un jour à connaître Dieu et à l'aimer. Grand-maman est morte cette nuit-là parce que son cœur était usé. Il était usé parce qu'elle aimait sans cesse un homme qui ne connaissait pas le véritable amour et la véritable foi. Son cœur était usé parce qu'elle nous aimait continuellement, nous, sa famille. Elle n'avait pas eu peur de ce qui allait arriver. Elle avait appris à faire confiance à la miséricorde Dieu. Elle connaissait. Elle avait une relation avec Lui et se réjouissait de Le revoir un jour, non pas dans la prière, mais face à face, avec ce Dieu qu'elle avait appris à aimer.

J'avais oublié les derniers instants de ma Grand-maman depuis longtemps. Mais maintenant, ce soir-là, je pouvais entendre le cœur de Grand-maman battre fort et clair dans mon propre cœur qui battait la chamade. J'étais terrifiée à l'idée de faire un autre cauchemar! Je savais que je deviendrais folle si je devais en endurer un autre. Qui était ce Dieu en qui ma Grand-maman avait puisé une telle paix dans ses derniers instants? Voudrait-il partager cette paix avec moi? J'avais entendu dire qu'il était là pour nous, mais je ne le connaissais pas. Ma famille avait toujours été là pour moi et m'aimait inconditionnellement, mais cela ne suffisait pas. Même leur amour pour moi, aussi fort fut-il, n'avait pas le pouvoir de redonner vie à mon propre cœur et de me donner la paix. J'avais besoin de plus.

Je me suis assise sur le bord du lit et j'ai crié de tout mon être : « Dieu, si tu es là et si tu me veux, donne-moi une nuit de sommeil paisible. Arrête ces cauchemars et je suis à toi! » Je me suis allongée et je me suis endormie.

# Chapitre 3

## Éveil à la Vérité

*La souffrance doit servir à la conversion, c'est-à-dire à la reconstruction de la bonté chez le sujet, qui peut reconnaître la miséricorde divine dans cet appel au repentir. La pénitence a pour but de vaincre le mal qui, sous différentes formes, sommeille en l'homme. Elle a aussi pour but de renforcer la bonté, tant dans l'homme lui-même que dans ses relations avec les autres et surtout avec Dieu.*

-III La quête d'une réponse à la question du sens de la souffrance - *"Salvifici Doloris"*

Le lendemain matin, je me suis levée et je suis retournée m'asseoir sur le bord de mon lit. « O.K. Dieu! Et maintenant? Je suis à toi! » J'allais sûrement devoir tenir ma part du marché. Pour la première fois depuis un an, j'avais passé une nuit paisible et je m'étais réveillée sans être effrayée.

Immédiatement, de bonnes gens, fidèles et remplies du Christ sont entrées dans ma vie. J'ai su que je devais devenir chrétienne parce que je n'avais aucune difficulté à croire que Jésus est le Messie. Adolescente, j'ai vu le film *Jésus de Nazareth* et j'en ai savouré chaque minute. En fait, j'ai questionné un rabbin lors d'une réunion d'adolescents à la synagogue : « Pourquoi n'acceptons-nous pas Jésus comme le Messie? » On m'a dit de ne pas revenir. Il semblait évident que j'étais une mauvaise Juive.

Petit à petit, j'ai remarqué que la lourdeur qui m'assombrissait commençait à se dissiper. Je n'avais plus envie d'écouter la musique

que j'écoutais ni de faire les choses que je j'avais faites. J'ai commencé à avoir le sentiment que tout allait s'arranger. J'avais de l'espoir et j'ai commencé à me sentir comme une nouvelle création du Créateur. Celui qui avait mis fin aux cauchemars et qui m'avait sortie de ma morosité m'aidait maintenant à voir les choses sous un jour nouveau. J'ai compris que Dieu me connaissait déjà et qu'Il m'aimait, même avec mes défauts et mes erreurs. Il voulait que je Le connaisse. J'ai donc commencé à chercher des informations sur Lui. J'ai commencé à lire la Bible, l'Ancien et le Nouveau Testament. Je me suis sentie appelée à L'adorer et à Le louer pour m'avoir aidée. Je devais trouver une Église.

Pendant les quelques mois qui ont suivi, j'ai cherché une religion. J'ai visité des églises de différentes confessions et je suis même retournée à la synagogue pour m'assurer que je ne faisais pas une grosse erreur. « Et si le rabbin avait raison? Je pourrais avoir beaucoup d'ennuis », me disais-je. La meilleure amie de ma mère, Arlène, était une juive orthodoxe. Elle a été très contrariée lorsqu'elle a appris que je voulais devenir chrétienne et elle a voulu que j'aille parler à son rabbin. Arlène lui a fixé un rendez-vous et j'y suis allée. Pendant une heure, il m'a crié dessus et a vomi des commentaires anti-chrétiens. Le rabbin était passionné et convaincu. Je n'étais pas d'accord avec ce qu'il disait, et j'ai quitté notre rencontre plus convaincue de ma foi chrétienne. J'ai toutefois été impressionnée par sa passion et son amour pour Dieu. J'ai respecté le fait que, même s'il croyait différemment de moi, c'était un homme qui pratiquait ce qu'il prêchait. Son engagement envers sa religion était un engagement envers Dieu, et il vivait sa foi, ce que je voulais faire moi aussi. J'ai prié pour que, un beau jour, il reçoive le don de comprendre l'ensemble du tableau, que nos deux croyances ne sont pas opposées. J'ai simplement choisi de terminer le livre.

J'ai continué à visiter différentes églises et je me suis rendu compte qu'il me manquait quelque chose, mais je ne savais pas quoi. Finalement, je suis entrée dans une église catholique, St. Pius X, juste en face de la synagogue juive dont j'avais été chassée. Je voulais voir ce que l'Église catholique avait à offrir. Je suis arrivée pour leur célébration et je me suis immédiatement sentie à l'aise. De nombreux gestes rappelaient le culte de la synagogue. J'ai aimé le recueillement, la lecture de l'Ancien Testament et les Psaumes. Tout semblait *kascher*. Ils ont même célébré ce qui ressemblait beaucoup au repas de la Pâque. Puis quelque chose s'est produite, qui a changé ma vie pour toujours. Les cloches ont sonné et le célébrant a pris dans ses mains un disque blanc. Alors qu'il tenait ce disque mystérieux à la vue de tous, mes yeux se sont ouverts et j'ai vu clairement. « Mon Seigneur et mon Dieu » a été proclamé dans tout mon être, et j'ai pleuré. J'étais chez moi.

Je suis immédiatement allée voir mes parents et je leur ai dit que j'allais devenir catholique. Ils l'avaient vu venir. Ma mère avait commencé à voir un changement en moi. Elle partageait même certaines de mes explorations et nous aimions parler de nos découvertes. Mon père a dû espérer que cette quête religieuse n'était qu'un caprice de plus qui passerait. Il s'est mis en colère en criant : « Tu n'as jamais rien achevé dans ta vie et tu n'achèveras pas ça non plus. » Ma mère et moi avons été choquées par sa réaction. N'avait-il pas vu la différence dans mon attitude ces derniers temps? N'avait-il pas vu la paix qui commençait à s'installer en moi? Ne savait-il pas que sa méchante déclaration était exactement ce dont j'avais besoin pour confirmer ma conviction d'être catholique? « Je vais vous montrer. Je serai catholique », me suis-je dit. L'Eucharistie était une chose à laquelle je croyais et que je désirais ardemment recevoir. Sans le savoir, mon père m'a donné mon mandat. Je serais catholique et j'irais jusqu'au bout. Je vivrais ma foi avec passion, comme le rabbin vivait la sienne. Je savais que Celui qui avait commencé les bonnes œuvres en moi (Phil. 1:6) ne me laisserait pas tomber. J'étais enflammée par la conviction. J'avais faim de notre Seigneur et j'étais prête à commencer ma marche vers Jésus.

J'ai décidé de contacter Barb, la mère de mon amie d'enfance. Je me suis souvenue qu'elle était catholique et j'ai su qu'elle m'aiderait. Je me suis rappelé que j'avais joué à des jeux de société chez elle quand j'étais jeune. L'image de Jésus qui était suspendue au mur de la pièce où nous jouions m'avait captivée. Sur l'image, Jésus tenait quelque chose, mais je ne savais pas quoi. Après des mois d'interrogations, j'ai pensé que j'avais enfin trouvé ce que Jésus tenait. J'ai demandé : "Pourquoi Jésus tient-il un «*cupcake*» {*petit gâteau* »]? ». Inutile de dire que cette question a fourni une merveilleuse occasion de parler de Jésus et de son Sacré-Cœur.

Mais maintenant, j'aurais besoin d'en savoir beaucoup plus! J'ai pris le téléphone et j'ai passé un appel. « Barb, c'est Joni. Je veux être catholique, mais je ne sais pas comment ». Bientôt, avec Barb, comme marraine, je suis entrée dans le RCIA [ *Roman Catholic Initiation of Adults* . *Initiation des Adultes à leur entrée dans l'Église catholique romaine*]., j'allais à la messe quotidienne avec elle et elle répondait à mes nombreuses questions. Barb voulait que j'aille rencontrer son directeur spirituel, le père John, un frère bénédictin.

« Un moine!!! » Me suis-je dit. Je n'étais pas sûre d'être prête pour cette expérience catholique. Tout ce que je savais des moines, c'était ce que j'avais vu dans mes cauchemars. Je n'étais pas très enthousiaste à l'idée de rencontrer le Père John et j'ai trouvé des excuses pour ne pas y aller. Finalement, Barb m'a épuisée et j'ai accepté de le rencontrer. « Et s'il chantait? » me suis-je dit. « Et si les cauchemars recommençaient? Je ne pense pas pouvoir supporter cela! »

Lorsque Barb m'a finalement convaincue de l'accompagner à l'abbaye pour la messe, j'ai pensé que ce serait un bon test pour voir si j'étais vraiment faite pour être catholique. Avec « crainte et tremblement », je suis entrée dans la petite chapelle où les frères bénédictins allaient bientôt célébrer la messe. À ma grande surprise, j'ai adoré cette chapelle. L'architecture, les œuvres d'art, l'odeur de l'encens, des bougies et du bois, tout me plaisait. La messe était belle et pleine de grâce. Et surtout, il n'y avait pas de chants diaboliques! J'avais réussi le test. Je pouvais le faire. Je pouvais devenir catholique!

Nous avons rencontré le Père John après la messe. Il était doux et gentil, et il avait des réponses à mes nombreuses questions. Barb et moi avons continué à rencontrer le Père John une fois par mois. Nous assistions à la messe du dimanche à l'abbaye Saint-Anselme, puis je bombardais Barb et le Père John de questions sur la foi catholique. Les cauchemars ne me sont pas revenus. Et mon rêve de recevoir le Seigneur Jésus allait devenir réalité. Barb et le Père John ont accepté d'être mes parrains lorsque je serais baptisée dans la famille de Dieu lors de la veillée pascale au printemps 1983.

J'ai continué à suivre les cours du RCIA et j'ai même programmé des rencontres hebdomadaires avec le prêtre qui allait me baptiser. Je voulais tout savoir sur l'Église que Jésus avait établie pour nous. Je tombais en amour avec Jésus et son Église. J'ai lu tout ce que j'ai pu trouver sur la foi catholique et j'ai découvert que j'avais eu une occasion inespérée d'étudier à fond.

Au cours des huit mois qui ont suivi, j'ai eu tout le temps pour étudier la foi, car j'ai dû subir une autre opération du genou. Cette fois, je m'étais arraché les ligaments et les tendons des os du bon genou. J'avais glissé sur de l'eau en épongeant, sur le toit, une flaque d'eau qui fuyait là où je travaillais. Les médecins ont dû utiliser une partie de l'os de ma hanche pour reconstruire un rebord afin de rattacher le muscle à l'os. Des complications sont apparues, j'ai eu de nouveau des caillots sanguins dans les deux jambes et je me suis cassé la jambe en m'assoyant dans mon lit. J'ai commencé à me demander si j'avais été conçue correctement, car il semblait que j'avais souvent des complications. Je n'y ai pas trop réfléchi et je me suis dit que ces choses-là arrivaient, comme le médecin me l'avait dit. J'ai décidé de profiter de ce temps mort pour prier et assimiler le plus de choses possibles avant mon baptême, ma première communion et ma confirmation lors de la veillée pascale. Je n'ai pas réalisé alors que Jésus me donnait déjà ce que j'avais demandé, à savoir Le connaître et L'aimer davantage.

J'ai été surprise de voir à quel point il était Peu après mon baptême, je passais en voiture devant l'église catholique du Sacré-Cœur à Bowie, qui était désormais mon église. C'était le soir et j'ai vu le crucifix illuminé à travers la fenêtre de l'église. « L'amour véritable et la douleur de la souffrance », ai-je pensé. « Je ne comprends pas, mais je sais qu'ils vont la main dans la main. » Je savais au fond de moi que c'était une leçon que Jésus allait me donner. Je ne savais pas

Chapitre 3: Éveil à la Vérité 41

comment, mais je savais que c'était une leçon que je devais apprendre si je voulais vraiment aimer. « Mais pas maintenant, s'il vous plaît! » ai-je prié. J'étais en train de m'engager dans une relation sérieusement peccamineuse et je ne voulais pas compliquer davantage la souffrance de mon cœur et ma confusion avec une nouvelle leçon théologique sur l'amour. J'ai remisé cette « histoire d'amour et de souffrance » au fond de ma tête et, comme Scarlett O'Hara, je me suis dit : « J'y réfléchirai demain ».

Je fus surprise de constater combien il est facile de retomber dans ses vieilles habitudes. J'avais pensé que les tentations seraient noyées dans les eaux de mon baptême. Je me trompais! Selon l'expression « l'esprit est prompt, mais la chair est faible », je m'étais laissée entraîner de façon inattendue dans une relation inappropriée. Il est intéressant de constater que lorsque tu essaies d'aller dans la bonne direction et de faire la volonté de Dieu, il y a ce Malin qui essaie de s'immiscer et de tout gâcher. Alors que j'e suis en train d'essayer de changer de vie, je me trouve de façon inattendue dans ce qui pourrait être une relation de péché grave. Je priais pour que les choses se passent comme Dieu le voulait, je priais pour que la volonté de Dieu soit faite. Mais est-ce que je le pensais vraiment? Ensuite, j'espérais et je priais pour que la volonté de Dieu soit la même que la mienne, même si je savais que c'était impossible. C'est là que j'ai trouvé l'une de mes prières préférées. « Dieu, même si je ne veux pas de Ta volonté, fais que je La veuille ». Grâce à la grâce de Dieu et à la culpabilité juive et catholique, j'ai découvert la beauté et la force du sacrement de la réconciliation.

J'ai pris un rendez-vous pour ma première confession, face à face. Je venais juste de me débarrasser de l'inquiétant « moine chantant » et je ne me sentais pas prête pour la « boîte noire ». Dans mon esprit, probablement parce que j'avais regardé trop de vieux films, j'avais toujours pensé que le confessionnal était réservé à la mafia. Même si j'étais mieux informée maintenant, je n'étais toujours pas prête pour la « boîte ». J'étais ravie que mon baptême, reçu quelques semaines plus tôt, m'avait débarrassée de toute punition que je méritais à cause de mes péchés passés. Grâce à Dieu, je n'aurais plus à ressasser avec le prêtre tout le désordre de mon passé. Mais maintenant, je cherchais vraiment le pardon et j'avais besoin de recevoir l'absolution pour mes péchés plus récents. Je voulais retrouver les grâces du Seigneur. Je me réjouissais de recevoir ce nouveau et mystérieux sacrement, mais j'avais peur! Je savais que le prêtre allait me crier dessus et me faire sentir encore plus mauvaise que ce que je pressentais l'être déjà. Mais à ma grande surprise, après avoir entendu ma confession, le Père a dit : « Joni, quand as-tu eu à résister à ces péchés dans le passé? » « Quelle étrange question! » ai-je pensé. Je devais vraiment y réfléchir. « Jamais! », ai-je répondu. Le prêtre a prononcé les paroles de l'absolution et mes péchés ont été pardonnés. Puis il a dit : « Dieu vous a pardonnée. Entraînez-vous à dire non au péché et restez à l'écart des situations qui vous tentent de pécher. Vous devez demander la grâce de Dieu pour vous aider. Cela deviendra plus facile. »

Entre-temps, j'ai accepté un poste de professeur d'art à Edgemeade of Maryland, un centre de traitement résidentiel pour adolescents souffrant de graves troubles émotionnels. Mon père m'avait dit que je verrais les horreurs du monde, et c'est ce que j'ai expérimenté. Les garçons d'Edgemeade étaient les vrais garçons perdus, pas ceux qui vivaient au Pays imaginaire avec Peter Pan et qui ne voulaient jamais grandir. Ces garçons étaient ceux qui étaient forcés de grandir. La pureté et l'innocence de leur enfance avaient été perdues au profit des pirates de notre propre monde. Aucun de mes élèves ne venait d'un foyer où la mère et le père étaient tous deux les vrais parents. Tous, sauf un, étaient issus d'une famille monoparentale dépourvue de père. J'utilise le mot « famille » au sens large, car ces enfants n'avaient aucune idée de ce qu'était une vraie famille. L'amour et la sécurité leur étaient aussi étrangers que le mot « père ». Ces enfants ont été escroqués; on leur a servi un tas de mensonges et on les a laissés en récolter les conséquences. Ils méritaient d'être placés dans un centre de traitement résidentiel en raison de leurs réponses inappropriées à la vie. Parfois, je me demandais si leurs réactions n'étaient pas le reflet d'une vie inappropriée.

Dans la salle d'art, mes garçons pouvaient transformer leur colère et leur énergie destructrices en œuvres d'art. C'était une telle joie de voir ces garçons avoir un exutoire constructif plutôt que d'être piégés dans le comportement destructeur qui était devenu une seconde nature pour eux. La plupart de leurs œuvres n'étaient pas ce que les gens considéreraient comme belles, mais qui s'en soucierait? Nous ne nous en sommes pas souciés. Nous avons fait l'expérience d'un plaisir créatif joyeux et approprié, l'expression de la vérité et de l'espoir.

À Edgemeade, je n'ai pas seulement réalisé mon rêve d'enseigner l'art à ces jeunes hommes exceptionnels, mais j'ai aussi appris un art, l'art d'être humaine. Le Père William McNamara, O.C.D., [ Ordre des Carmes déchaux] décrit dans son livre, *L'art d'être humain,* « uneapproche vitale d'une vie chrétienne efficace et orientée vers la société, en accord avec les besoins et les exigences de notre époque ». Le Père McNamara met le doigt sur de nombreux problèmes auxquels nous sommes tous confrontés dans le monde, et, en particulier, sur ceux auxquels mes élèves d'Edgemeade ont dû faire face. Le Père McNamara nous fait réfléchir sur qui nous sommes, « des enfants de Dieu », et comment nous devons vivre notre vie en tant qu'enfants de notre Père céleste. Le Père McNamara explore ce que c'est que d'être les personnes pour lesquelles nous avons été créées et non les fausses imitations de l'humanité que les mensonges de ce monde ont créées.

De nombreux membres du personnel d'Edgemeade étaient des « radicaux » et nous parlions ouvertement de Dieu et de ses plans pour que nos garçons aient une vie meilleure. J'ai trouvé que c'était une telle bénédiction de pouvoir aider certains de mes élèves à se redécouvrir eux-mêmes à la lumière de Dieu. Non seulement j'ai pu partager mon amour de l'art avec mes élèves dans ma classe, où beaucoup ont appris à s'exprimer d'une manière productive et positive, mais j'ai aussi eu l'occasion de leur présenter Dieu. Pas seulement un Dieu de justice, qui les tiendrait responsables de leurs actes, mais aussi un Dieu de miséricorde, qui leur pardonnerait et les aimerait, quoi qu'il arrive, leur vrai Père, qui avait un « vrai » amour pour eux. Pas le genre d'amour qu'on leur avait enseigné et qu'ils étaient impatients de donner et de recevoir.

Le mot « abstinence » était naturellement absent de leur vocabulaire, tout comme l'idée de la pratiquer étaient absentes de leur champ de vision. Mes élèves ont ri quand je leur ai dit que je ne

« couchais avec » personne. Ils me posaient des questions et nous parlions ouvertement. Je pouvais partager la vérité avec eux parce que je l'avais apprise (peut-être douloureusement) et que j'étais appelée à la vivre. Et ils m'ont écoutée. J'ai vu ce que leurs foyers brisés avaient fait à leur esprit. J'ai vu ce que les promesses non tenues avaient fait à leur cœur et ce que les mensonges avaient fait à leur corps. Beaucoup sont arrivés avec peu d'espoir dans l'âme quand ils ont été placés à Edgemeade.

Le personnel a offert une nouvelle famille à ces garçons, une famille aimante. J'ai été honorée de travailler avec un personnel si dévoué, qui aimait vraiment les résidents comme ses propres enfants et les tenait responsables de leurs actes. Les membres du personnel n'étaient pas seulement des enseignants, des conseillers et des gardiens de la loi, ils étaient aussi des mères et des pères de substitution, et des amis qui essayaient d'aider ces garçons à grandir. Edgemeade était un environnement familial. Nous aimions les garçons et ils le savaient. Ils n'ont peut-être pas été « guéris » ou réhabilités du jour au lendemain, mais lorsque les garçons d'Edgemeade quittaient le Centre, ils savaient où et vers qui ils pouvaient se tourner pour obtenir de l'aide.

J'étais heureuse dans mon travail, paisible dans ma foi et reconnaissante envers Dieu. J'ai commencé à suivre des cours de troisième cycle afin d'obtenir une maîtrise en accompagnement psychologique et j'ai co-animé, avec l'un des travailleurs sociaux, des séances de thérapie de groupe après les heures de classe. J'étais reconnaissante à Dieu pour les petites et grandes réussites dont j'étais témoin chez mes garçons, en particulier la fois où j'ai perdu mes dix garçons « du centre-ville » dans le centre-ville, au zoo.

De temps en temps, j'emmenais une camionnette remplie de mes élèves pour des sorties spéciales, avec le professeur d'atelier et une camionnette remplie de ses élèves. Ces sorties étaient des récompenses que les garçons pouvaient obtenir en s'efforçant d'avoir un comportement approprié. Ils pouvaient gagner des voyages dans des endroits comme la plage de Chesapeake, le cinéma ou le zoo. Lors de cette sortie, nous nous sommes séparés en deux groupes. Larry, le professeur d'atelier, a emmené son équipe d'un côté, et j'ai emmené la mienne d'un autre côté. Nous nous retrouvions de temps en temps au cours de la journée, pour nous assurer que tout allait bien et qu'il n'y avait pas de problème. Les garçons savaient qu'ils devaient rester ensemble et ne pas causer de problèmes, sous peine de compromettre leur prochaine « visite à domicile ».

Nous avons visité les attractions et nous nous sommes bien amusés jusqu'à ce que nous arrivions à la « *Bat House* » [*La Maison des chauves-souris*]. Les garçons, étant des garçons, voulaient entrer et voir les chauves-souris. J'en étais incapable. Je déteste les chauves-souris! Je ne supporte pas le bruit qu'elles font, ce crissement aigu! Le bruit que font leurs ailes me donne la chair de poule. Et les chauves-souris sont tout simplement hideuses. Elles ressemblent à des rats volants! Je sais que les chauves-souris ont leur utilité et qu'elles sont utiles au monde, mais pour moi. Ce sont les animaux de compagnie de Satan et le résultat de la Chute. Inutile de dire qu'il était hors de question pour moi d'entrer dans la *Maison des chauves-souris*. Les garçons et moi avons décidé qu'ils pouvaient traverser la *Bat House* sans moi, ce qui était une mauvaise décision de ma part, car je n'étais pas censée les laisser seuls. Mais comment pouvaient-ils s'absenter de la *Bat House*? Il n'y avait qu'une seule entrée et une seule sortie, sans aucun risque d'évasion, alors j'ai accepté de les retrouver à la sortie.

Lorsque j'ai finalement trouvé la porte de sortie extérieure, il n'y avait aucun élève d'Edgemeade. Il m'avait fallu un peu plus de temps que prévu pour trouver la sortie extérieure, et j'espérais, peut-être, que les garçons étaient encore dans la *Maison des chauves-souris* en train de profiter de l'exposition. J'ai demandé à un gardien s'il y avait encore un groupe de dix adolescents dans l'attraction et il m'a informée, à mon grand désarroi, que mon groupe de garçons était sorti peu avant que je n'arrive à la porte de sortie. Oh! Non!!! J'étais dans de beaux draps! Ce n'était pas assez grave que je perde mon emploi, mais j'avais perdu mes garçons! « Comment? *Zut*! Vais-je expliquer à leurs responsables de section que j'ai aidé ces dix jeunes délinquants à s'enfuir sur leur propre territoire? » Les garçons ne seraient pas en sécurité. Dieu sait que le quartier ne serait pas en sécurité! « J'ai vraiment tout gâché, juste à cause de quelques chauves-souris! » Alors que je me promenais dans le zoo en priant, en cherchant mes enfants et en évaluant les dégâts, j'ai entendu une « armée céleste » appeler mon nom. Mes dix enfants m'appelaient en criant : « Joni » et ils coururent vers moi. « Merci, mon Dieu! » Les garçons, qui parlaient tous en même temps, ont commencé à me raconter comment ils ne m'avaient pas trouvée et avaient juré de rester ensemble pour que je ne sois pas congédiée. Ils étaient tout aussi reconnaissants de m'avoir trouvée que moi je l'étais de les avoir trouvés. Ces enfants m'ont montré leur potentiel de changement, de croissance et d'amour. Ils m'ont montré l'amour qu'ils ne savaient même pas qu'ils avaient! Même aujourd'hui, lorsque je pense à mes garçons d'Edgemeade, je remercie Dieu pour eux, je prie toujours pour eux et je les porte dans mon cœur.

Non seulement j'aimais mon travail, mais je m'étais fait aussi de bons amis parmi mes collègues. J'avais développé une vie sociale décente, pour l'essentiel. J'étais cependant étonnée de constater que mes tentatives pour dire non au péché n'avaient pas toujours été parfaites au cours de l'année qui s'était écoulée depuis mon entrée dans l'Église. Je luttais toujours contre cette relation sans issue et j'espérais qu'elle se terminerait comme dans un conte de fées.

# Chapitre 4

## Un nouvel état de vie

*Et vous, qui étiez autrefois séparés et hostiles, commettant des actions mauvaises, il vous a maintenant réconciliés dans son corps de chair par sa mort, afin de vous présenter saints, irréprochables et sans reproche devant lui, pourvu que vous demeuriez dans la foi, fermes et inébranlables, sans dévier de l'espérance de l'Évangile que vous avez entendu, qui a été prêché à toute créature sous le ciel, et dont moi, Paul, j'ai été le ministre.*

-1 Col 24

Ce fut un vendredi soir que ma relation compromettante me sembla de plus en plus prometteuse. J'étais heureuse et confuse. J'ai prié Dieu : « Si vous avez, dans votre pensée, quelqu'un pour moi, vous feriez mieux de le faire entrer en scène rapidement, avant qu'il ne soit trop tard ». J'étais effrayée par le fait que je me voyais en train de m'engager réellement dans une aventure avec cet homme.

Le lundi suivant, c'était la *Fête du travail*, et je suis allée rendre visite à des amis dans le sud du Maryland. Ils voulaient que je fasse la connaissance d'un « jeune homme séduisant » qu'ils connaissaient. Nous avons dîné ensemble. Après le dîner, mes amis nous ont demandé si nous voulions visiter la région historique du sud du Maryland et nous arrêter ensuite chez son amie Gail qui nous avait tous invités à prendre un verre. (J'avais rencontré Gail brièvement un an auparavant, après un spectacle de la Passion à notre église.) Cela m'a semblé être une bonne idée, car ma conversation après mon rendez-vous aveugle avec cet homme que je ne connaissais pas était devenue quelque peu tendue. Après avoir visité la ville, nous nous sommes retrouvés chez Gail.

Nous étions tous en train de faire connaissance lorsque j'ai remarqué que le fils de Gail, un homme élégant, parlait au téléphone dans une autre pièce. Il n'était pas censé être à la maison. Il devait participer à un pique-nique avec ses amis, frères séminaristes. Comme il pleuvait, le pique-nique avait été annulé et il était resté à la maison et essayait de trouver une autre activité. En attendant que ses amis le rappellent, il s'était joint à nous pour une conversation merveilleuse. En tout cas, je l'avais trouvée merveilleuse!

Bob n'est jamais sorti ce soir-là avec ses amis séminaristes, et il n'est jamais retourné au séminaire. En fait, lorsque nous nous sommes rencontrés ce soir-là, Bob avait suspendu ses études au séminaire. Au cours des derniers mois, il avait essayé de discerner sa vocation sacerdotale et il avait rencontré assidument son directeur des vocations, le père Mike Wilson. Bob pensait qu'il était peut-être temps pour lui de retourner au séminaire. Le père Mike a estimé, pour une raison ou pour une autre, que Bob devait prier un peu plus et retourner le voir. La conversation de Bob avec le père Mike avait eu lieu quelques jours avant notre rencontre en cette soirée pluvieuse et pleine de grâce.

Lorsque Bob Seith m'a appelée quelques soirées plus tard pour m'inviter à sortir avec lui, son premier mot d'accueil fut : « Bonjour! C'est Robert Seith. Je ne sais pas si vous vous souvenez de moi ». Ce à quoi j'ai répondu : « Salut! Bob, Bien sûr que je me souviens de toi. Et, pour être honnête, si tu ne m'avais pas appelée, j'allais t'appeler ». Dès que j'ai prononcé cette phrase, je me suis dit : « Oh! mon Dieu! Je viens de changer le nom de ce type, et j'ai l'air d'une coquine désespérée. S'il m'invite quand même à sortir après une réponse aussi

## Chapitre 4: Un nouvel état de vie

effrontée, ce sera un vrai miracle ». On m'avait dit que Robert était timide, mais les conversations téléphoniques qui ont suivi n'ont pas permis de le prouver. En fait, lors de notre premier rendez-vous, nous avons ri et parlé, pendant tout le dîner, de choses comme le célibat des prêtres, les enseignements de l'Église et le pacifisme. Aucun de mes rendez-vous précédents ne s'était déroulé de la sorte. Ce rendez-vous était revigorant, rempli de vérité et de vie, amusant, sans tension ni crainte de me demander ce que mon partenaire attendait de moi ou d'essayer de savoir s'il disait était la vérité ou s'il fabulait. Lorsque je suis rentrée à la maison, ma mère m'a posé sa question habituelle après mes rendez-vous : « As-tu passé un bon moment? » Elle a été prise au dépourvu par ma réponse. « Oui, j'ai passé un bon moment. » Ma mère était habituée à ce que je rentre à la maison déprimée après un rendez-vous et à ce que je marmonne quelque chose comme « con » en soupirant. Le sobriquet « *Jerk Magnet* » [« *aimant à cons* »] nous avait été attribué, à ma sœur et à moi, peu de temps après avoir commencé à sortir les deux ensemble pour rencontrer des garçons. Mais Robert Seith n'était pas un imbécile. C'était un homme étonnant et un vrai gentleman. Lorsque ma mère m'a demandé si je pensais sortir à nouveau avec ce garçon, je lui ai répondu que je n'en avais aucune idée, mais que je sentais que je venais de me faire un ami pour la vie.

Bob et moi nous nous nous sommes rencontrés souvent : quatre ou cinq soirs en semaine, après le travail, et au moins un jour de week-end. Nos rendez-vous étaient remplis de conversations et de rires. Nous jouions au « *Trivial Pursuit* » [« *Poursuite Trivial* », un jeu de société populaire aux USA]. La plupart du temps, nous faisions de longues promenades pour discuter des joies et des grâces de notre journée. De temps en temps, je me rendais, en auto, à *La Plaza* après le travail, pour visiter ce centre d'achat avec Bob et sa famille, mais la plupart du temps, Bob faisait le trajet d'une heure depuis le sud du Maryland jusqu'à Bowie. Préoccupé par le temps que Bob passait sur la route pour me voir, mon père dit à Bob qu'il devrait trouver une petite amie qui habite plus près de chez lui. « Ah! Papa! Je suis juste là. Je t'entends! » Même si mon père plaisantait probablement, mon amour-propre a temporairement chuté à un niveau qu'il n'avait pas atteint depuis longtemps. Mais la grâce m'a soutenue et j'ai pu voir que ce jeune homme saint et gentil qui se tenait à mes côtés se souciait vraiment de moi, dans mon intégralité, et pas seulement d'une partie de moi à utiliser et à remplacer facilement par une autre fille qui vivait plus près. Bob m'estimait. Il m'appréciait et me traitait avec respect et amour, un véritable amour, un amour surnaturel. Il ne m'a pas fallu longtemps pour comprendre que Bob était celui que Dieu m'avait destiné, celui qui m'apprendrait comment le véritable amour est censé être réciproque.

Depuis ma conversion, je savais que Dieu nous appelait tous à devenir meilleurs, à Lui ressembler davantage. Et maintenant, le Seigneur avait mis dans ma vie quelqu'un dont l'exemple m'aiderait à devenir une meilleure personne. Plus je passais de temps avec Bob, plus j'en apprenais sur le Seigneur, et plus je voulais connaître Bob et Lui. Je suis tombée amoureuse du Seigneur et de Bob Seith. Il ne m'a fallu que trois mois pour réaliser que Bob et moi devions nous marier. Il lui a fallu beaucoup plus de temps pour comprendre que le mariage avec moi était bien la volonté de Dieu pour lui, et non le sacerdoce. Je pouvais attendre que Bob accepte sa nouvelle vocation. Il valait la peine d'attendre! Lorsque Bob m'a finalement demandé de l'épouser, j'ai immédiatement accepté sa proposition avec joie et confiance, car Dieu nous avait effectivement créés l'un pour l'autre.

## Chapitre 4: Un nouvel état de vie

Malgré ma joie, mes problèmes d'ulcère se sont manifestés de manière inattendue. Immédiatement après sa demande en mariage, j'ai passé la plus grande partie de la nuit dans la salle de bain, malade. Pour me taquiner, Bob disait que j'étais malade à l'idée de l'épouser! En fait, j'ai passé le reste de la soirée à vomir. Bob aurait dû se rendre compte à ce moment-là que son mariage allait être intéressant!

Je vivais encore chez mes parents pendant que Bob et moi nous nous fréquentions. Même si les choses n'étaient pas aussi tendues, il y avait encore des turbulences à la maison. Bien que ma mère soit entrée dans l'Église six mois après moi, nos vieilles habitudes étaient difficiles à rompre. J'allais à la messe tous les jours avant d'aller travailler, essayant d'emmagasiner autant de grâces que possible pour m'aider dans mon travail et dans mes relations avec ma famille. Mais comme nos disputes se poursuivaient, il était devenu évident que je devais quitter la maison de mes parents. J'ai prévu de déménager et de partager un appartement avec une petite amie. J'avais 23 ans. Pour l'amour du ciel! Mon déménagement n'aurait dû poser de problème à personne ; mais ce ne s'est pas passé ainsi! Il semble que mes parents avaient pris un peu trop au pied de la lettre l'idée que les familles doivent rester unies. Ma mère et mon père ont eu tellement de mal à accepter ma décision de déménager qu'ils ont fait appel au prêtre de notre paroisse pour qu'il les aide. Après mûre réflexion, j'ai décidé de rester à la maison jusqu'à mon mariage avec Bob, 15 mois plus tard, à condition que mes parents et moi suivions ensemble des séances de thérapie de groupe. Nous avions des problèmes qui devaient être résolus. Ils ont accepté.

Sans m'en rendre compte, quand Bob m'a proposé le mariage, il me sembla que les tensions au sein de ma famille creusaient un nouveau trou dans mon estomac. Deux semaines après la demande en mariage de Bob, je me suis retrouvée à l'hôpital avec un ulcère saignant. « Pauvre Bob! », me suis-je dit. Il a pratiqué la fidélité dans la maladie comme dans la santé, et nous n'étions même pas encore mariés. Il est resté à mes côtés, du moins jusqu'à son déménagement dans le New Jersey deux mois plus tard.

Je pensais que ce serait difficile lorsque j'ai annoncé à mes parents que je voulais les quitter. En fait, ce fut du gâteau, comparé au moment où nous avons dû leur annoncer que Bob avait trouvé un emploi dans le New Jersey et qu'il s'y installerait dans quelques semaines. Après notre mariage, je déménagerais moi aussi dans le New Jersey pour fonder mon propre foyer avec mon nouveau mari. Cette annonce n'a pas été bien accueillie, c'est le moins que l'on puisse dire. Je redoutais d'annoncer mon départ à mes élèves. J'ai attendu un mois avant mon mariage et mon départ pour leur annoncer la nouvelle. Lorsque j'ai quitté Edgemeade, mes garçons ont réalisé à quel point je les aimais, et ils ont compris qu'ils allaient me manquer autant que je leur manquerais. Parfois, les situations difficiles ont une façon de se transformer en d'incroyables expériences d'apprentissage pour tous.

Le matin de mon mariage, je me suis réveillée avec des douleurs, des crampes et des brûlures terribles. Le feu qui semblait irradier dans mes parties inférieures et le long de mes jambes devenait un phénomène mensuel régulier et s'aggravait. En général, cela m'empêchait de travailler pendant au moins une journée. « Pas aujourd'hui! Je déteste cette endométriose! me suis-je dit. C'est le jour de mon mariage. Pour l'amour de Dieu! Dois-je m'occuper de cela aujourd'hui? Tous les jours? » J'étais furieuse à l'idée de devoir passer l'un des jours les plus importants de ma vie à prendre des médica-

# Chapitre 4: Un nouvel état de vie

ments ou à souffrir. « Je vais l'ignorer et ça passera. Je serai trop occupée aujourd'hui pour remarquer la douleur. » C'était ce que j'espérais. La journée a été sainte, belle, pluvieuse et douloureuse. Mais rien ne pouvait gâcher le jour où je suis devenue Mme Robert J. Seith.

Après notre lune de miel, nous sommes passés chez mes parents pour leur dire au revoir avant de partir pour notre nouvelle maison dans le New Jersey. Notre nouvelle maison de ville n'avait pas été achevée comme prévu et nous devions vivre dans un autre endroit que Bob avait déniché et loué pour nous. Pour les neuf mois à venir, nous allions vivre dans *l'appartement de l'enfer*. « Neuf mois, c'est quoi? » me suis-je dit. Notre nouvelle vie était une nouvelle aventure. J'étais mariée à l'homme de mes rêves, vivant comme une adulte pour forger une nouvelle vie avec mon époux bien-aimé.

C'est incroyable ce que l'on peut tolérer quand on est *amoureux*. Je pouvais supporter le déclenchement du détecteur de fumée et les visites quotidiennes des pompiers dans notre complexe d'appartements, de jour comme de nuit, avec des sirènes et des feux clignotants. Je pouvais supporter que notre voisin nous réveillait régulièrement, en criant à travers nos murs en papier peint. Nous n'avons pas eu besoin d'utiliser le réfrigérateur fourni par l'appartement, Holly nous ayant prêté un modèle fabriqué pour être placé sous un comptoir. Cet appareil fonctionnait très bien. Il était hors de question pour moi d'ouvrir à nouveau la porte du réfrigérateur encastré dans le mur de notre appartement, même si l'odeur qu'il dégageait aurait probablement réglé le problème des cafards. Nous étions reconnaissants d'avoir ce petit réfrigérateur pour ne pas devoir ouvrir à nouveau celui de l'appartement, car nous avions déjà vu une fois ce qu'il y avait à l'intérieur et nous voulions ne plus jamais le revoir.

Nous étions reconnaissants aussi d'avoir notre four-grille-pain. Faire sauter les disjoncteurs trois fois au cours de la première semaine lorsque j'ai allumé en même temps le micro-ondes et le grille-pain-four aurait pu arriver à n'importe qui, j'en suis sûr. L'ambiance aux chandelles était plutôt romantique et cachait beaucoup de choses. Je pouvais aussi supporter que le plafond de la salle de bain me tombe dessus dans la douche pendant que je prenais mon bain. Mais je ne pouvais pas tolérer pas que des ouvriers s'introduisent à l'improviste dans l'appartement pendant que je me changeais dans notre chambre bien éclairée, tôt le matin. « N'ont-ils jamais entendu dire qu'il faut frapper à la porte ou utiliser le téléphone?! » Bob mettait fin à leurs visites d'un coup de téléphone ferme. Il détestait devoir me laisser dans l'appartement pendant qu'il se rendait à son travail et le temps qu'il restait à son travail. Nous n'avons pas pu prendre un week-end de congé durant les cinq premiers mois de notre bonheur conjugal. Je pouvais le supporter. J'étais amoureuse! Mais il était temps pour moi de quitter l'appartement et de me trouver un emploi.

Comme il y avait peu d'emplois dans l'enseignement des arts, j'ai accepté un emploi d'assistante de jour dans une maison de retraite. C'était un travail agréable et une bonne expérience d'apprentissage. J'ai pu jouer avec les résidents. Nous chantions et jouions au bingo. J'animais des études bibliques, je discutais avec eux de l'actualité et je donnais des cours d'art et d'artisanat. J'emmenais certains à l'office du shabbat le vendredi et d'autres à la messe sur semaine. Les anciens me racontaient leurs souvenirs pendant que je les conduisais dans leur fauteuil roulant à l'extérieur ou lors de promenades à la campagne ainsi qu'à l'occasion de sorties au théâtre. Je ne les emmenais pas au zoo. J'aimais observer, apprendre et échanger avec ces trésors

## Chapitre 4: Un nouvel état de vie

inestimables alors qu'ils partageaient leurs expériences et les histoires de leur bon vieux temps. En revanche, je n'aimais pas ce que disaient les administrateurs de la maison de retraite. Ils étaient si pingres avec les patients, attendant simplement qu'ils meurent pour remplir leur lit avec d'autres clients payants. Le manque de respect envers les résidents me faisait mal au cœur. Après avoir manifesté mon mécontentement à mon patron, il a estimé que je n'avais probablement pas ma place dans son entreprise et qu'il valait mieux que je parte. J'ai accepté.

J'ai ensuite accepté un emploi de vendeuse d'œuvres d'art dans un grand magasin *Macy's* des environs. Les réductions étaient importantes, surtout pour les jeunes mariés. Mon nouveau travail était plutôt ennuyeux, mais il payait bien. J'aurais les week-ends libres pour retourner, seule, dans le Maryland, pour voir ma famille, puisque Bob devait travailler de toute façon. Je me disais que je n'aurais pas à rester longtemps dans ce travail sans intérêt. Nous allions bientôt emménager dans notre nouvelle maison, et peut-être que Dieu nous enverrait un bébé.

Un matin, alors que je me rendais chez *Macy's* et que j'attendais que le feu passe au vert, un camion de Coca Cola m'a emboutie. Ma voiture a été détruite. À l'exception d'une commotion cérébrale et de graves spasmes musculaires qui allaient nécessiter une thérapie physique de quelques mois, je m'en suis plutôt bien sortie. Pendant que je prenais un congé pour permettre à mon corps de se rétablir après l'accident de voiture, mon endométriose décida de s'aggraver. En raison des douleurs atroces et d'autres problèmes, mon gynécologue-obstétricien ordonna des interventions qui ont confirmé que ma cavité pelvienne était pleine d'endométriose, de varices et d'autres problèmes qui m'empêcheraient de concevoir. Mon médecin a pratiqué une intervention chirurgicale qu'il pensait utile, mais il n'était pas optimiste quant à ma capacité à tomber enceinte naturellement. Il nous dit, à Bob et à moi, que, si nous voulions sérieusement avoir des enfants, nous ne devrions pas retarder nos efforts. Le médecin nous a informés que, si je n'étais pas enceinte dans un mois, nous devrions envisager d'autres moyens médicaux pour concevoir. Cette nouvelle a été dévastatrice pour Bob et pour moi, surtout pour moi. J'avais toujours voulu être mère et j'avais hâte de rencontrer mon fils Logan, ce fils que Dieu, (J'en étais certaine!), m'avait fait connaître lorsque j'étais beaucoup plus jeune. La guérison des maux causés par l'accident de voiture prenait plus de temps que prévu. Je devais maintenant essayer de tomber enceinte dans un mois. Qui sait quelles procédures les médecins voudraient essayer? Bob et moi savions que nos options seraient limitées parce que nous voulions rester dans le cadre de l'enseignement de l'Église sur ces questions. Nous avons prié pour que Dieu nous donne un enfant.

La nuit précédant mon rendez-vous chez le médecin, qui devait, je l'espèrais, confirmer une grossesse, une chose terrible s'est produite. J'ai ressenti une douleur atroce dans l'abdomen et je suis tombée en état de choc. Lorsque le médecin m'a vue, il m'a fait passer en urgence des examens qui allaient confirmer si, oui ou non, j'étais enceinte. Ça n'avait pas l'air d'aller. Les tests ont d'abord révélé ce qui ressemblait à une grossesse tubaire[1] et peut-être à une trompe de Fallope éclatée. On nous avait dit, le temps d'une respiration, que nos prières avaient été exaucées, et, ensuite, que notre espoir d'avoir cet enfant était pratiquement inexistant. Pendant que les médecins essayaient de décider de ce qui allait se passer, ils nous ont dit de

---

[1] Complication de la grossesse dans laquelle l'embryon se fixe à l'extérieur de l'utérus.

## Chapitre 4: Un nouvel état de vie

rentrer à la maison et de nous détendre. Facile à dire pour eux! Vingt-quatre heures plus tard, lors de mon rendez-vous suivant, je me sentais beaucoup mieux. Toute l'inflammation avait disparu et il semblait que je n'avais pas la grossesse tubaire redoutée plus que tout. Mon kyste du corps jaune [*corpus luteum cyst*][2] s'était rompu et, après trois mois d'activités réduites au minimum, tout devrait aller bien. Dieu soit remercié! J'allais finalement avoir mon bébé. Enfin! Je pouvais me la couler douce, même dans cet appartement si cela signifiait que j'allais pouvoir tenir mon bébé dans mes bras et être une mère aimante pour lui ou pour elle.

Comme nous n'avions pas encore un vrai mobilier, je me suis détendue en m'assoyant par terre dans mon coussin gonflé [un « pouffe »] pour peindre un tableau à l'huile pour décorer la nouvelle maison dans laquelle nous allions déménager dans les mois à venir. Nous aurions alors de vrais meubles et une vraie maison. J'étais assise par terre, mon pinceau dans une main et un tue-mouche dans l'autre. Les cafards devaient vouloir s'en donner à cœur-joie à l'odeur de la peinture, car ils semblaient plus nombreux depuis que j'avais commencé à peindre. Je peignais et je tapais. J'ignorais l'alarme-incendie, les visites de la police dans notre immeuble, les cris et les bagarres des voisins. Je peignais et je donnais plus de coups de pinceau, car c'est ainsi que je me détendais.

Je n'avais pas vraiment eu l'occasion de me faire des amis depuis que nous avions déménagé dans le New Jersey. Alors j'appelais Bob au téléphone pendant qu'il travaillait. C'est au cours d'une de nos conversations téléphoniques que j'ai perdu les pédales et que j'ai

---

[2] Une partie normale du cycle menstruel. Il s'agit d'un type de kyste ovarien fonctionnel qui se forme lorsque le corps jaune se remplit de liquide

commencé à crier : « Sortez-moi d'ici! ». Ce n'était pas parce que j'en avais assez de vivre dans cet horrible appartement. C'était plutôt parce qu'un gros cafard s'était détaché du plafonnier et avait atterri sur ma tête et s'était emmêlé dans mes longs cheveux bouclés. Lorsque Bob m'a entendue crier, il a compris qu'il ferait mieux de rentrer à la maison. Il m'a emmenée déjeuner pour me faire sortir de l'appartement et m'a rappelé que tout serait bientôt terminé ; ce n'était que temporaire. Bob m'a suggéré de « l'offrir ». Je « l'offre », peu importe ce que cela signifiait. Je savais que beaucoup de gens étaient dans une situation bien pire que la mienne. J'ai compté les bénédictions dont Dieu m'avait gratifiée. Après tout, j'allais avoir une nouvelle maison et mon premier bébé! Les choses s'améliorèrent, mais pas tout de suite.

J'ai contacté mon gynécologue-obstétricien dès que les saignements ont commencé. Cela ne faisait que quelques semaines que le médecin m'avait dit que tout irait bien. Après mon examen, mon médecin me dit que j'avais perdu mon bébé. Tout, évidemment, le laissait penser. J'avais l'impression d'être sur des montagnes russes depuis notre « on le fait » et, en ce mardi matin horrible où j'avais atteint le point le plus bas de l'aventure quand j'ai appris que mon bébé n'était plus là. Je suis sortie de la salle d'examen et du cabinet médical. Bob m'a suivie. J'ai fondu en larmes en lui apprenant la perte de mon bébé et à l'idée de ne pas pouvoir avoir mon enfant, ni même d'autres enfants. Nous sommes retournés à notre appartement et j'ai appelé Maman. J'avais vraiment besoin de lui parler. Bob a appelé sa mère et lui a fait part de la nouvelle. Elle fêtait, ce même jour, son anniversaire de naissance. Nos deux mères nous ont merveilleusement soutenus et ont vraiment partagé notre douleur, et nous leur sommes reconnaissants de leurs prières.

## Chapitre 4: Un nouvel état de vie

A mesure que la semaine avançait, je me sentais mieux. Les événements que l'on m'avait décrits comme la progression d'une fausse couche ne se sont pas produits. Le mercredi matin, j'ai cessé de perdre du sang et d'avoir des crampes. Le vendredi, j'ai appelé le cabinet de mon médecin pour lui dire que j'avais l'impression d'être encore enceinte. Ils m'ont mise de bonne humeur en m'autorisant à venir faire un autre test de grossesse et, si cela s'avérait nécessaire, à consulter le médecin. À la grande surprise du médecin et de tous les autres membres du cabinet médical, j'étais toujours enceinte. Dieu avait permis à mes montagnes russes de prendre un tournant inattendu; elles se dirigeaient tout droit vers le haut.

Lorsque notre Kaitlyn est arrivée sept mois plus tard, à terme et en parfaite santé, nous étions déjà installés dans notre nouvelle maison de ville. Au cours de la première année de notre mariage, Bob et moi avons appris à nous connaître non seulement comme mari et femme, mais aussi mais comme père et mère. Nos nouveaux voisins sont devenus nos nouveaux amis. Nous avons fait de notre maison un foyer et nous avons fondé notre famille comme nous l'entendions. Je me trouvais dans un nouvel État, le New Jersey, et dans un nouvel état de vie, le mariage. J'étais une mère à plein temps et j'adorais ça. J'ai réalisé que mes études universitaires n'étaient pas un gâchis, comme mes parents l'avaient craint, mais qu'elles m'avaient préparée à mon nouveau mode d'existence, la maternité.

J'ai découvert mon rôle dans la vie, ce que Dieu avait planifié pour moi. Alors pourquoi me sentirais-je coupable de ne pas avoir un emploi à l'extérieur? Je savais que je faisais ce qu'il fallait en élevant mon propre enfant, mais je me surprenais à trouver des excuses pour ne pas avoir de carrière lorsqu'on me demandait ce que je faisais. J'ai finalement trouvé la paix en réalisant que je n'avais pas besoin de me justifier de ne pas travailler à l'extérieur de mon foyer, mais je leur disais pourquoi je travaillais chez moi. Mon changement d'attitude m'a aidée à savourer davantage ma maternité. J'ai rapidement apprécié davantage ma propre mère, ainsi que toutes les mères qui restent à la maison avec leurs enfants. J'avais mal au cœur pour les mères qui doivent travailler. Certes, être maman à plein temps signifiait que mes conversations se limitaient à des phrases monosyllabiques sur le nettoyage de choses que vous n'avez jamais voulu nettoyer, mais le salaire était inégalable, tout comme la tranquillité d'esprit. J'avais trouvé ma vocation dans la vie. J'étais heureuse et je me sentais bien, quoiqu'un peu fatiguée.

Des nausées ont rapidement accompagné ma fatigue inhabituelle et je me suis retrouvée un peu en retard. C'est le jour de mon anniversaire que j'ai décidé de faire le test. À ma grande joie et à mon grand étonnement, les médecins s'étaient encore trompés. J'ai reçu le plus beau cadeau d'anniversaire que je n'aie jamais eu. Huit mois plus tard, nous avons appelé notre enfant Christopher. J'avais espéré que notre fils s'appellerait Logan, mais Bob a refusé. Je n'ai pas réussi à le convaincre cette fois-ci. Je devais attendre, si Dieu le voulait, que nous ayons un deuxième fils pour que mon rêve se réalise. Nous avons ramené Chris à la maison pour qu'il rencontre sa sœur Kaitlyn, de 16 mois son aînée. Kaitlyn avait ses propres idées sur le nom à donner à son frère. Elle a insisté pour que son nouveau frère s'appelle Bobby, et c'est ainsi qu'elle l'a appelé. Elle a tout de suite aimé son Bobby et a rempli son berceau de cadeaux qu'elle savait qu'il aimerait : des bretzels, ses jouets et des livres. Nous devions constamment surveiller Chris pour nous assurer qu'il n'était pas étouffé par l'amour de sa sœur ou par ses jouets. Soit Kaitlyn était la

Chapitre 4: Un nouvel état de vie 63

nouvelle sœur la plus généreuse, soit elle avait pris le couffin de Chris pour son nouveau coffre à jouets. Nous allions avoir beaucoup de choses nouvelles à découvrir, car nous étions rapidement passés d'une famille monoparentale à une famille avec deux enfants. La première chose que j'ai apprise, c'est que l'agacement de mes parents à l'idée que nous osions avoir un autre enfant si rapidement après Kaitlyn s'est rapidement transformé en joie après qu'ils eurent rencontré leur premier petit-fils. Ce n'était là qu'une des nombreuses bénédictions que Christopher allait apporter à notre famille.

Les voyages aller-retour en voiture entre le Maryland et le New Jersey devinrent réguliers, car les parents des deux côtés voulaient profiter de la famille. Un soir, alors que je ramenais Kaitlyn et Chris seuls dans le New Jersey, j'ai réalisé à quel point le Maryland, ma famille et mes amis me manquaient. Bob devait faire beaucoup d'heures supplémentaires et ne pouvait pas faire beaucoup de voyages chez mes parents. C'est au cours d'un de ces voyages que j'ai découvert à quel point je détestais vivre dans le New Jersey. Cela faisait à peine 20 minutes que nous roulions que les deux enfants, bien calés dans leur siège-auto à l'arrière, se sont mis à hurler. Puis, alors que je traversais le tunnel de Baltimore, les deux enfants ont décidé de vomir ensemble. La circulation était lente dans le tunnel ; les gaz d'échappement des véhicules se mélangeant à d'autres odeurs, ont fait que le retour à la maison fut très coloré. Mais nous avons survécu, grâce aux sacs en plastique, aux *serviettes humides* et…à la grâce de Dieu!

Bob savait à quel point le Maryland me manquait lorsque nous avons déménagé vers le sud dans de nouvelles maisons, toutes plus proches du Maryland les unes que les autres. Nos trajets devenaient de plus en plus courts, mais pas assez. J'aimais le fait que Bob et moi pouvions nous débrouiller seuls et je savais que nous serions heureux n'importe où avec notre nouvelle petite famille. J'avais acquis beaucoup d'estime de soi, de force et de confiance, sans parler de la paix dans notre nouvelle vie et avec mes nouveaux amis, mais ma famille et mes amis du Maryland me manquaient vraiment. Nous leur manquions aussi! Je n'avais pas réalisé à quel point j'avais envie de rentrer chez moi jusqu'au soir où Bob m'a annoncé de façon décontractée qu'une chasseuse de têtes l'avait appelé pour un poste à Washington, DC. « Washington!!! Quand l'entretien a-t-il lieu? Peut-on y aller avec toi? Et peux-tu nous déposer chez mes parents pour la journée? Quand ont-ils besoin que tu commences? » Ai-je enchaîné. Bob a interrompu mes questions enthousiastes pour m'informer qu'il avait dit à la chasseuse de têtes qu'il n'était pas intéressé par le poste. « QUOI? » Je n'en revenais pas! Bob me répondit : « Ah! Peut-être que je la rappellerai demain pour avoir plus de détails ». « C'est génial! Tu pourras appeler la chasseuse de têtes depuis la cabine téléphonique de l'hôpital demain, après que Chris aura été opéré d'une hernie », ai-je immédiatement répondu.

La petite intervention chirurgicale de Chris s'est très bien passée, et l'appel téléphonique a été encore meilleur. Un entretien pour le poste à Washington était prévu pour la semaine suivante. Ce furent deux excellentes nouvelles que nous avons apportées à mes parents qui gardaient Kaitlyn chez nous.

L'entretien avec Bob s'est très bien passé. Nous avons demandé à Dieu de confirmer le changement de poste avant que Bob ne l'accepte. Je me suis souvenu qu'un prophète dans la Bible n'était pas sûr d'entendre correctement la volonté de Dieu et qu'il avait posé le « test de la toison. » (Jug. 6:36-40) qui l'aiderait à discerner la volonté de Dieu. Nous ferons de même. Notre « test de la toison » était le

Chapitre 4: Un nouvel état de vie    65

suivant : 1. l'employeur potentiel devait accepter un certain salaire. 2. Il devait s'engager à acheter notre maison si elle ne se vendait pas. 3. Il serait responsable de notre déménagement et de notre hébergement jusqu'à ce que nous achetions un logement dans le Maryland. Si toutes ces conditions étaient remplies, nous saurions que c'était bien la volonté de Dieu. Quelle ne fut pas la surprise de Bob lorsque ces trois conditions seraient non seulement remplies, mais qu'elles étaient déjà proposées dans l'offre d'emploi. Nous avons mis notre maison du New Jersey sur le marché à la fin de la semaine. Bob a donné à son employeur actuel un préavis approprié, et nous allions rentrer chez nous dans le mois suivant. Nous ne voulions pas déménager avant la vente notre maison, mais le nouvel employeur de Bob avait besoin de lui immédiatement. Le marché de l'immobilier était au plus bas dans le New Jersey et notre agent immobilier nous a dit qu'il faudrait plus d'un an pour vendre notre maison. Quoi qu'il en soit, nous avons placé le panneau « *À vendre* » dans notre cour dès que l'agent immobilier l'a apporté après la messe du dimanche. Les prières que Bob et moi avions formulées lors de cette messe visaient à remercier Dieu pour le nouvel emploi de Bob et pour nous avoir permis de retourner vivre dans le Maryland afin d'être proches de nos deux familles. Nous avons également demandé au Seigneur de bénir notre déménagement et, s'il le voulait bien, de vendre rapidement notre maison. Nous savions que nous aurions besoin de beaucoup de grâces pour ce grand changement dans notre vie.

Une heure après avoir posé le panneau « *À vendre* », on a frappé à notre porte d'entrée. C'était un couple. Ils nous ont expliqué qu'ils passaient par là et qu'ils souhaitaient voir notre maison. Nous avions été avertis par notre agent immobilier de ne pas montrer la maison sans passer d'abord par son bureau. Ils avaient l'air d'un couple très sympathique. Notre maison était un véritable désastre. Étonnamment, Bob leur a dit qu'ils pouvaient visiter la maison, mais leur a demandé de ne pas tenir compte du désordre, car nous ne faisions visiter la maison que le lendemain. Après leur visite, nous n'avons jamais eu à faire visiter notre maison, car ce soir-là, nous avons reçu un contrat signé par ce couple qui avait vu par hasard le panneau « *À vendre* » plus tôt dans la journée.

Nous nous sommes rendus dans le Maryland le week-end suivant pour commencer à chercher une maison. Kaitlyn et Christopher se sont tous deux réveillés malades, avec des infections aux oreilles. Tant pis pour la recherche d'une maison. Mais Maman m'a dit que nous devions visiter les maisons comme prévu, et qu'elle et mon père s'occuperaient des enfants. Les avantages de vivre près de la famille avaient commencé à se faire sentir avant même que nous déménagions. Dieu merci pour les grands-parents! Sérieusement!

La recherche d'un logement n'a pas été à la hauteur de nos espérances. Tout ce qui se trouvait dans notre fourchette de prix faisait pâle figure en comparaison avec à notre maison du New Jersey. Nous savions que nous devrions faire des compromis sur certains points, mais vivre près de notre famille en valait la peine. Nous sommes retournés chez mes parents pour passer du temps avec nos « malades », qui se sentaient maintenant beaucoup mieux. Maman et Papa, comme on les appelait maintenant, ont pris plaisir à divertir et à gâter Kaitlyn et Chris. Nous nous sommes détendus en famille ce soir-là après avoir dégusté l'un des merveilleux festins de Maman, puis nous avons regardé les vidéos de Papa. Le lendemain matin, Bob et moi avons entamé une nouvelle journée à la recherche d'une maison, en espérant que cela se passe bien. Après tout, nous avions

## Chapitre 4: Un nouvel état de vie

déjà construit un foyer pour notre famille. Il ne nous restait plus qu'à trouver une maison.

Dimanche matin, Bob et moi nous sommes levés tôt pour prendre nos premiers rendez-vous afin de visiter deux autres maisons avant d'aller à la messe à l'église du Sacré-Cœur. Les deux maisons étaient nulles, rien à voir avec ce que nous espérions. Alors que nous nous rendions à la messe, découragés, nous sommes passés devant un panneau indiquant qu'une maison était à vendre par son propriétaire et qui organisait une journée portes ouvertes. « Nous reviendrons après la messe pour voir celle-là », dit Bob. « Cette maison a l'air vraiment belle de l'extérieur. Elle sera probablement au-dessus de nos moyens, mais nous pouvons revenir si tu le veux. » lui répondis-je.

Avant le début de la messe, je me suis agenouillée et j'ai prié, demandant à Dieu de nous aider dans notre recherche d'une nouvelle maison. Alors que j'étais plongée dans la prière, j'ai senti une main se poser sur mon épaule. Un sentiment de réconfort m'a envahie. Je me suis demandé lequel de mes anciens amis du Sacré-Cœur voulait me saluer. Je me suis retournée pour voir qui avait ce toucher si paisible. Il n'y avait personne! Je pourrais encore sentir cette main sur mon épaule. Dieu se manifeste partout! je me suis tournée vers Bob et lui ai dit : « Ne t'inquiète pas, chéri! Tout va bien se passer! Nous trouverons une maison. » Après la messe, nous sommes retournés à la maison devant laquelle nous étions passés en nous rendant à l'église. C'était la maison de nos rêves et plus encore! Elle était même cinq dollars en-dessous du prix que nous nous étions fixé. Merci, mon Dieu!

Alors que nous étions en train d'emballer toutes nos affaires dans notre maison du New Jersey, le téléphone a sonné. C'était notre voisine : « Pourquoi avez-vous enlevé votre panneau, « *À vendre* »? Avez-vous changé d'avis au sujet de votre déménagement? » Je lui répondis : « Oh! pas du tout! Nous avons vendu la maison. » Elle fut très étonnée, car elle savait à quel point le marché de l'immobilier était pourri dans le New Jersey. Elle ajouta : « Il me semble que la main de Dieu était sur vous pour qu'une telle chose se produise. » Oui! c'était la main de Dieu!

# Chapitre 5

## Problèmes familiaux

*« Heureux serez-vous lorsque des hommes vous insulteront, vous persécuteront et diront faussement toute sorte de mal contre vous à cause de moi. Réjouissez-vous et soyez dans l'allégresse, car votre récompense est grande dans les cieux, parce que c'est ainsi que l'on a persécuté les prophètes qui vous ont précédés. Vous êtes le sel de la terre ; mais si le sel a perdu sa saveur, comment lui rendre sa salinité? Il n'est plus bon qu'à être jeté et foulé aux pieds par les hommes. Vous êtes la lumière du monde. Une ville située sur une colline ne peut être cachée. On n'allume pas non plus une lampe pour la mettre sous le boisseau, mais sur un socle, et elle éclaire tous ceux qui sont dans la maison. Que votre lumière brille devant les hommes, afin qu'ils voient vos bonnes œuvres et rendent gloire à votre Père qui est dans les cieux.*

-Matthieu 5:11-16

S'habituer à notre nouvelle vie dans le Maryland fut facile pour presque tout. Ce fut une bénédiction pour nous d'avoir des voisins formidables, qui, par une heureuse coïncidence, étaient tous des catholiques pratiquants. Tous les jours, notre cour était animée par les cris d'enfants énergiques en train de jouer. Les enfants faisaient du vélo, jouaient au chat et à la souris ou faisaient semblant de dire la messe sur l'une de nos allées. C'était une joie de pouvoir pratiquer notre foi dans tous les aspects de la vie, ouvertement, avec nos nouveaux amis du quartier. Nos enfants ont célébré leur première communion ensemble et ont fini par fréquenter ensemble l'école catholique locale, l'école régionale Saint Pie X.

Mes parents ne partageaient pas le même enthousiasme pour les expressions ouvertes de notre foi. Pour eux, la religion et Dieu étaient des sujets privés qui ne devaient pas être étalés en public. Mon père en particulier n'était pas à l'aise avec la façon dont nous élevions nos enfants, avec le fait que nous ne faisions pas les choses comme il pensait que tout le monde les faisait. Je leur rappelais à chaque occasion que nous pourrions être comme Sam et Rob Fatzinger, dont nous avions entendu dire qu'ils avaient dépassé les bornes, selon la façon de penser de mes parents, et qu'ils avaient pour objectif d'avoir au moins 12 enfants. Papa, lui, avait peur que nous préparions ses petits-enfants à ne pas être acceptés ou à être considérés comme bizarres aux yeux de la société. « Que ferez-vous lorsque vos enfants joueront au roi de la colline avec d'autres enfants et que Kaitlyn ou Chris voudra être Jésus-Christ? Papa se moquait, essayant d'illustrer son point de vue. « Génial! » ai-je répliqué en plaisantant de façon déplacée : « Mais j'espère qu'ils donneront aux autres enfants la possibilité d'être Jésus, eux aussi ». De toute évidence, ce n'était pas la réponse que mon père attendait. Il ne comprenait pas pourquoi notre vie devait tourner autour de Dieu. Ce n'était pas normal, ce n'était pas la façon dont les autres faisaient les choses.

Maman m'a également fait part de ses inquiétudes. Lorsqu'elle m'a finalement accusée d'être aussi folle que certains membres d'une secte dont elle avait entendu parler aux informations, j'en ai eu assez des disputes. Nous étions catholiques et nous élèverions nos enfants

## Chapitre 5: Problèmes familiaux

dans la foi. Un point! c'est tout! Je me suis mise en colère contre les invectives de mes parents, que je croyais terminées. Je voyais bien que mes parents essayaient encore de m'éduquer. J'ai dit à Maman que je serais heureuse de prendre rendez-vous avec Monseigneur Hogan, le Curé de l'église du Sacré-Cœur. Nous étions tous d'accord sur un point : nous respecterions l'opinion de Monseigneur et nous lui laisserions le dernier mot. Dire ce que je voulais vraiment dire, c'est que nous allions élever nos enfants comme nous le voulions et que cela ne regardait pas mes parents, cela n'aurait pas résolu le problème. Pour eux, se mêler des affaires de leurs petits-enfants était l'un des avantages d'être grands-parents. Il se trouve que j'étais d'accord avec mes parents sur la partie « implication » de leur argument, mais avec leurs derniers commentaires insultants sur les sectes, j'ai senti qu'ils avaient franchi une limite. Je ne laisserais pas les disputes habituelles et constantes de mon enfance s'infiltrer dans le foyer que j'essayais d'offrir à ma famille. J'ai travaillé dur et je me suis efforcée consciemment de créer un foyer qui n'était pas imprégné de la même colère et de la même hostilité que celles dans lesquelles j'avais été élevée.

Je me suis approchée de la fenêtre de notre cuisine, qui donnait sur l'endroit où les enfants jouaient dans le jardin. Était-ce leur poupée *Big Bird* [*Gros Oiseau*][1] que Kaitlyn et Chris étaient en train de crucifier sur leur balançoire? Je n'avais pas envie de partager cette scène avec mes parents en ce moment et j'étais heureuse qu'ils ne regardent pas par la fenêtre.

---

[1] Personnage de l'émission de télévision américaine *Sesame Street*.

Lorsque le moment est venu de rencontrer Monseigneur, ma mère a changé d'attitude et a décidé qu'elle n'irait pas à la rencontre. « Très bien! Alors. Bob et moi le rencontrerons seuls. Mais si tu n'y vas pas, tu n'auras plus jamais l'occasion de discuter de ce problème avec nous! » Je l'ai dit et je l'ai pensé. Monseigneur Hogan était connu pour être direct et totalement catholique ; il ne tolérait pas que le catholicisme soit détourné dans un sens ou dans un autre.

J'avais traversé une période où Monseigneur ne savait pas exactement d'où je venais. Il y a eu des malentendus et des idées fausses sur lesquels nous avions travaillé et que le temps a guéris. La maturation de ma part et une certaine compassion de la sienne nous ont amenés, des années plus tard, à ce point où Monseigneur Hogan et moi, nous nous sommes estimés mutuellement. Nous sommes devenus amis. Nous avons développé ce qui ressemblait à une relation père-fille, dans laquelle j'a gagné sa confiance très respectée. Il a toujours eu la mienne.

Monseigneur Hogan a concélébré ma messe de mariage et il aimait Bob et sa famille. Je pense que mon bon choix pour Bob comme mon époux a été l'un des facteurs positifs qui ont contribué à nous amener, Monseigneur et moi, au point où nous en étions.

Nous étions reconnaissants à notre père dans la foi de nous aider à résoudre certains problèmes que j'avais avec mon propre père et ma propre mère. Au cours de notre échange, nous avons demandé à Monseigneur s'il pensait que Bob et moi étions en train de devenir des fanatiques. Nous lui avons parlé de nos objectifs pour nos enfants et pour nous-mêmes. Nous voulions simplement être de bons parents catholiques. Monseigneur nous a assurés que nous n'étions pas des fanatiques mais des catholiques, des catholiques romains orthodoxes. Si nous devenions fanatiques, il nous a dit qu'il serait le premier à nous le faire savoir, et c'est ce que nous avons dit à la famille.

J'étais étonnée de voir mes parents penser qu'il était normal d'avoir une famille saturée de tensions, mais qu'il n'était pas approprié d'élever une famille immergée en Dieu. Je le savais mieux maintenant, car j'avais vécu pendant quatre ans dans le New Jersey avec ma propre famille, qui ne se disputait pas constamment. J'aimais cette façon de vivre, et Bob l'aimait aussi. Mais maintenant que nous étions de retour dans le Maryland, les vieilles habitudes reprenaient le dessus. Nos commentaires non sollicités sur la vie des uns et des autres nous ont vite ramenés à la cruauté de notre passé et, une fois de plus, nous nous sommes retrouvés sur un champ de bataille que nous avions nous-mêmes créé. Lorsque les conflits ont atteint de nouveaux sommets, Bob a insisté pour que nous fassions appel à un conseiller professionnel, faute de quoi nous devrions envisager de quitter la région.

J'ai appelé le Dr Wise et pris rendez-vous pour notre première séance de thérapie de groupe. Elle n'était pas aussi animée que celle qui s'était déroulée au commissariat de police quelques années auparavant.

Nous n'avons eu besoin de rencontrer le Dr Wise que deux fois. Ce que ce thérapeute très patient, qui était à la hauteur de son nom, m'a appris durera toute une vie. Avant tout, nous avons appris que, bien que nous soyons tous très différents, nous ne devions pas essayer de nous recréer les uns les autres à notre image. Nous avons accepté d'être en désaccord. Une idée simple, mais qui a changé ma vie. Avec un peu de pratique, nous pourrions tous vivre dans le même état et ne pas nous rendre fous les uns les autres, du moins je l'espérais.

Alors que les choses se calmaient, notre situation familiale s'est accélérée. Nous attendions le troisième enfant. Nous avons annoncé la nouvelle à nos familles. Bob étant l'aîné d'une famille de six enfants, ses parents étaient habitués aux familles nombreuses. Mes parents étaient « heureux si nous étions heureux », disaient-ils. « Une famille de deux enfants leur paraît suffisamment grande », poursuivaient-ils. Mais si nous voulions une famille nombreuse, c'était notre choix. Bob et moi n'avons jamais pensé que le fait d'avoir trois enfants était considéré comme une famille nombreuse ou hors norme. Nous plaisantions en disant qu'avoir un quatrième enfant ferait de nous des catholiques minimaux. Et bien sûr, il y a toujours eu les Fatzinger qui ont planifié leur douzaine d'enfants, rappelions-nous à ma famille. « Réjouissez-vous que Sam ne soit pas votre fille. »

C'est Sam et Rob Fatzinger qui sont venus pour la première fois à notre secours lorsque j'ai commencé à accoucher prématurément à 23 semaines de grossesse et que j'ai été condamnée à rester alitée. Nous connaissions Sam et Rob principalement par l'intermédiaire de leur librairie chrétienne. Nous avions entendu des choses merveilleuses sur ce jeune couple et leur témoignage de foi. Nous n'étions que des connaissances, pas encore des amis, lorsque Sam nous a appelés. Elle nous a demandé quels jours de la semaine elle pouvait venir vous aider, après avoir appris notre situation par la rumeur.

Lors de mon rendez-vous chez le médecin, les tests ont montré que j'avais des contractions d'accouchement prématuré. On m'a

## Chapitre 5: Problèmes familiaux

prescrite un médicament qui pouvait arrêter les contractions et éventuellement amener mon bébé à terme. Ce médicament était connu pour déclencher des migraines, et c'est ce qui s'est passé. Les tests ont non seulement révélé un travail prématuré, mais aussi que j'étais enceinte de notre deuxième fils. J'ai téléphoné à Bob au travail pour lui dire que j'avais des contractions, que j'étais dilatée de deux centimètres et que j'étais alitée, ce qui, je l'espère, empêcherait un accouchement prématuré. Bob a quitté son travail immédiatement pour que nous puissions déterminer ce que nous devions faire pour assurer la santé du bébé tout en nous occupant de deux enfants en bas âge. J'ai profité de l'occasion pour dire à Bob combien j'aimais le prénom Logan. Puisqu'il s'agissait de notre deuxième fils, pouvions-nous utiliser le nom que je voulais? "Bien sûr, comme tu veux", a-t-il répondu, préoccupé par notre dilemme. "Oui! J'ai eu mon Logan!

Pendant les 15 semaines suivantes, Logan et moi sommes restés coincés sur le canapé où j'ai vu d'autres personnes faire pour mes enfants ce que je voulais faire. J'étais pleine de gratitude, mais complètement frustrée.

Quinze semaines, c'est long! Le repos au lit et les médicaments, grâce à Dieu! ont arrêté la dilatation. Cependant, si je bougeais trop, les contractions recommençaient. Je me suis donc assise sur le canapé. Du canapé, j'ai joué avec Kaitlyn et Chris. Depuis le canapé, j'ai enseigné à Bob l'art de préparer un gâteau d'anniversaire pour Kaitlyn. Du canapé, j'ai diverti mes amis et ma famille dévoués et aimants qui m'ont apporté des repas, m'ont aidée avec mes enfants et ont même aidé à nettoyer ma maison. Depuis le canapé, j'organisais des projets artistiques pour l'école biblique de vacances, ce qui m'a permis de renouer avec une amie d'enfance, Mary, qui allait enseigner à ma place. Depuis le canapé, je recevais la communion, et depuis le canapé, je priais. J'ai prié pour un bébé en bonne santé. Et j'ai prié pour sortir du canapé. Il était devenu exaspérant pour moi de ne pas pouvoir m'occuper des choses simples que je devrais pouvoir faire. Regarder les autres attendre pour moi me semblait être plus une croix qu'autre chose. Non, je le ferais. Je pouvais le faire. Je pouvais faire tout ce qu'il fallait pour mon Logan.

Enfin, à 38 semaines, lorsque l'accouchement pouvait être pratiqué en toute sécurité, j'ai cessé de prendre le médicament qui avait arrêté les contractions. À 40 semaines, lorsque les contractions et la dilatation n'ont pas repris, le travail a été déclenché et j'ai enfin pu tenir mon Logan Joseph dans mes bras, beau et en bonne santé.

Trois semaines plus tard, Logan a été admis à l'hôpital pour enfants. Rien n'est comparable à la douleur et à l'angoisse d'un enfant gravement malade : pas de cauchemars, pas de combats, pas de maux de tête, pas de douleurs physiques ou mentales, rien! Logan a été soumis à une batterie de tests heure par heure. On l'a piqué et piqué, et il a fallu cinq tentatives pour lui faire une ponction lombaire. L'état de Logan ne cesse de s'aggraver ; les vomissements et la diarrhée entraînent une déshydratation. Branché sur des intraveineuses, il ne cessait de pleurer. Dans une zone d'isolement de l'hôpital pour enfants, je ne pouvais même pas le nourrir jusqu'à ce qu'ils diagnostiquent ce qui n'allait pas. Bob était à l'autre bout du monde, à Manille, en voyage d'affaires, lorsque Logan est tombé malade et n'était pas attendu à la maison avant une semaine. Papa était à mes côtés, Maman veillait sur Kaitlyn et Chris, et mes beaux-parents m'ont aidée autant qu'ils ont pu.

# Chapitre 5: Problèmes familiaux

Au quatrième jour de son hospitalisation, l'état de Logan s'est soudainement amélioré. Le cinquième jour, j'ai pu le ramener chez lui, complètement guéri de sa mystérieuse maladie. Je n'ai eu aucune réponse à mes questions. Parfois, nous n'en obtenons aucune. Néanmoins, mon cœur était plein de gratitude!

Deux mois plus tard, les choses ont continué à s'améliorer, non seulement pour Logan, mais aussi pour ma famille. Logan est resté en bonne santé et est devenu un petit bout de chou. Les capacites de communication des Felser en conflit ont continué à s'améliorer, avec seulement de brefs reculs. Quelques rappels du sage avis que que l'amour ne signifie pas être toujours d'accord les uns avec les autres ont été d'une grande aide.

Réalisant que j'avais besoin d'une petite pause, mes parents m'ont proposé de garder les trois enfants Seith afin que je puisse rejoindre Bob en voyage d'affaires à Mexico. Cette offre tombait vraiment du ciel. Nous avons fait une mini-retraite de trois jours auprès de Notre-Dame de Guadalupe. Son sanctuaire était magnifique, tout comme le paysage environnant de la colline de Tepeyac. Je me suis agenouillée en-dessous de la *tilma* de Juan Diego avec l'image miraculeuse et j'ai prié mon chapelet. Il n'y avait personne d'autre pendant toute la durée de mes prières. C'est un moment que je chérirai toujours. J'assistais à la messe en espagnol et me promenais dans le sanctuaire pendant que Bob travaillait. Nous nous retrouvions ensuite en fin d'après-midi pour profiter des bénédictions de ce lieu saint et de cette retraite si nécessaire.

C'est pendant mon séjour au Mexique que j'ai su que l'endométriose était revenue en force. Cela ne faisait qu'un peu plus de deux mois que Logan était né et je ressentais déjà de fortes douleurs. « Ce n'est pas bon signe! », me suis-je dit. Je ne pensais pas que l'endométriose reviendrait aussi vite après l'accouchement. J'ai simplement pris un médicament contre la douleur et j'ai pris rendez-vous pour une nouvelle laparoscopie[2] à mon retour à la maison. Je n'allais pas laisser la douleur gâcher mes vacances. Je m'occuperais trop pour m'en rendre compte. À ce stade, les laparoscopies n'étaient plus un problème et étaient devenues une routine. « Est-ce que cela va être la cinquième ou la sixième fois que je vais devoir subir une intervention? » me suis-je demandé. « Au moins, ça aide. »

À notre retour de notre voyage à Guadalupe, j'ai subi l'intervention. Après avoir pratiqué l'opération mineure, mon médecin nous a rencontrés, Bob et moi, dans la salle de réveil pour discuter des résultats. Mon médecin nous a dit que pendant l'intervention, il avait découvert que toute ma cavité pelvienne était criblée de varices. Il n'a pas pu retirer autant d'endométriose qu'il le souhaitait, car il aurait été dangereux d'utiliser le laser aussi près des varices. Il nous a également dit qu'une nouvelle grossesse pouvait mettre ma vie en danger, car, à cause de leur fragilité, les veines pouvaient éclater sous une simple pression. Il nous a conseillé, une fois de plus, de prendre un contraceptif, tout en sachant que nous ne le ferions pas. J'avais déjà abordé cette question avec lui lorsque je suis devenue sa patiente. Je l'ai choisi comme médecin parce que je savais qu'il ne pratiquait pas d'avortement. Cependant, le fait qu'il accepte la contraception abortive et qu'il tolère toute forme de contraception était

---

[2] Opération pratiquée dans l'abdomen ou le bassin à l'aide de petites incisions (généralement de 0,5 à 1,5 cm) et d'une caméra.

manifestement en contradiction avec notre foi catholique. Malheureusement, ce médecin était le meilleur que j'ai pu trouver dans les environs. Il savait que la contraception artificielle ne serait pas une option pour nous. Mon médecin a répété qu'il serait dangereux de concevoir et d'accoucher à nouveau. Il a insisté sur le fait que nous avions eu de la chance avec l'issue de ma dernière grossesse, mais que nous ne devions pas tenter notre chance.

Je voulais vraiment un autre enfant, juste un de plus. Kaitlyn et Chris avaient une relation si spéciale à 16 mois d'intervalle et je voulais que Logan ait aussi un frère ou une sœur de son âge. Je savais que j'avais déjà reçu trois cadeaux précieux après qu'on m'ait dit que je ne concevrais jamais d'enfant. Je devais compter mes bénédictions.

Tout en suivant des cours de perfectionnement sur la planification familiale naturelle, nous avons également étudié la possibilité d'adopter un bébé. Nous avons constaté qu'il nous serait probablement difficile de le faire puisque nous avions déjà trois enfants. Après avoir examiné les documents, discuté des probabilités et beaucoup prié, nous avons écarté l'idée de l'adoption. « Si Dieu veut que nous ayons un autre bébé, alors il mettra un enfant à notre disposition », j'espérais secrètement. Je pouvais encore prier pour qu'Il en dépose un sur le pas de notre porte.

Mes parents nous rappelaient sans cesse à quel point nous étions bénis, surtout lorsque nous nous disputions au sujet de mon refus et de celui de Bob d'utiliser un moyen de contraception artificiel. Il n'y avait manifestement aucune question qui échappait à mes parents, surtout si la vie de leur fille était en jeu. Ils ne comprenaient pas pourquoi nous ne serions pas comme d'autres catholiques qu'ils connaissaient et qui utilisaient divers contraceptifs. Conscients que l'etiquette « fanatiques » allait une fois de plus nous être lancée, nous leur avons expliqué que l'Église catholique avait un enseignement clair sur l'utilisation des contraceptifs artificiels. Nous avons convenu que l'enseignement de l'Église pouvait *sembler* déraisonnable à d'autres personnes susceptibles de s'intéresser à notre situation, et nous avons donc approfondi la question. Après un examen approfondi de la question, grâce à beaucoup de temps de prière et de conversation, à l'étude de *Humanae Vitae* et d'autres documents de l'Église sur la contraception, et au discernement de la vertu de la planification familiale naturelle, nous avons commencé à comprendre pourquoi l'Église enseignait comme elle le faisait.

Notre quête de réponses nous a conduits à la *Théologie du corps* du pape Jean-Paul II qui, par sa beauté, nous a rappelé pourquoi nous avons fait confiance aux enseignements de l'Église et les avons aimés en premier lieu. Dans la *Théologie du corps*, Jean-Paul II explique pourquoi Dieu a créé l'homme et la femme et comment, dans notre propre corps, nous partageons et illuminons le mystère de la Trinité et son don de vie. L'amour du Père et du Fils engendre la troisième personne de la Très Sainte Trinité, le Saint-Esprit. La personne humaine, elle aussi, est engendrée par l'amour de Dieu. Dans son don de la procréation, nous reflétons et entrons dans le don de la vie de Dieu, et nous devenons co-créateurs par et avec Lui. Le véritable amour, comme Dieu lui-même, ne peut être contenu et veut toujours le bien de l'autre. Il est désintéressé et donne la vie. L'union conjugale ne peut être séparée de la nature procréatrice de cette expression de l'amour.

## Chapitre 5: Problèmes familiaux

Bob et moi avons également appris dans nos cours de PFN[3] qu'en créant la femme, Dieu a conçu des schémas et des signes de fertilité spécifiques et responsables. Avec un peu de pratique, de prière et de sacrifice, nous espérions considérer les défis de la planification familiale naturelle non pas comme une corvée, mais comme un cadeau. Planifier notre famille ne signifiait pas que Dieu nous appelait à avoir 12 enfants comme les Fatzingers. Dieu nous demandait cependant de lui faire confiance. En nous abstenant pendant les périodes de fécondité, nous avons vu des grâces émerger grâce à la pratique de la tempérance et de la maîtrise de soi. S'il est facile de penser que la contraception ne fait qu'entraver la conception, nous avons également appris qu'elle crée des obstacles au flux de la grâce. Et nous avions besoin de toutes les grâces possibles!

Bien que nous ayons essayé d'expliquer à mes parents la beauté et la plénitude du plan de Dieu pour la sexualité, le mal était fait, et la vision du monde restait ferme dans l'esprit de mes parents et de ma sœur. Bob et moi savions que nous faisions ce qu'il fallait, mais ils persistaient dans leur questionnement antagoniste. Lorsqu'ils se sont rendu compte que la question de la contraception n'était plus d'actualité, mon père a décidé de tenter une approche plus audacieuse. Il nous a raconté une histoire qui illustrait ses préoccupations d'une manière très authentique et aimante. Mon père nous a expliqué qu'il avait une cousine à qui l'on avait dit qu'elle ne devait pas avoir d'autres enfants et qu'il serait trop dangereux de tomber enceinte et d'accoucher. Mon père n'était qu'un petit garçon à l'époque,

---

[3] Planification familiale naturelle

mais il nous a raconté l'histoire avec beaucoup de détails et une réflexion sérieuse. Sa cousine est en effet tombée enceinte contre l'avis de son médecin, alors qu'elle n'en avait pas l'intention. « Oui! Et que lui est-il arrivé? » Rien! », répondis-je avec humour. « Non! Elle est morte. », a répondu mon père, les larmes aux yeux. Les craintes de mon père étaient réelles. Il avait beaucoup souffert de la perte de sa cousine, et je pouvais maintenant comprendre son inquiétude à un niveau plus personnel, et pas seulement théologique. « Papa, je suis désolée, Je suis vraiment désolée. Bob et moi ferons tout ce que nous pourrons pour que cela ne nous arrive pas. Mais nous ne pouvons pas aller à l'encontre de ce que nous savons être vrai, ce que notre cœur et l'Église nous enseignent. L'Église ne nous dit pas quelque chose simplement pour nous donner des règles sans raison. L'Église s'engage à ce que nous vivions en accord avec la volonté de Dieu pour notre bien, ai-je répondu comme explication. Papa me me lança : « Mais si c'est la volonté de Dieu que vous mouriez? ». Je n'ai pas jugé nécessaire de répondre, mais je me suis immédiatement rappelé les paroles de Jésus lorsqu'il a parlé des lis des champs. Jésus a enseigné que l'amour de Dieu avait revêtu ces fleurs d'une telle beauté, alors qu'elles n'étaient que des fleurs. Combien plus Dieu nous aime-t-il et prend-il soin de nous? Jésus nous dit ensuite : "Ne vous inquiétez pas du lendemain, car le lendemain a ses propres soucis". (Mt. 6:34). De plus, cette phrase préférée m'est venue à l'esprit. « La peur est inutile, ce qu'il faut, c'est la confiance : « Jésus, surprenant ces mots, dit au chef de synagogue : « *Ne crains pas, crois seulement.* » (Mc 5:36). Ces Paroles de Jésus m'ont rappelé que se faire du souci n'était pas quelque chose que Dieu me demandait en ce moment, et j'ai prié pour que ce ne soit jamais le cas.

# Chapitre 6

# Les défis de la vie

*S'il est vrai que la souffrance a un sens de punition lorsqu'elle est liée à une faute, il n'est pas vrai que toute souffrance est la conséquence d'une faute et a la nature d'une punition. La figure du juste Job en est une preuve particulière dans l'Ancien Testament. L'Apocalypse, qui est la parole de Dieu lui-même, pose en toute franchise le problème de la souffrance d'un homme innocent : une souffrance sans culpabilité. Job n'a pas été puni, il n'y avait aucune raison de lui infliger un châtiment, même s'il a été soumis à une dure épreuve. Dès l'introduction du livre, il apparaît que Dieu a permis cette mise à l'épreuve à la suite de la provocation de Satan. En effet, Satan avait contesté devant le Seigneur la justice de Job : « Job craint-il Dieu pour rien ? Tu as béni le travail de ses mains, et ses biens se sont accrus dans le pays. Mais étends ta main, touche à tout ce qu'il possède, et il te maudira en face. » Et si le Seigneur consent à éprouver Job par la souffrance, c'est pour démontrer la justice de ce dernier. La souffrance a le caractère d'une épreuve.*

*-III La quête d'une réponse à la question du sens de la souffrance du sens de la souffrance - "Salvifici Doloris"*

Nous avons trouvé que nos réunions de remise à niveau sur la planification familiale naturelle étaient très utiles. Nous avions suivi des cours avant de nous marier, mais à l'époque, les cours nous avaient semblé plus intimidants. Aujourd'hui, Bob et moi sommes tous deux stupéfaits par le don de la fertilité que Dieu a fait à la femme. Lorsque nous nous sommes mariés, j'ai noté mes changements de température, parmi d'autres signes de fertilité, et nous en avons rapidement compris le concept. Très vite, nous n'avons plus eu besoin de noter nos premières tentatives de grossesse. Lorsque nous avons envisagé d'utiliser à nouveau la planification familiale naturelle pour espacer nos enfants, nous n'avons pas pris la chose trop au sérieux. À l'origine, Bob et moi n'avons pas beaucoup réfléchi au moment où notre famille devait s'agrandir, ni à la manière dont elle devait le faire. Nous espérions simplement qu'elle s'agrandirait. Nous avons été extrêmement reconnaissants lorsque Dieu nous a donné notre Christopher peu de temps après la naissance de notre Kaitlyn. Au milieu de notre déménagement du New Jersey au Maryland, ainsi que du changement d'emploi de Bob et des tensions familiales qui revenaient, nous avons pensé que nous devrions attendre quelques années avant de concevoir à nouveau après la naissance de Chris. Nous avons pratiqué la planification familiale naturelle, espaçant Logan et Chris de trois ans, comme nous l'avions espéré. Malgré les avertissements initiaux du médecin concernant ma fertilité et mon endométriose, je n'ai eu aucun problème à tomber enceinte le mois même où nous avons essayé d'avoir notre troisième enfant. Nous étions assez convaincus d'avoir bien compris le principe de la planification familiale naturelle, mais comme les enjeux étaient si importants, nous avions besoin d'en être certains.

Nous avons expliqué à la conseillère de planification familiale naturelle les préoccupations de mon gynécologue-obstétricien. Nous lui avons dit que mon médecin craignait que je me vide de mon sang pendant la grossesse ou à l'accouchement. Personnellement, je pensais qu'il exagérait peut-être, mais pouvais-je prendre le risque? Notre conseiller a estimé qu'il valait mieux jouer la carte de la sécurité, ce qui signifiait que nous devrions nous abstenir un peu plus longtemps que d'habitude avant et après l'ovulation. La volonté de Bob m'a touchée au cœur. « Quel merveilleux témoignage de son amour pour moi », ai-je pensé. Cela signifiait qu'il devrait vraiment se priver pour moi. Nous avons essayé de reconnaître la beauté et la grâce des moments où nous nous abstenions. Parfois, ce fut difficile, c'est le moins qu'on puisse dire. D'autres fois, ces périodes furent à l'évidence des moments de grâces. Je trouvais amusant que, lorsque nous nous abstenions d'être unis en une seule chair, nous pouvions encore être unis profondément, en esprit. Il faut laisser au Seigneur le soin de renverser notre façon de voir les choses.

Après avoir quitté notre rendez-vous avec la conseillère en planification familiale, nous avons apprisque nous aurions à nous imposer des renoncements, car nous devions désormais prendre la planification naturelle familiale plus au sérieux. La conseillère nous a dit que nous pouvions l'appeler si nous avions des questions. Et c'est ce que nous avons fait. Je savais que je devrais noter méticuleusement ma température chaque matin, ainsi que d'autres signes qui jouent un rôle clé dans le suivi du cycle de fertilité. Comme la tenue de registres n'est pas l'un de mes points forts, j'ai réalisé que ce serait une croix intéressante pour moi. Je me doutais que Bob aurait aussi ses propres croix. Il ne nous restait plus qu'à « l'offrir », peu importe ce que cela signifiait.

Je continuais à prendre ma température et à enregistrer des données lorsque les enfants et moi sommes allés passer une semaine à la plage avec mes parents et la famille de ma sœur. Même si Bob n'a pas pu venir pendant nos petites vacances en raison de son travail, j'ai continué à enregistrer mes statistiques quotidiennes. J'ai attendu que le changement de température indique que c'était la période du mois. « Cela ne devrait plus tarder, j'en suis sûre. » me suis-je dit. « C'est peut-être le changement d'horaire. C'est peut-être l'angoisse d'être avec ma famille pendant toute une semaine. Peut-être que ça ne se produit pas parce que j'ai été stressée à l'idée que ça n'arrive pas. Peut-être ceci! Peut-être cela! » Mais jour après jour, ça ne s'est pas produit. « Si rien ne se produit, à mon retour à la maison, je ferai un de ces tests de grossesse à domicile et il sera négatif, et je ne serai plus aussi stressée. » me disais-je. En attendant, je ne disais rien à personne. J'avais hâte de rentrer à la maison.

Dès que nous sommes arrivés à la maison, j'ai pris Bob à part, en privé, sans préavis, et je lui ai dit : « J'ai 10 jours de retard, et je vais aller au centre d'aide aux femmes enceintes parce que si je suis enceinte, je vais avoir une crise ». Bob a pensé que c'était une bonne idée. L'air choqué et préoccupé par la gravité de ce que ces mots, « 10 jours de retard », signifiaient probablement. Il a salué les enfants, qui lui ont raconté leurs vacances à la plage. Je suis allée au centre de crise près de chez nous, où j'avais travaillé des années avant mon mariage. Je savais que si le test s'avérait positif, les merveilleuses femmes qui s'y trouvaient sauraient exactement ce qu'il fallait dire pour m'aider à surmonter les résultats. Surtout, je savais qu'elles prieraient pour moi et avec moi.

Et c'est ce qu'elles ont fait. Lorsque mon test de grossesse s'est révélé positif, mes larmes et mes émotions ont expliqué sans mots aux conseillers que j'étais terrifiée. Ils savaient que l'avortement ne serait jamais mon option et que j'accueillerais un autre bébé. Le soutien des conseillers du centre de crise contrastait fortement avec la réponse de la réceptionniste du cabinet de mon gynécologue-obstétricien quelques jours plus tard. J'ai été choquée lorsque j'ai appelé pour prendre rendez-vous avec mon médecin le plus tôt possible, compte tenu des problèmes que ma grossesse pouvait poser. La réceptionniste m'a demandé si j'avais l'intention de poursuivre ma grossesse. J'ai répondu, assez agacée : « Je n'ai pas l'intention de tuer mon bébé. » Je n'arrivais pas à croire que l'idée de tuer son propre bébé était devenue si banale, si courante. J'ai eu peur. « Et si le médecin avait raison? Et si je mourais? Comment vais-je dire à mes parents que je suis enceinte? Et si je me retrouvais à nouveau coincée sur le canapé? Oh, non! Je viens de donner à Sam tous mes vêtements de grossesse. » Un millier de pensées me traversaient l'esprit, mais celle à laquelle je me raccrochais le plus était que j'allais avoir un autre bébé. Cette pensée me remplissait de joie. L'idée de tuer mon enfant ne m'a jamais effleurée jusqu'à ce que la réceptionniste du cabinet de mon médecin en évoque la possibilité. Sa question m'a répugnée et m'a remplie de colère. Où ce monde est-il rendu?

Lorsque je suis rentrée du centre de grossesse, Bob avait déjà mis les enfants au lit. J'ai dit à Bob : « Je suis enceinte », m'attendant à voir sa réaction. Calmement, Bob m'a regardée et m'a dit : « Tout ira bien. On va s'en sortir. » J'ai fait la liste de mes craintes et de mes soucis. J'avais vraiment envie de croire aux paroles de mon arrière-grand-père, « *Der's alvays a vay!* » [« Il y a toujours une solution! »] « Y en a-t-il une? » me suis-je demandé. « Y a-t-il un moyen de mener à bien ma grossesse et l'accouchement sans problème ni inquiétude? Y a-t-il un moyen d'épargner à mes parents des mois d'inquiétude? » Je ne pouvais pas faire ça à Papa. « Il va avoir une peur bleue. Maman aussi sera malade d'inquiétude à cause de la nouvelle. Quant à ma sœur, elle exprimera ses propres idées que je n'ai pas envie de l'entendre. » Bob et moi avons pris immédiatement la décision de ne rien dire à personne aussi longtemps que nous pourrions attendre. Nous savions que nous devions prier pour que la grâce de Dieu soit abondante pendant les sept mois à venir.

Le lendemain matin, j'ai appelé Sam pour lui demander si elle avait déjà donné mes vêtements de maternité à quelqu'un. Je lui ai expliqué que je connaissais une femme qui en aurait besoin. J'ai pensé que cela couvrirait la situation sans lui en dire plus que ce qu'elle avait besoin de savoir et sans lui mentir. Nous échangions toujours nos vêtements ou nous les passions l'une à l'autre ou à quelqu'un d'autre. Elle m'a dit qu'elle venait de donner les vêtements à une de ses amies qui attendait un enfant. « C'est très bien! Ce n'est pas grave! » ai-je répondu sans commentaire. Spontanément, elle me demanda : « Qui est enceinte? L'une de tes belles-sœurs? »

« Non! » répondis-je sans aucune gêne. « Juste quelqu'un que je connais. » Sam réagit en me lançant avec désinvolture : « Quand vas-tu me dire que c'est toi? ». À ce moment-là, je me suis tue, essayant de trouver une réponse qui serait à la fois vraie et vague. Sam insinua « Oh! mon Dieu, oh! Mon Dieu! c'*est* toi? » Je me suis abstenue de répondre .En réponse à mon silence, Sam continua : « Je ne sais même pas pourquoi j'ai dit ce que j'ai dit ». J'ai confirmé son intuition : « Sam, tu ne peux le dire à personne. Tu dois promettre que tu ne le diras à personne. » Je savais que ce ne serait pas facile pour Sam. J'avais l'impression d'être injuste envers elle en lui demandant de faire une telle promesse, mais je n'avais pas le choix. « Prie pour moi, Sam. J'ai peur. »

## Chapitre 6: Les défis de la vie

« C'est promis! », s'est-elle engagée. Je savais que je pouvais faire confiance à la promesse de Sam. Bob et moi avions fait confiance à Sam lorsque nous lui avions demandé d'être la marraine de Logan, et nous pouvions lui faire confiance maintenant pour prier pour notre situation et pour n'en parler à personne d'autre. Sam n'était pas seulement une bonne amie, elle était devenue un membre de notre famille.

La grâce de Dieu est suffisante. Par sa grâce, la grossesse s'est déroulée sans problème, sans incident. Nous avons pu garder le secret jusqu'à la 20e semaine. Après la messe, nous avons fait une visite surprise chez mes parents pour discuter un peu. Lorsque nous nous sommes présentés à leur porte à l'improviste, ils ont compris qu'il se passait quelque chose. « Joni et moi voulons vous parler une minute », a déclaré calmement Bob. « Joni est enceinte! », s'est emportée Maman. « Je le savais. Je te l'ai dit, Tanny. Je savais qu'elle était enceinte. »

« Comment, diable! as-tu su que j'étais enceinte? » lui ai-je demandé, sachant que je ne paraissais pas encore être enceinte.

« Tu as mis du sucre dans ton café au lieu de la *saccharine* quand nous sommes allés dîner hier soir avec Ernie et Janet », révéla maman. Oui, c'est vrai. Je l'avais fait, sans jamais penser que l'utilisation du sucre leur révèlerait de notre secret bien gardé. Qui l'aurait cru?

Bob et moi leur avons expliqué que ma grossesse se déroulait parfaitement bien, que nous étions à mi-chemin et qu'il n'y avait aucun problème. Nous leur avons dit que nous ne voulions pas le leur dire tout de suite parce que nous savions qu'ils auraient été bouleversés et inquiets. Puis Ernie, le cousin bien-aimé de Papa, tomba malade. nous avions décidé d'attendre avant de les informer. Nous avons essayé d'assurer mes parents en les informant que tout se déroulait très bien et qu'ils pouvaient être tranquilles. Ils étaient presque certains que ce n'était pas possible. C'était le genre de nouvelle qui leur ferait perdre le sommeil.

Depuis qu'Ernie était tombé malade, nous avons tous eu l'impression de perdre le sommeil. Nous n'arrivions pas à croire qu'il avait un cancer au cerveau. Nous avons su que quelque chose n'allait pas lorsqu'il a cessé de dessiner. Ernie adorait dessiner et il avait beaucoup de talent. Il dessinait et bavardait tous les soirs avec mon père pendant l'heure du déjeuner à l'Imprimerie nationale. Ernie partageait régulièrement ses derniers dessins avec nous lorsque nous faisions le voyage d'une heure jusqu'à sa maison pour Noël ou la *Thanksgiving*.[1] Janet et Ernie étaient les meilleurs amis de mes parents et les parrains de Kaitlyn. Pour mon père, Ernie était plus un frère qu'un ami. Ses quatre garçons étaient les frères que Holly et moi n'avions jamais eus, et ils nous traitaient comme ils traitaient leurs propres sœurs. Ernie manifestait toujours d'une façon particulière son amour pour chacun de nous, les Felser. Avec moi, il s'assoyait et, pendant des heures, il discutait de sujets liés au monde de l'art. Il m'a beaucoup soutenue et il s'est montré enthousiaste lorsque je suis entrée dans l'Église catholique. Ernie était un homme formidable et un merveilleux exemple d'un catholique qui vit pleinement sa foi. Quand on passait un peu de temps avec Ernie, on se sentait aimé. Il était mon deuxième père.

J'ai détesté dire à Papa que j'étais enceinte, surtout après avoir appris le cancer qui frappait son cousin Ernie. Ernie. Savoir que son

---

[1] La grande fête nationale de l'Action de grâces est célébrée très solennellement chaque année aux États-Unis le troisième jeudi de novembre.

## Chapitre 6: Les défis de la vie

meilleur ami ne serait plus là dans un an écrasait l'esprit de Papa. J'aurais aimé pouvoir atténuer sa douleur, mais au lieu de cela, je l'aggravais. Papa a trouvé un lieu de réconfort, le même endroit où j'avais trouvé le mien quand j'en avais le plus besoin. Papa a commencé à se joindre à nous chaque semaine à la messe du dimanche pour prier pour Ernie.

Alors que ma grossesse progressait, l'état d'Ernie se détériorait. Quelle perte pour nos enfants que de ne pas connaître cet homme si aimant. Raconter comment nous jouions avec des pastèques dans la piscine d'Ernie, ou comment nos deux familles, chaque été, allaient pêcher le crabe et se régalaient de nos prises , ne semblait pas suffisant. Il n'y avait qu'une seule façon d'honorer Ernie et de perpétuer sa mémoire. Bob et moi avons décidé que, si l'enfant que je portais était un garçon, nous l'appellerions Ernie Francis LaFave. Mais Ernie n'a jamais aimé le nom d'Ernest, alors nous avons fait un compromis. Pour perpétuer la merveilleuse tradition de mon héritage, nous avons décidé d'appeler notre nouveau fils Éric Francis lorsqu'il est né un mois après le décès de notre cher Ernie. Le travail et l'accouchement d'Éric se sont déroulés rapidement et sans incident. Je savais que son homonyme avait dû prier pour ce nouveau petit Seith. Et une fois de plus, rendons grâces à Dieu! Les médecins s'étaient trompés.

Trois mois après la naissance d'Éric, l'endométriose est revenue en force. En si peu de temps, elle est devenue si invalidante que j'ai décidé qu'il était peut-être temps d'envisager pour moi l'hystérectomie dont les spécialistes m'avaient dit qu'elle était mon seul espoir de mettre fin à l'endométriose. Mais cela ne voulait pas dire que j'allais la subir. J'y réfléchirais. Après tout, je n'avais que 32 ans et il me restait encore beaucoup d'années pour donner naissance à des enfants. Nous pourrions encore avoir quelques enfants avant qu'on m'enlève mes organes reproducteurs. Et je me suis demandé ce que l'Église avait *vraiment à* dire sur la question. « Parlons d'abord à Monseigneur Hogan avant de prendre une décision », ai-je suggéré à Bob. Nous avions tous deux lu *Humanae Vitae* lorsqu'on nous avait dit pour la première fois de ne pas tomber enceinte avant d'avoir conçu Éric. Nous connaissions déjà une grande partie des enseignements de l'Église sur ces questions, mais j'avais besoin de la vérité « terre-à-terre » de l'Église que Monseigneur fournissait toujours à son troupeau. Je ne comprenais pas comment Dieu pouvait vouloir que je subisse une hystérectomie. Si c'était contraire à l'enseignement de l'Église, je savais avec certitude que je n'aurais pas à la subir. Nous avons appelé Monseigneur Hogan, qui a accepté de nous rencontrer.

Bien que Monseigneur soit connu pour sa franchise et son attitude bourrue, il était compatissant et paternel quand il le fallait. Il comprit et partagea notre désir de faire tout ce qui était conforme à l'enseignement de l'Église. Il a semblé comprendre mon désir d'avoir d'autres enfants, ou, du moins, d'être ouverte à concevoir. Il a écouté, il a posé des questions, puis il a pris la parole : « Chacun a le droit d'être en bonne santé. Si le fait de corriger quelque chose de malsain vous rend infertile, qu'il en soit ainsi. Votre objectif est de corriger un problème dans votre corps qui vous rend malade et qui peut être corrigé. Vous n'essayez pas d'empêcher une grossesse avec cette opération. Vous essayez d'être en bonne santé. Je ne vois pas en quoi vous voulez aller à l'encontre de l'enseignement de l'Église ».

## Chapitre 6: Les défis de la vie

L'hystérectomie n'était pourtant pas la solution que je *souhaitais*. Mais il nous a semblé, à Bob et à moi, que cette dernière option était désormais la seule possible. Nous avons dit au médecin que nous étions prêts. Le rendez-vous pour mon hystérectomie a été fixé à un mois plus tard. Entre-temps, je posais à nouveau le « test de la toison » : si j'allais mieux et que je n'avais plus de douleurs ou de problèmes liés à l'endométriose jusqu'à l'intervention chirurgicale prévue, alors je pouvais annuler mon hystérectomie et savoir que ce n'était pas la volonté de Dieu pour moi. Mais jour après jour, la douleur et les problèmes se sont aggravés. Il nous a semblé évident, à Bob et à moi, que je devais me faire opérer et que c'était la volonté de Dieu. Cela allait à l'encontre de tout ce que j'avais espéré et de tout ce que je pensais que Dieu voudrait pour moi. Même lorsque j'étais branchée à l'intraveineuse et que j'attendais sur le brancard d'être opérée, je ne comprenais pas le plan de Dieu. Mon corps s'est mis à trembler alors que j'attendais l'éclair de Dieu qui arrêterait l'opération. Il n'est pas venu. À la place, le médecin est venu me voir. L'infirmière l'avait prévenu de mes tremblements incontrôlables et du grand bruit que faisait la civière. Mon médecin me dit : « Nous ne sommes pas obligés de faire ça maintenant, Joni. Nous pouvons attendre un autre jour si vous le souhaitez ».

« Si nous ne le faisons pas maintenant, me suis-je dit. Je ne le ferai jamais. Et un jour, je deviendrai folle à force de souffrir. Je sais que je dois le faire ». C'est juste que je n'en avais pas envie. »

Le médecin m'encouragea: « Vous vous en sortirez bien. » Puis, m'a emmenée dans la salle d'opération.

Je me suis réveillée avec Bob à mes côtés. « C'est fini. Tu vas bien », m'a-t-il dit. Les infirmières m'ont déposée sur mon lit et m'ont installée confortablement. Je suis retournée dans ma chambre d'hôpital plus tard que prévu. « Tout s'est bien passé ? » ai-je demandé. « Y a-t-il eu un problème ? » Bob m'a dit que l'opération s'était très bien passée. C'est quand ils ont essayé de me faire sortir de l'anesthésie qu'ils se sont inquiétés parce que mon rythme cardiaque s'est emballé. Pour le reste, je m'en suis très bien sortie. Alors que j'essayais de me détendre dans mon lit d'hôpital, l'infirmière est venue mettre mes jambes dans des sacs en plastique gonflables. « Vous êtes sujette aux caillots sanguins. C'est pour vous éviter d'en avoir », m'a-t-elle dit. « Nous allons commencer votre traitement anticoagulant dans quelques minutes. »

Je devais rester trois jours à l'hôpital, mais le soir du deuxième jour, j'ai eu une autre « complication » qui a retardé ma sortie. Je me souviens de cet *épisode* comme de mes « trois heures en enfer ». Je me remettais très bien et je savourais mon dîner de crevettes qui venait d'être apporté dans ma chambre. Bob n'était pas encore rentré chez nous. Il était environ quatre heures. J'ai commencé à me sentir très bizarre. J'avais l'impression d'échapper à ce qui se passait autour de moi. Je suis devenue extrêmement faible et j'ai commencé à trembler. J'avais l'impression que quelque chose d'extérieur à moi m'éloignait de la vie. Bob a immédiatement appelé l'infirmière. Elle a appelé le médecin et ils ont décidé de faire une prise de sang et de la faire analyser. Je me souviens que l'infirmière a eu beaucoup de mal à me prélever du sang à cause de mes tremblements. Je n'étais pas en mesure de les contrôler, car j'avais déjà suffisamment de mal à me maintenir consciente. La lutte contre cette force étrange qui me tirait vers le bas consommait toutes mes forces. Ce n'était pas l'expérience

## Chapitre 6: Les défis de la vie

de la *lumière blanche* dont on entend parler, mais un étrange sentiment de mal et d'obscurité. Un sentiment m'enveloppait, comme si quelqu'un me haïssait, voulait me tourmenter et essayait de m'entraîner en enfer. J'ai senti une main autour de ma cheville, qui tirait. Ce n'était pas la main de l'infirmière. Elle était partie. Ce n'était pas non plus celle de Bob. J'ai lutté avec toute la force dont j'étais capable dans cet état bizarre et affaibli. Je n'arrêtais pas de penser : « Ce n'est pas normal. » J'ai lutté de tout mon cœur et de toute ma force. « Il n'y a pas moyen qu'on me force à descendre là-dedans! » J'ai essayé de me souvenir de mes prières, mais je n'arrivais pas à les formuler, alors j'ai prié sans mots. J'entendais une infirmière revenir dans ma chambre, mais elle me semblait si loin. » J'ai entendu Bob lui demander : « Qu'est-ce que vous faites? » « Je vais augmenter son anticoagulant », a répondu l'infirmière en posant sa main sur mon appareil à perfusion. « Non! » ai-je essayé de crier, mais aucun mot n'est sorti. J'entendais une autre infirmière crier au bout du couloir : « Non! Non! NON!!! » Le volume s'intensifiait à chaque « Non! » L'infirmière qui était dans ma chambre est partie voir ce qui se passait. Les deux infirmières sont revenues dans ma chambre et nous ont informés que le médecin venait d'appeler et qu'il voulait que j'arrête immédiatement l'anticoagulant. Quelques heures plus tard, j'étais de retour dans le monde des vivants et Bob se sentait suffisamment à l'aise pour rentrer à la maison. Je voulais savoir ce qu'ils avaient fait de mon repas de crevettes. Le lendemain, c'était Halloween, et alors que je reposais paisiblement dans mon lit d'hôpital, j'ai repensé aux événements infernaux de la veille. Je n'allais pas être le cadeau d'Halloween du malin cette année, ni jamais!

Peu avant mon hystérectomie, les médecins ont découvert que ma densité osseuse était celle d'une femme de 80 ans. En raison de cette ostéoporose récemment diagnostiquée, je devais être mise sous œstrogènes. À l'exception de quelques mois d'hormones farfelues, je me suis parfaitement remise de cette intervention chirurgicale majeure. Je me suis sentie en pleine forme, je n'avais plus mal. C'était un soulagement plus que bienvenu. J'ai pu profiter davantage de mes enfants et de mon mari. C'était merveilleux de ne plus avoir mal!

J'ai pu partir en excursion avec la classe de maternelle de Chris sans avoir à me soucier de la douleur brûlante dans le bassin et le long des jambes à laquelle je m'étais habituée. Je pouvais profiter de Kaitlyn et de ses nouvelles aventures à l'école Saint Pie X. Logan avait atteint l'âge où il avait besoin d'une surveillance constante, et je pouvais suivre ses folles cabrioles. Éric était encore petit, mais il rôdait et était en pleine phase d'escalade. Je le soulevais constamment de la table ou du comptoir sans aucune douleur. C'était incroyable! Pour la première fois depuis des années, je me sentais bien, j'étais en bonne santé et je pouvais être une vraie mère pour mes enfants. J'ai même créé un groupe de jeux dans notre maison une fois par semaine. Mes amies pouvaient amener leurs enfants chez nous pour qu'ils jouent ensemble et que les mamans puissent converser. J'ai fait du covoiturage tous les jours pour me rendre à l'école de Kaitlyn et de Chris, et j'ai emmené Logan et Éric avec moi dans tout Bowie et au-delà. J'ai même commencé à prendre des cours de décoration de gâteaux. Bob et moi aimions passer du temps ensemble le soir, une fois les enfants couchés. Nous nous réunissions également une fois par semaine avec cinq autres couples ; nous appelions cela le *Home*

*Group*. Nous discutions de divers sujets religieux, de livres et de passages de la Bible. Mes relations avec mes parents et ma sœur étaient au mieux depuis que nous étions d'accord de ne pas être d'accord. Mon mari et moi avions un excellent mariage. L'emploi de Bob était sûr et nous offrait une belle maison. Nous ne manquions de rien. La vie semblait être ce qu'elle devait être, et je me sentais bien physiquement et mentalement!

# Chapitre 7

## Que se passe-t-il?

*Les personnes qui souffrent deviennent semblables les unes aux autres par l'analogie de leur situation, l'épreuve de leur destin, ou par leur besoin de compréhension et d'attention, et peut-être surtout par la question persistante du sens de la souffrance. Ainsi, bien que le monde de la souffrance existe « dans la dispersion », il contient en même temps un défi singulier à la communion et à la solidarité.*

-II Le monde de la souffrance humaine - *"Salvifici Doloris"*

Je savais que quelque chose se préparait. De plus en plus de symptômes se sont manifestés. Cela s'est produit juste après l'extraction de deux dents de sagesse. J'ai contracté une infection foudroyante des sinus qui a suinté par le nez et les deux yeux. Cette infection, associée à la sécheresse des orbites, m'a fait penser que l'extraction de mes dents de sagesse n'était pas l'une des décisions les plus judicieuses que j'avais prises. Cette dernière complication a déclenché une spirale de problèmes de santé.

J'ai commencé à avoir mal partout dans mon corps, sans raison apparente. Mes mains me faisaient mal et irradiaient une sensation de brûlure dans mes avant-bras. Mes pieds ressentaient le même feu intense et une sensation de déchirure lorsque je marchais. La nuit, pendant que j'essayais de dormir, j'avais l'impression que quelqu'un prenait une épaisse tige de métal et l'enfonçait au centre de chaque pied. La douleur rendait chaque nuit agitée, et je commençais chaque nouvelle journée, épuisée, me sentant en pire état que la veille. Mes membres perdaient toute sensibilité et mes mains devenaient parfois froides et bleues, parfois blanches et jaunes. Mes migraines sont revenues en force.

J'ai consulté mon médecin traitant, qui n'était pas sûr de ce qui se passait. Après avoir passé une batterie de tests, j'ai quitté son cabinet avec une ordonnance d'analgésiques, mais sans plus d'information. Comme les tests n'étaient pas concluants, mon médecin m'a orientée vers un rhumatologue et un endocrinologue, qui pourraient au moins traiter mon problème osseux. Heureusement que mon ostéoporose était une maladie identifiable. L'incertitude de ce qui m'arrivait nous a causé, à ma famille et à moi-même, beaucoup d'inquiétude, d'anxiété et de frustration.

J'ai assisté à la messe quotidienne et, après la communion, je priais avec ardeur pour que Dieu veuille bien me guérir. Je priais avec tout mon être. Je voulais guérir et ne pas avoir à subir ce que je sentais venir. J'ai prié avec la foi que mon grand-père voulait que ma grand-mère ait. « Ô Dieu, si vous me rendez la santé, quel bien je pourrais faire pour vous! » J'ai prié de tout mon cœur.

« Joni, plus tu es faible, plus je peux travailler à travers toi », répondit Dieu. J'étais contrariée! Comment cela était-il possible? J'avais enfin confiance qu'Il me guérisse et plus désireuse que jamais d'être guérie. Et c'était là Sa réponse!!! Je n'aimais pas cela, et, plus important encore, je ne savais pas ce que cela signifiait.

En arrivant à la maison, Bob a vu que j'étais bouleversée. Je lui ai dit que j'avais prié plus fort que jamais pour que Dieu fasse de moi une personne en bonne santé. Je lui ai dit que ce que j'avais cru entendre était la réponse de Dieu et que je ne la comprenais pas. Bob a immédiatement saisi sa Bible et m'a montré que saint Paul avait écrit quelque chose de similaire dans sa deuxième lettre aux Corinthiens (2 Cor. 12:8-10). Il m'a dit que la réponse que j'avais cru entendre était conforme à la Bible et que le fait que je ne m'y attendais pas signifiait probablement qu'elle venait de Dieu et non de mes propres pensées. Je n'aimais pas la réponse de Dieu, ni celle de Bob. J'ai voulu l'ignorer, pensant qu'elle s'en irait.

La douleur s'est aggravée. Le rhumatologue a diagnostiqué une fibromyalgie[1] et m'a conseillé de faire des exercices d'aérobie pour soulager la douleur. Il m'a prescrit un antidépresseur qui, pris à faible dose le soir, devrait m'aider à soulager les troubles du sommeil associés à la fibromyalgie. J'ai pensé que j'avais un diagnostic, un nom pour ce que je vivais. Cela m'a permis de soulager certaines de mes inquiétudes. Puis l'exercice et les médicaments ont commencé à soulager une certaine partie des douleurs. Je me sentais beaucoup plus optimiste. En quittant son cabinet, le médecin, il m'a dit : « Au fait, vous avez probablement le syndrome d'Ehlers Danlos »[2].

« Qu'est-ce que c'est? » demandai-je.

« Ce n'est rien. Ce n'est pas grave », répondit-il.

---

[1] La fibromyalgie est une affection médicale définie par la présence de douleurs chroniques généralisées, de fatigue, de réveil non réparateur, de symptômes cognitifs, de douleurs ou de crampes dans le bas-ventre et de dépression. D'autres symptômes incluent l'insomnie et une hypersensibilité générale.

[2] Les syndromes d'Ehlers-Danlos (SED) sont un groupe de 13 maladies génétiques du tissu conjonctif dans la classification actuelle, le dernier type ayant été découvert en 2018. Les symptômes comprennent souvent des articulations lâches, des douleurs articulaires, une peau extensible et veloutée et une formation anormale de cicatrices.

Lorsque j'ai consulté l'endocrinologue, elle s'est montrée très préoccupée par les résultats de ma scintigraphie osseuse[3] et a confirmé que j'étais atteinte d'ostéoporose. Elle m'a dit que l'haltérophilie aiderait probablement à résoudre mon problème de densité osseuse, mais que je devais être prudente et y aller doucement. Elle a effectué une batterie de tests et nous avons pris un rendez-vous pour un suivi après avoir examiné de nouveau les résultats. Elle m'a dit que je devais commencer un traitement à base de médicaments pour arrêter la perte osseuse. J'avais bon espoir que mes problèmes soient bientôt résolus et que je me sente mieux en un rien de temps. Je me suis immédiatement inscrite dans un centre sportif et j'ai décidé d'être en bonne santé.

Cinq mois plus tard, je me suis retrouvée incapable de me lever de mon canapé. Je ne pouvais ni marcher, ni m'asseoir, ni bouger sans ressentir une douleur atroce. Parfois, mon corps gonflait sous ma peau, qui me démangeait maintenant à cause de l'inflammation. Le traitement de mes os a failli être un désastre. Il a provoqué des hémorragies intestinales et, lorsque j'ai commencé à vomir du sang, le médicament prescrit a été immédiatement interrompu. Un traitement alternatif pouvait être essayé, mais pas tout de suite.

Pendant ce temps, Papa a assumé le rôle de chauffeur. Il m'a conduite de médecin en médecin sans se plaindre, bien qu'il ait le cœur

---

[3] Une scintigraphie osseuse /sɪnˈtɪɡrəfi/ est une technique d'imagerie des os en médecine nucléaire. Elle peut aider à diagnostiquer un certain nombre d'affections osseuses, notamment le cancer des os ou les métastases, la localisation des inflammations et des fractures osseuses (qui peuvent ne pas être visibles sur les radiographies traditionnelles) et l'infection osseuse (ostéomyélite).

lourd. Il lisait son journal dans les salles d'attente des médecins pendant que l'on me trimballait, me testait et me piquait. Je supposais que Papa priait, entre deux articles, pour que quelqu'un puisse m'aider et mettre fin à mes souffrances. Alors que je souffrais physiquement, mon mari, mes parents et mes amis souffraient avec moi. Ce fut frustrant et effrayant de constater que les médecins n'avaient aucune idée de la cause de mes nouvelles douleurs et de mes nouveaux symptômes. Devoir dire à Papa qu'il n'y avait pas de nouvelles explications m'a fait mal au cœur.

J'ai essayé d'atténuer le chagrin et la peur de Papa en lui affirmant qu'on finirait bien par trouver des réponses. Je me faisais l'écho de ses propres paroles qui m'étaient devenues familières : « Cela pourrait toujours être pire. Il y a toujours quelqu'un qui vit dans une situation bien pire que la tienne. Tu devrais m'estimer heureuse. » Je n'oublierai jamais le moment où, alors que nous rentrions chez nous en voiture, Papa s'est mis à pleurer. « Arrête de dire ça! Chaque fois que tu dis que ça pourrait être pire, ça empire ». J'ai essayé d'atténuer la peine de Papa en lui expliquant que j'étais capable de gérer ma propre douleur, mon angoisse et l'absence de réponses en m'accrochant aux aspects positifs de ma vie, comme la chance d'avoir ma famille. J'ai lui ai dit que sans lui, Maman, Bob et les enfants, je serais un cas désespéré. Sans leur soutien et ma foi en Dieu, je ne serais pas capable de faire face à tout cela. J'ai ensuite dit à Papa dans sa tristesse : « Tu sais, chaque fois que j'ai peur ou que je sens que je ne peux plus supporter la douleur, je remercie Dieu que ce soit moi et non mes enfants qui traversent tout cela. Je ne sais pas si je pourrais supporter de les voir souffrir autant et de ne pas pouvoir les soulager de leur douleur. C'est ainsi que je compte mes bénédictions, Papa! Je suis heureuse que ce soit moi et pas eux. »

Soudain, Papa s'est mis à sangloter. « Comment crois-tu que je me sens? » Je n'avais jamais vu les choses sous cet angle. J'étais son enfant et il vivait l'un de mes pires cauchemars. Nous avons pensé qu'il fallait changer de sujet avant qu'on fasse un accident, car il avait du mal à voir la route à travers ses larmes. Je lui ai promis que nous irions au fond des choses, mais en attendant, nous devions prier et faire confiance à Dieu. C'était Lui qui contrôlait ma situation et qui me guérirait quand Il serait prêt à le faire.

Entre-temps, j'ai consulté un spécialiste après l'autre. J'ai été orientée vers les meilleurs médecins du centre médical *Johns Hopkins* de Baltimore. Leurs examens ont révélé où se situaient les problèmes, mais pas leurs causes. Les médecins pouvaient voir les *points chauds* sur mes scanners, ce qui montrait que je n'étais pas folle, mais aucun d'entre eux ne savait ce qui causait les problèmes ni comment soulager ma douleur. Certains de mes médecins se sont même mis en colère contre moi parce qu'ils n'arrivaient pas à comprendre ce que j'avais ou comment ils pouvaient m'aider. J'avais peur! J'avais mal. Je ne pouvais plus bouger. Je ne pouvais pas m'occuper de mes enfants ni de mon mari. Je ne comprenais pas. Tout ce que je pouvais faire, c'était prier!

Après être restée coincée sur mon canapé pendant neuf mois, le spécialiste de *Johns Hopkins* a finalement diagnostiqué chez moi une rare maladie génétique du tissu conjonctif, appelée *Ehlers Danlos*. "Mais n'est-ce pas ce que le premier rhumatologue m'avait dit que j'avais probablement, et que ce n'était rien, pas grand-chose!!! C'était, en fait, un GROS problème. C'est à cause de cette maladie que mon corps s'effondrait. Bien que la gravité de la maladie d'*Ehlers Danlos* puisse varier considérablement d'une personne à l'autre, les personnes qui en souffrent peuvent en être profondément affectées. Et, selon le type dont vous êtes atteint. Cela peut faire la différence entre la vie et la mort. Le spécialiste a effectué une biopsie de la peau et l'a envoyée dans l'État de Washington. Ce test permettrait de déterminer si je suis atteinte de la forme potentiellement mortelle de la maladie, qui affecte l'aorte. Les résultats prendront au moins trois mois.

Le diagnostic m'a permis de comprendre ce qui se passait dans mon corps. Mon collagène était défectueux. Les médecins de *Hopkins* ont conclu que les muscles et les tissus conjonctifs attachés à la base de ma colonne vertébrale s'étaient détachés de l'os dans le bas de mon dos. Cela ressemblait à ce qui s'était passé des années plus tôt avec mes genoux. Je m'étais alors déchiré les muscles, les tendons et les ligaments après avoir glissé sur une flaque d'eau. Mes médecins m'ont dit que si mes membres devenaient sporadiquement bleus, c'est parce que des morceaux se disloquaient dans tout mon corps. Ma circulation était coupée à différents endroits selon la position de mon corps et de mes membres. Un médecin a décrit mes ligaments et mes tendons comme de vieux élastiques. Les élastiques neufs s'étirent puis reviennent à leur position initiale. Mes tissus mous défectueux, lorsqu'ils étaient étirés pour bouger ou se plier, se désintégraient, se déchiraient ou restaient étirés. Cela rendait mes articulations constamment lâches, ce qui provoquait des dislocations et des subluxations. L'exercice physique pouvait renforcer les muscles pour aider les articulations à rester en place, mais tout mouvement ou activité pouvait traumatiser mes tissus mous, provoquant des gonflements, des luxations, des spasmes musculaires et des douleurs. On m'a prescrit des relaxants musculaires, des analgésiques et des séances de kinésithérapie.

Un spécialiste m'a décrite comme une jeune personne dans un vieux corps. Je parais en parfaite santé à l'extérieur, mais je suis un désastre à l'intérieur. Je *peux* faire des choses qu'une personne normale peut faire, mais je ne dois pas le faire parce que j'en paierai les conséquences. Un médecin renommé m'a suggéré en plaisantant de NE PAS aller voir un médecin de type *Kevorkian*[4] pour obtenir un deuxième avis. Je n'ai pas trouvé cela particulièrement drôle. Je n'avais pas qu'une seule maladie qui, selon certains, réduisait ma « qualité de vie ». J'avais maintenant une myriade de diagnostics : Ehlers Danlos, ostéoporose, migraines chroniques, ulcères récurrents, arthrose de la plupart des articulations, Syndrome de Tachycardie Orthostatique Posturale, et syndrome de Reynaud.

Au moins, j'avais enfin des réponses, et j'en étais reconnaissante. Pas des réponses qui m'enthousiasmaient, mais au moins des réponses : des os faibles et une structure instable. Jusqu'à ce que le bas de ma colonne vertébrale soit stabilisée d'une manière ou d'une autre. Je suis restée à plat, coincée sur le canapé. Je ne savais pas ce qui allait s'écrouler ensuite. Je devais attendre trois mois pour savoir si j'étais atteint du type d'Ehlers Danlos susceptible de provoquer une dissection spontanée de l'aorte. Je pensais avoir déjà prié, mais cette fois encore, je pensais vraiment qu'il fallait que je prie!

Et Dieu m'a répondu. Allongée sur le canapé, j'ai senti le désespoir. Mais Dieu m'a permis de voir le désespoir à travers les yeux

---

[4] Jacques Kevorkian était un médecin américain qui pratiquait l'euthanasie active sans restriction.

d'une personne qui a la foi. J'ai appris en un instant la différence que la foi en Dieu réalisait dans la vie d'une personne. La foi a façonné mes grands-parents. Elle a rendu mon grand-père méchant parce que sa foi reposait sur lui-même. La foi de ma grand-mère lui donnait la paix parce qu'elle s'en remettait à Dieu. Il était temps pour moi de m'en remettre à Dieu. Je ne laisserais pas le désespoir entrer dans mon cœur. Dieu m'avait fait don de la foi il y a des années, lorsque j'étais une jeune fille juive effrayée et tourmentée par des cauchemars. Je devais m'appuyer sur le don de la foi et de la grâce de Dieu pour traverser ces nouvelles épreuves aussi.

Qu'est-ce qu'une mentalité favorable à l'euthanasie ne peut pas faire? Dans mon désespoir, j'ai été confrontée à cette mentalité. J'ai vu que l'assistance médicale au suicide repose sur des idées fausses et déformées qui ne voient pas plus loin que le monde physique. Il est facile de croire aux mensonges de cette vision à courte vue, en particulier lorsque l'on souhaite mettre un terme à la douleur et à la souffrance. Mais je ne pouvais pas permettre que ma vision de la réalité soit réduite au désordre physique qu'était mon corps. Sans la grâce de Dieu, j'aurais adhéré à la mentalité de la culture-de-mort. Je n'aurais vu que mon corps physique et j'aurais cru que ma valeur était basée sur ma productivité. Mais Dieu a donné un sens à la souffrance de Son propre Fils, Jésus. C'est de Ses souffrances et de Sa mort que la vie nous a été donnée. Je me suis dit : « Dieu donnera aussi la vie à partir de ma souffrance, si je le laisse faire ». J'ai donc demandé à Dieu de prendre ma douleur et ma souffrance et de les unir aux souffrances de Jésus, de répandre sa grâce sur moi et sur ceux que j'aime. Je ne sais pas comment Il le fait. Je sais seulement qu'Il le fait. C'est ainsi que je peux vivre le message de saint Paul : « Je me réjouis de mes souffrances pour vous, et je complète dans ma chair ce qui manque aux souffrances du Christ pour son corps, l'Église. » (Col. 1:24). J'ai enfin compris ce que signifiait « *offrir* ». J'ai commencé à voir que la souffrance pouvait être un don ou une malédiction, en fonction de ma réaction.

En luttant contre le désespoir sur le canapé, j'ai vu que, lorsque nous offrons nos douleurs, nos peines et nos épreuves à Jésus, nous pouvons être véritablement unis à notre Seigneur dans Son acte de rédemption le plus victorieux et le plus aimant. Il nous permet de participer à Son don impressionnant et vivifiant par le biais de nos souffrances. Sans ce don, notre douleur est inutile et pesante ; elle nous priverait de notre vie. Mais en nous offrant et en unissant notre personne, notre douleur et nos souffrances à celles de Jésus, nous accomplissons le but pour lequel nous avons été créés : glorifier Dieu et devenir des dispensateurs de vie spirituelle avec et par Jésus. C'est ainsi que Dieu peut agir à travers nous. Et oui! Il doit nous rendre faibles en nous-mêmes afin que nous puissions être vides et faibles pour qu'Il puisse nous élever et nous remplir de Lui-même. Il prend nos faiblesses et nous donne Sa force d'amour.

Notre vie a toujours un but. Elle n'est jamais dénuée de sens. À travers ces défis, Dieu m'a fait prendre conscience de ce que les soi-disant « meurtres par compassion » volaient aux malades et aux personnes âgées et, en fait, à notre culture dans son ensemble. Notre mentalité de la culture-de-mort prive ceux qui souffrent d'une marche intime avec Jésus-Christ et du partage du sacrifice d'amour par lequel Il s'est offert pour les autres. L'euthanasie vole la paix, la joie et le sacrifice d'amour qui ne viennent que de l'union de nos souffrances avec les Siennes afin que nous puissions aimer les autres comme Il nous aime. Et elle prive notre culture dans son ensemble d'une rencontre vivante avec le Christ souffrant, avec un amour qui fait ses preuves jusqu'à la mort. Ce que la culture-de-mort juge laid et veut éradiquer, les chrétiens le jugent glorieux et veulent l'élever.

Il est compréhensible que les gens ne veuillent pas souffrir. La souffrance est douloureuse. Qui voudrait souffrir, surtout s'il semble n'y avoir aucun but à cela? C'est ce que j'ai ressenti avec force. Mais lorsque nous comprenons comment la souffrance du Christ a payé le prix de nos péchés et apaisé la colère de Dieu, nous avons alors l'espoir qu'unir notre souffrance à la Sienne peut être source de vie ou, du moins, de grâce.

Oui, j'étais reconnaissante pour Sa grâce! Mais je n'étais pas reconnaissante pour les épreuves, peut-être pas encore. Il me faudrait beaucoup de prières et de pratique avant d'accepter de « me réjouir de mes souffrances ». Je devais y travailler ou laisser la grâce de Dieu agir en moi. J'espérais que Notre Seigneur ne m'enlèverait pas les grâces à cause de ma mauvaise attitude. Je soupçonnais que j'aurais de nombreuses occasions de pratiquer cette « offrande ».

Un incroyable cadeau de paix m'a été offert par l'intercession de Sœur Faustine lors d'une retraite familiale au *Camp Maria*, dans le Maryland. J'ai commencé à m'intéresser à cette religieuse polonaise en raison de son lien avec Jean-Paul II et de l'amour qu'il lui portait. Des amis m'avaient également recommandé le *Journal de sœur Faustine*, car ils savaient que sa sainteté et sa vertu étaient dues aux grâces qu'elle avait reçues par ses grandes souffrances. Bob et moi avons pensé que, malgré ma douleur physique et mon récent diagnostic, il serait bon pour notre famille de participer à la retraite de cette année. Je ne pourrais pas participer aux activités, mais j'avais besoin d'être là avec ma famille. Un matin, pendant que Bob et les enfants prenaient leur petit-déjeuner, je me suis allongée, recroquevillée en boule par la douleur, sur le canapé de notre cabine et j'ai prié. J'ai adressé mes prières à Jésus qui se trouvait dans le tabernacle de la chapelle de l'autre côté du champ. J'ai prié par l'intercession de ma nouvelle amie céleste : « Sœur Faustine, je ne comprends pas pourquoi, comment ou ce qui se passe avec mon corps, et j'ai peur. J'ai besoin de paix! Si Jésus ne veut pas que je comprenne, s'Il veut seulement que je fasse confiance, alors s'il vous plaît, demandez-Lui de m'envoyer la paix, parce que pour l'instant, je ne la ressens pas. » Quelques secondes après ma demande, j'ai senti un nuage blanc de paix descendre sur moi, une paix incroyable, qui surpassait vraiment toute compréhension. « Oh! Donc! Jésus ne veut pas que je comprenne. Il veut que je fasse confiance. D'ACCORD! J'ai compris. » Après cette bienheureuse expérience, chaque fois que je me sentais anxieuse à propos de ma situation, je me répétais encore et encore : « Confiance! Confiance! Confiance! » jusqu'à ce que je Lui fasse vraiment confiance. Non seulement j'ai appris à mettre ma foi et ma confiance dans le Seigneur ce jour-là, mais j'ai aussi commencé à apprendre à quel point les saints aiment intercéder pour nous.

La grâce de Dieu a continué : La grâce de croire en Celui qui m'aimait plus que quiconque ne m'aimait ; la grâce d'accepter que mes maladies subsistent jusqu'à ce que Celui qui m'a créée soit prêt à me guérir ; et la grâce de faire confiance à Celui qui savait mieux que quiconque comment Il voulait m'utiliser pour Son bien. Et Il m'a comblée de Sa paix.

Cette prise de conscience et cette paix m'ont permis d'accepter la détérioration de mon état de santé. Bien que les maladies aient fait des ravages dans mon corps, elles n'ont pas pu me voler la paix. La douleur ne disparaissait pas, mais j'étais désormais capable de mieux la gérer. L'«offrande » est devenue ma prière constante. L'exhortation de Dieu à « prier sans cesse » (1Thés. 5:17) m'a permis de vivre ma maladie. J'étais rassurée de savoir que mes maladies et mes douleurs ne diminuaient pas ma qualité de vie, mais au contraire l'augmentaient. Ma souffrance n'était pas dénuée de valeur, mais riche en grâce. J'avais entendu un jour une citation de Mère Teresa qui disait : « Ce qui compte, ce n'est pas la quantité de souffrance, mais l'amour avec lequel on souffre ». C'est aussi cela que Dieu m'appelait à pratiquer et à vivre. La quantité de souffrance n'était pas le problème, mais je devais m'efforcer de devenir une *guerrière de la prière* plus aimante… Et, par la grâce de Dieu, j'y parvenais.

# Chapitre 8

## La passion de la prière

*Saint Paul parle de cette joie dans sa lettre aux Colossiens : « Je me réjouis de mes souffrances à cause de vous ». Une source de joie se trouve dans le dépassement du sentiment d'inutilité de la souffrance, un sentiment qui est parfois très fortement ancré dans la souffrance humaine. Ce sentiment ne consume pas seulement la personne intérieurement, mais semble faire d'elle un fardeau pour les autres. La personne se sent condamnée à recevoir l'aide et l'assistance des autres et, en même temps, elle semble inutile à elle-même. La découverte du sens salvateur de la souffrance en union avec le Christ transforme ce sentiment déprimant. La foi dans la participation à la souffrance du Christ apporte la certitude intérieure que la personne souffrante « complète ce qui manque aux afflictions du Christ »; la certitude que, dans la dimension spirituelle de l'œuvre de la Rédemption, elle sert, comme le Christ, au salut de ses frères. Il accomplit donc un service irremplaçable.*

-VI L'Évangile souffrant - *"Salvifici Doloris"*

« Oh! mon Dieu! Je vous en prie, ne laissez pas tout cela se gaspiller! » ai-je crié, les larmes coulant sur mes joues alors que j'attendais dans la salle d'urgence une nouvelle tentative inutile de soulager ma douleur. C'est en entendant cette pathétique supplique que j'ai appris ma prière préférée. Je priais avec mon corps matin, midi et soir, surtout la nuit. Je me levais le matin après une mauvaise nuit de sommeil, mais après une excellente nuit de prière. Parfois, Dieu mettait sur mon cœur le nom de la personne pour laquelle je devais offrir ma douleur. D'autres fois, je priais pour un frère ou une sœur anonyme. Et toujours, je priais pour ma famille. Dans l'obscurité de mes nuits d'insomnie, je disais au Seigneur : « Je ne sais pas comment tu transformes cette douleur en grâce, mais je sais que tu le fais. S'il te plaît, ne laisse pas cela se perdre ».

En revenant à la maison après avoir quitté la salle des urgences du Centre médical *Johns Hopkins*, nous sommes passés devant *Oriole Park* à *Camden Yards*. A l'horizontale sur la banquette arrière, je me suis mise à pleurer. « QUOI? », s'écria Bob. « Qu'est-ce qu'il y a encore? Tu vas bien?" » « NON! » lui ai-je répondu en sanglotant. « Je ne pourrai même pas voir le Saint Père! » Le pape Jean-Paul II, en effet, devait dire la messe à Baltimore, dans le stade des Orioles, et je ne pouvais même pas me lever du canapé pour y aller. Bob comprenait le chagrin de mon cœur, comme il arrivait à se rendre compte qu'il n'était pas le seul amour de ma vie. C'est alors que la fête des jérémiades a démarré. « Je ne peux pas voir le pape. Je ne peux pas m'occuper de mes enfants. Je ne peux pas être une vraie femme pour toi. Je ne peux rien faire. On doit s'occuper de moi, et je suis une plaie pour tout le monde ». Bob restait silencieux. Puis il s'est arrêté au bureau de commandes de Taco Bell[1] et m'a demandé ce que je voulais pour le déjeuner. Un déjeuner?! N'avait-il pas quelques mots de réconfort? Avait-il seulement entendu ce que je disais?

Bob a garé la voiture et m'a tendu mon repas. Après le bénédicité, j'ai pris une bouchée de mon *burrito*.[2] Puis mon mari m'a donné quelque chose d'autre à ruminer : « Qu'est-ce que ta grand-mère t'a

---

[1] Un fast-food américain qui sert des plats de style mexicain.
[2] Une enveloppe de haricots.

# Chapitre 8: La passion de la prière

fait? » J'ai eu du mal à l'avaler! Dans cette seule question, Bob avait remis les choses en perspective. « Oh! tais-toi! » lui ai-je répondu avec ce regard qu'il connaissait bien, ce regard qui disait qu'il avait enfoncé le clou.

Aujourd'hui encore, je ne peux pas passer devant un *Taco Bell* sans me sentir perdre un peu d'estime de moi. Dieu ne nous aime pas pour ce que nous faisons, mais pour ce que nous sommes. Nous sommes les enfants de Dieu. Grand-maman avait démontré ce genre d'amour, simplement par son « être », et non par son « faire ». Oui, elle travaillait sur ses projets d'artisanat et nous faisait des cadeaux. Mais Grand-maman était aussi une emmerdeuse. Et cela n'avait pas d'importance. Grand-maman nous aimait, et nous l'aimions, et c'est ce qui comptait.

Mais comment me débarrasser de ces sentiments d'inutilité? Je me suis de nouveau adressée à Dieu dans la prière. Notre Seigneur m'a rappelé un moment peu après mon baptême. Je sentais fortement dans mon âme que Dieu avait pour moi quelque chose à faire, quelque chose de spécial. Je lui demandais sans cesse dans la prière : « Que veux-tu que je fasse pour toi, Seigneur? ». J'ai même fait part de ce sentiment lancinant à mon directeur spirituel. Il avait toujours des paroles de sagesse, simples, même si elles semblaient parfois froides ou désinvoltes. « Joni, disait-il, Dieu a quelque chose de spécial à faire pour chacun d'entre nous. Il te le fera savoir quand son heure sera venue. En attendant, ne t'inquiète pas. »

« Sérieusement? » Le Père ne savait-il pas maintenant, après toutes nos rencontres, que je m'inquiéterais? Je voulais savoir MAINTENANT ce que Dieu voulait que je fasse. Comme ce fut l'attitude de la femme que la Bible nous présente en train exaspérer un juge par ses réclamations persistantes pour obtenir justice. (Luc 18:4), Dieu a entendu assez de mon harcèlement et Il a répondu à mes questions persistantes par un rêve :

> Bob et moi étions dans un champ avec beaucoup de monde, comme dans la scène du film que nous avions vu récemment qui présentait sur l'écran la scène du *Miracle du Soleil* à Fatima. Alors que nous observions tous le soleil sortir de son orbite, la foule devint excitée et fut prise d'une intense émotion. Mais, pour ma part, j'ai éprouvé un sentiment de joie, au lieu de ressentir de la peur. Mon cœur était léger et enjoué. En regardant le soleil, qui s'approchait maintenant tout près de la foule, il devint énorme et léger, comme un ballon de plage géant. Alors que tout le monde abaissait la tête en signe de révérence, j'ai eu l'audace de garder la tête haute. Ce faisant, ce soleil qui ressemblait à un gros ballon m'a frappée et a rebondi sur ma tête, repoussé par mon ego gonflé J'ai immédiatement éprouvé un sentiment de remords pour mon manque de respect à l'égard de cette situation sacrée. Plus encore, je me suis sentie vraiment humiliée par mon manque de crainte du Seigneur. L'humilité m'a envahie et le grand soleil s'est de nouveau dirigé vers moi. Mais cette fois, il n'a pas rebondi. Cette fois, le soleil, en touchant le sommet de ma tête, est entré en moi et, en éclatant en moi, m'a remplie de lumière et de chaleur. Et j'ai entendu ces mots : « Joni, ce n'est pas ce que tu es censée FAIRE, c'est ce que tu es censée ÊTRE, un exemple du Christ. » Je fus envahie par la paix et

## Chapitre 8: La passion de la prière

je me suis réveillée en pleine forme, espérant ne plus jamais poser la question.

« Seigneur, tu ferais mieux de travailler à travers moi! » criai-je dans mon cœur, alors que Papa m'aidait à mettre mes chaussures avant de m'emmener à un nouveau rendez-vous chez le médecin. Je ne pouvais pas le faire moi-même. Ce jour-là, je ne pouvais pas mettre mes chaussettes ni mes chaussures sans aide. Un autre jour, je ne pouvais pas me pencher pour ramasser un crayon tombé sur le sol sans me disloquer le cou. Et une autre fois, j'ai eu besoin d'aide pour me lever du plancher où j'étais assise, en train de jouer avec mes enfants. Il me semblait que j'avais besoin d'aide pour tout, les petites choses comme les grandes. Je détestais dépendre de l'aide de ma famille et de mes amis. « Je devrais pouvoir faire ces choses moi-même au lieu de devoir toujours compter sur les autres », pensais-je. Une jeune femme est même venue vivre avec nous pendant un certain temps pour m'aider à m'occuper des besoins quotidiens de ma famille. J'avais l'impression que ma vie était envahie et je n'en pouvais plus. « Je veux retrouver ma vie! » ai-je crié à Dieu en désespoir de cause.

Dès que j'ai entendu les mots sortir de ma bouche, j'ai réalisé ce que j'avais dit. J'en ai éprouvé un profond remords. « À qui ai-je voulu remettre ma vie? » me suis-je dit. « Je suis désolée, mon Dieu! Je t'ai donné ma vie et je le pensais vraiment. J'ai l'impression que tout est hors de mon contrôle. Je n'ai de prise sur rien, surtout pas sur ma vie. Parfois, c'est tellement difficile. Mais je suis vraiment désolée. Je sais que tu contrôles ma vie. Je sais que Tu permets ces choses pour un plus grand bien que je ne peux pas voir. Tu m'as tant appris, tu m'as tant donné. Tu m'as tellement aimée que tu as donné ta vie pour moi sans demander à la reprendre. Je suis vraiment désolée! S'il te plaît! ne me laisse plus jamais te redemander ma vie. Donne-moi la grâce et la force de toujours te donner ma vie », ai-je prié.

Avec le temps, les choses devenaient plus difficiles. J'ai prié pour ne pas oublier d'être reconnaissante envers ma famille et mes amis qui continuaient à m'aider. Je ne voulais pas que mes sentiments de frustration se transforment en colère ou en ressentiment à l'égard de ceux qui essayaient généreusement de m'aider physiquement, mentalement et spirituellement. Je détestais me sentir dans le besoin, même si mes parents, mon mari et mes amis semblaient toujours prêts à m'aider de quelque manière que ce soit. Un jour, lorsqu'une amie est arrivée en m'offrant le dîner et en m'aidant avec mes enfants, je n'ai pas pu cacher la frustration que j'éprouvais d'être si dépendante. Connaissant le bon remède pour cette patiente grincheuse, elle a plaisanté : « Joni, tu veux bien te taire et laisser tes amis récolter un peu de grâces. Cesse d'avoir cette attitude et laisse-nous servir Jésus! » Woah! Immédiatement, les paroles de mon amie m'ont fait comprendre ces mots de Jésus : « Tout ce que vous avez fait à l'un de ces plus petits de mes frères, c'est à moi que vous l'avez fait ». (Matt. 25:35).

Je savais que je pouvais toujours compter sur les prières de ma famille et de mes amis. Et J'ai alors commencé à apprendre comment ma famille et mes amis célestes priaient et intercédaient également en ma faveur. Et, bon sens! Je les ai tous invoqués souvent et je suis rapidement tombée amoureuse des saints. Leurs histoires m'inspiraient et me réconfortaient, car ils avaient eux aussi résisté à leurs

## Chapitre 8: La passion de la prière

propres souffrances. Je savais que je pouvais compter sur leurs prières.

Au cours d'une période particulièrement difficile, mon amie Nancy a suggéré d'aller en voiture au *Mount Saint Mary's* à Emmitsburg, dans le Maryland. Sachant à quel point j'avais besoin de sortir de chez moi, elle est venue me chercher et a mis mon fauteuil roulant dans le coffre de sa voiture pour pouvoir nous rendre au *Mount Saint Mary's*. Pendant le trajet, nous avons parlé de la possibilité de visiter le sanctuaire de Sainte Elizabeth Ann Seton et de prier devant sa relique. « Je me suis dit que je pourrais demander à Mère Seton d'aider Logan à entrer à l'école maternelle du jardin d'enfants de la paroisse. Il était devenu difficile d'y faire accepter des enfants en raison de l'excellence de son programme et de son personnel. En m'agenouillant devant le reliquaire de Sainte Elizabeth Ann Seton, j'ai prié : « Mère Seton, S'IL VOUS PLAIT! faites entrer Logan au jardin d'enfants de la paroisse ». Puis je suis partie profiter du reste de notre mini-pèlerinage. Je suis rentrée chez moi avec un peu plus de paix.

Lorsque le moment est arrivé d'inscrire Logan au jardin d'enfants, je suis allée déposer les papiers. On m'a immédiatement informée que le programme de maternelle était complet et qu'il y avait une liste d'attente extraordinairement longue. La secrétaire m'a dit que ce serait une perte de temps de soumettre la demande. Le même jour, j'ai appelé l'école maternelle de la paroisse de l'Ascension et j'ai demandé s'ils pouvaient m'envoyer les papiers d'inscription par la poste. Ils m'ont répondu qu'il restait beaucoup de places et qu'ils les enverraient immédiatement par la poste. Puisque le jardin d'enfants de la paroisse n'était plus disponible pour nous, j'ai supposé que l'école maternelle de l'Ascension était la volonté de Dieu.

J'ai rempli les documents que j'avais reçus de la maternelle de l'Ascension et j'ai fait le chèque. En adressant l'enveloppe de retour, je me suis rendu compte qu'il manquait une page importante et j'ai téléphoné immédiatement. Ils m'ont dit qu'ils allaient mettre la page dans le courrier dès que possible. Une semaine plus tard, je n'avais toujours pas reçu de courrier de la maternelle de l'Ascension. Le matin où j'allais rappeler à propos de la page manquante, quelque chose de très étrange s'est produite. Je suis sortie du lit et, *whoosh!* une *chose* dans la tête me disait: « Descends et inscris Logan au jardin d'enfants de la paroisse.»

Je me suis dit : « C'est bizarre ; et non! Logan va à la maternelle de l'Ascension. » Une deuxième fois, cette *chose* me dit : "
« Descends et inscris Logan au jardin d'enfants de la paroisse.»

Je rétorque : « Il n'y a pas de place au jardin d'enfants de la paroisse et il va à la maternelle de l'Ascension. Je suis d'accord avec ça. »

La troisième fois, le ton de cette *voix* est devenu très indigné : « Mais **tu as dit** que tu voulais qu'il aille au jardin d'enfants de la paroisse! » À ce moment-là, je fus non seulement très effrayée, mais j'ai réalisé avec qui je m'étais disputée dans ma tête. C'était Mère Seton! Elle était la seule à qui j'avais demandé cette faveur. Je me suis précipitée en bas et j'ai appelé le jardin d'enfants de la paroisse. Lorsque j'ai demandé à la secrétaire si je pouvais inscrire Logan au jardin d'enfants, elle s'est mise à rire. Je savais que c'était une question ridicule étant donné la longue liste d'attente, mais je ne voulais pas mettre Mère Seton encore plus en colère. Pour une raison ou une autre, elle semblait vouloir m'enseigner l'humilité en faisant la secrétaire rire de moi. Tout en riant, la secrétaire me dit :

## Chapitre 8: La passion de la prière

« Vous n'allez pas le croire, mais je viens d recevoir une annulation dans cette classe. Si vous pouvez me faire parvenir le dossier de votre fils dans l'heure qui suit, je lui réserverai la place. » Dans l'heure qui suivait, Logan était inscrit au jardin d'enfants de la paroisse, grâce à l'intercession de l'une de mes nouvelles saintes préférées, Sainte Elizabeth Ann Seton, la patronne des écoles!

Après cette rencontre avec Mère Seton et la faveur que Sœur Faustine m'avait accordée au Camp Maria des années auparavant, j'ai développé un amour et un respect intenses pour les saints. J'ai réalisé qu'ils aimaient prier pour nous, leurs frères et sœurs ici sur terre. J'ai reçu tant de grâces par l'intercession des saints, et maintenant Dieu m'appelait à *partager* ces grâces en priant pour les autres.

Mais il fallait d'abord que Notre Seigneur m'en apprenne davantage sur la prière et qu'il enflamme mon cœur avec la conviction de la nécessité de la prière. La communion entre les enfants de Dieu, que ce soit ici sur terre ou avec les saints du ciel, m'est apparue clairement un soir au milieu de la nuit. Ce n'était pas une mauvaise nuit de plus, remplie de douleur. Cette nuit-là, Dieu a choisi de me communiquer le don de prier pour les autres et la façon dont il transforme nos prières en grâces. Après cette leçon, j'ai réalisé que nous avons le devoir de prier les uns pour les autres.

Mon endocrinologue, qui continuait à surveiller mon ostéoporose, a estimé qu'il était temps d'essayer un autre traitement pour ma faible densité osseuse. Le traitement de choix à l'époque était une injection nocturne de calcitonine. Mon médecin a effectué un test dans son cabinet pour s'assurer que je n'aurais pas de réaction allergique à ce médicament. Le test étant négatif, elle m'a renvoyée chez moi avec le médicament et quelques aiguilles pour commencer. On m'informa de me faire une piqûre le premier soir à raison de 25 % de la dose normale. Le soir suivant, je recevrais 50 % de la dose, et dans quelques jours, je recevrais la totalité des doses du traitement. J'avais hâte d'avoir des os plus sains.

Ma voisine de plancher et amie, Beverly, était une infirmière diplômée et elle est venue m'apprendre à me faires injections. La première nuit, je l'ai observée et, avec un peu de chance, j'ai pu m'injecter moi-même le médicament en un rien de temps. La piqûre n'a pas fait mal et je me suis dit que je n'aurais plus besoin de la déranger pour bénéficier de ses services professionnels.

Ce soir-là, au moment de me coucher, j'ai décidé d'ouvrir la Bible qui se trouvait sur ma table de nuit. J'aimais ouvrir la Bible au hasard pour voir ce que Dieu avait à me dire, sur les deux pages où on l'ouvrait. Ce soir-là, ce fut remarquable. Les pages se sont ouvertes sur Ezéchiel, et mes yeux se posèrent sur le titre « Vieux os secs ». J'ai touché le jackpot [le gros lot!]! J'ai lu comment Dieu dit à Ezéchiel de prophétiser sur les vieux os secs et morts, et quand il a fait revenir les os à la vie. C'était certainement un signe que Dieu m'envoyait! Il allait aussi insuffler de nouveau la vie dans mes vieux os. Ce médicament allait fonctionner, j'en étais sûre. Je me suis endormie avec le sourire, avec la consolation que mon ostéoporose appartiendrait au passé. Finis, les os cassés! Le médicament allait fonctionner.

NON! Pas possible!!! J'ai dû mal lire le texte. Vers une heure du matin, je me suis réveillée avec des problèmes, et pas les problèmes habituels. C'était plus sérieux. J'ai trouvé le chemin de la salle de bain et j'ai vu mon reflet dans le miroir. J'avais l'impression d'être déjà morte. Ma peau était verte et mon corps avait envie de vomir. Ma gorge commençait à me brûler et je souffrais atrocement. Quelque chose n'allait pas du tout. J'ai rassemblé assez d'énergie pour crier à Bob de prier. Il l'a fait!

Alors que j'étais dans la salle de bain, j'ai senti une couche de mal au-dessus de moi. Une couche de prière et une couverture de paix repoussaient ce mal. C'était étrange, mais je n'avais pas peur. La douleur et les horribles symptômes ont continué, mais j'étais calme. J'ai appelé mon médecin pour lui dire ce qui se passait. Elle voulait que j'appelle le 911 car, d'après tout ce que je décrivais, j'avais une réaction allergique grave à la calcitonine. Comme elle ne comprenait pas mon calme pendant toute cette crise, je lui ai expliqué que la couche de prières retenait le mal. Elle a trouvé cela très gentil, mais elle a insisté pour que j'appelle le 911. Lorsque je lui ai dit que je voulais attendre avant d'appeler parce que je respirais encore, elle a compris que je n'avais pas l'intention d'aller aux urgences. Pour moi, il s'agissait d'une réalité spirituelle, mais pour mon médecin, c'était une question de vie ou de mort. Bob a pris le téléphone et mon médecin lui a dit de me faire prendre une bonne dose d'antihistaminiques que j'avais dans mon armoire à pharmacie. Elle est ensuite restée au téléphone avec moi pendant une heure pour s'assurer que tout allait bien se passer. Lorsque nous nous sommes déconnectées du téléphone, elle croyait m'avoir perdue et elle m'a rappelée, paniquée. Je me suis dit : « Pauvre petite! » J'aurais aimé qu'elle puisse ressentir les prières. Une fois le pire passé, nous avons raccroché le téléphone et mon mari, mon médecin et moi-même nous sommes rendormis.

Le lendemain matin, lorsque mon médecin m'a appelée, elle m'a dit qu'elle ne comprenait pas ma réaction pendant la nuit, que ce soit sur le plan physique à cause des médicaments ou sur le plan psychologique, en réagissant calmement pendant la crise. Je lui ai dit que je ne le comprenais pas non plus, mais je lui ai dit qu'il y avait un « truc de Dieu » qui se passait. Elle m'a crue. Ce n'est que plus tard dans la soirée que j'ai réalisé l'ampleur de cette « intervention divine ».

Bob se rendit au travail le lendemain matin, encore secoué. Il était fort pour moi quand j'avais besoin de lui, mais maintenant son corps réagissait aux événements de la nuit, à cette heure horrible. Bob téléphona à sa mère pour lui raconter l'aventure de la nuit précédente et pour se défouler. Ma belle-mère, Gail, était très inquiète, mais Bob lui a assuré que tout allait bien maintenant. Plus tard dans la soirée, elle a raconté l'histoire à mon beau-père.

« Qu'est-ce qui ne va pas chez toi? » demanda Gail à mon beau-père. Son expression révéla une réaction qui ne correspondait pas à ce qu'elle lui partageait. « Qu'est-ce qui ne va pas chez toi? «, demanda-t-elle à nouveau. « La nuit dernière, à une heure du matin, j'ai été réveillé par un sentiment irrésistible qui me poussait à prier pour Joni. Je me suis donc mis à genoux et j'ai prié pour elle pendant une heure entière.

Lorsque je me souviens de cet événement, les larmes me montent aux yeux et mon cœur est étrangement serré. Je sais que Dieu, par l'intercession des prières de mon beau-père, m'a sauvé la vie cette nuit-là. J'ai senti dans ma petite salle de bain les prières qui retenaient ce qui aurait pu être une catastrophe. J'ai expérimenté de première main la façon dont Dieu nous permet de participer à ses dons glorieux par la prière et les actes de mortification. Je suis extrêmement reconnaissante à mon beau-père d'avoir accepté de prier pour moi. J'ai appris cette nuit-là que la prière nous unit à Dieu et les uns aux autres. Je ne sais pas comment, je pense que c'est la grâce. Dieu entend nos prières et y répond selon Sa volonté, qui est toujours le

## Chapitre 8: La passion de la prière

plus grand bien, même si nous ne le savons pas. Il partage une partie de son Royaume avec nous, car Il nous permet et nous encourage à prier les uns pour les autres. Cette nuit-là, j'ai appris que nous devons prier les uns pour les autres et accepter ce don de Dieu.

De toute évidence, mon interprétation de l'histoire des « vieux os secs » était erronée. La calcitonine n'allait pas finalement me guérir. C'est peut-être Dieu qui insufflera la vie dans mes os. Il a insufflé la vie dans mon cœur, les os ne devraient donc pas poser de problème.

Un soir, alors que je priais dans la douleur pendant notre rosaire du soir, j'ai entendu Dieu dire dans mon cœur : « Joni, tu sais que tu dis toujours que tu préférerais avoir ces maladies à la place de tes enfants, que tu préfères souffrir de tes migraines plutôt que de voir tes enfants en souffrir! »

« Oui! Seigneur » Lui ai-je répondu, inquiète de savoir ce qu'Il allait faire.

« Eh bien! ne sais-tu pas que c'est ce que j'ai fait pour mes enfants? J'ai souffert pour leurs péchés. J'ai enduré leurs douleurs et leur punition pour qu'ils n'aient pas à souffrir les douleurs de l'enfer. J'ai fait cela parce que je les aime et parce que je t'aime ».

Cette nuit-là, Jésus a commencé à m'éclairer sur le mystère du sens véritable et de la Croix, ainsi que celui de la douleur et de la souffrance, qui vont de pair. J'avais su des années auparavant, en voyant le Crucifix illuminé de l'église du Sacré-Cœur, qu'Il éclairerait cette interrogation que je portais dans mon cœur. Cette nuit-là, Jésus m'a invitée, comme Il nous invite tous, à aimer comme Il aime. « Voici mon commandement : aimez-vous les uns les autres comme je vous ai aimés. Il n'y a pas de plus grand amour que de donner sa vie pour ses amis. » (Jean 15:12-13). Cette nuit-là, Jésus m'a appris que Sa Sainte Croix, Son Sacré-Cœur et l'amour véritable vont main dans la main.

Notre Seigneur a continué à m'enseigner les voies de la vie de disciple. Il m'a enseigné ce qu'Il voulait dire lorsqu'Il avait déclaré : « Celui qui ne porte pas sa croix et ne vient pas après moi ne peut pas être mon disciple. » (Luc 14:27). Au fur et à mesure que ma santé déclinait, j'ai eu de plus en plus d'occasions de mettre ces leçons à en pratique. Bien que j'aie connu une brève période de soulagement grâce aux blocs nerveux périduraux,[3] on m'a dit qu'il fallait les arrêter. Il semblait que les péridurales détruisaient mon tissu conjonctif encore plus que l'Ehlers Danlos. Les traitements osseux ont cessé de fonctionner et ils ont aggravé et intensifié mes migraines. On m'a dit que je ne pouvais pas arrêter les traitements parce que l'état de mes os allait encore s'aggraver. Mais mes os étaient déjà en mauvais état ; j'avais maintenant la densité osseuse d'une personne de 90 ans.

Le Seigneur a continué à m'enseigner comment prier avec mon corps, pour les autres et pour moi-même. Non seulement j'ai prié pour avoir un corps sain, mais j'ai aussi éprouvé le besoin de prier pour un esprit sain.

Pendant ce temps, les médecins m'ont équipée d'un corset pour me maintenir en place. J'ai suivi des séances de kinésithérapie pour essayer d'atténuer les spasmes musculaires durs comme de la pierre dans tout mon corps. Je j'ai porté des semelles de soutien dans mes

---

[3] Le bloc nerveux ou bloc nerveux régional est une interruption délibérée des signaux voyageant le long d'un nerf, souvent dans le but de soulager la douleur.

chaussures pour éviter que les ligaments de mes pieds ne se déchirent, et je me suis déplacée en fauteuil roulant. J'avais vraiment besoin de quitter le canapé.

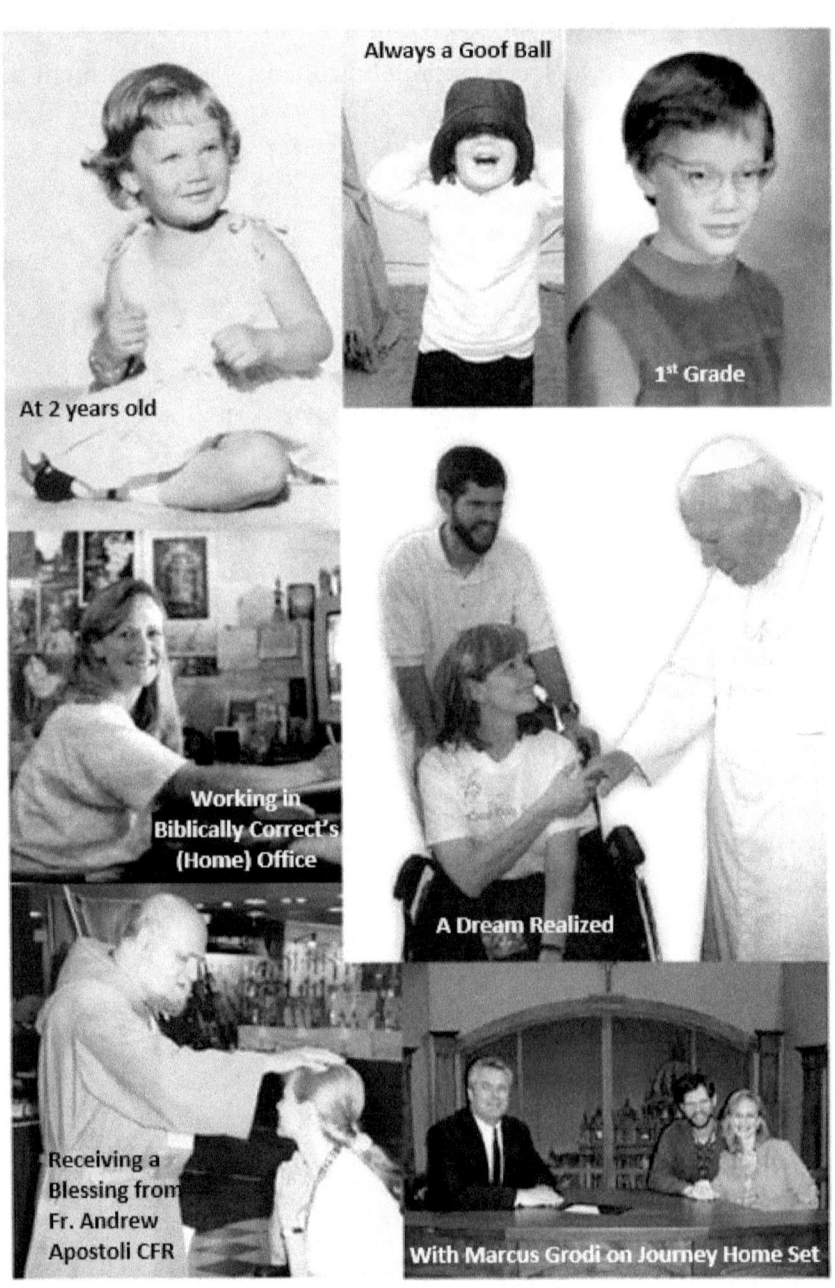

# Chapitre 8: La passion de la prière

# Chapitre 9

## Motivation

*La souffrance humaine a atteint son point culminant dans la passion du Christ. En même temps, elle est entrée dans une dimension et un ordre tout à fait nouveaux : elle a été liée à l'amour. À cet amour dont le Christ parlait à Nicodème, à cet amour qui crée le bien en le tirant par la souffrance, comme le bien suprême de la Rédemption du monde a été tiré de la croix du Christ, et de cette croix prend constamment son départ. La croix du Christ est devenue une source d'où jaillissent des fleuves d'eau vive.*

IV Jésus-Christ Souffrant Vaincu
par l'amour humain -"*Salvifici Doloris*"

Après avoir supplié « Dieu : « Donne-moi quelque chose à faire, sinon je vais devenir folle en restant allongée sur ce canapé », Dieu a fait germer dans ma tête l'idée que je pourrais dessiner des T-shirts catholiques pendant mes périodes d'immobilité douloureuse vécue à l'horizontale. Bob m'avait souvent dit qu'il voulait des T-shirts d'inspiration catholique bien mise en évidence, et la fête des pères approchait. Je pouvais lui en faire un comme cadeau. J'ai dessiné une image de la Sainte Mère avec des crayons de couleur et je l'ai repassée au fer chaud sur un T-shirt pour lui. Lorsque nos amis Sam et Rob sont venus nous rendre visite, ils ont vu le tee-shirt et m'ont dit que si j'en faisais d'autres, ils les vendraient dans leur magasin de livres et de cadeaux chrétiens. Ce soir-là, notre entreprise de T-shirts, *Biblically Correct* [*conformes à la Bible*] était née.

Chaque jour, je recevais de plus en plus de commandes de T-shirts, venant de mes amis, de ma famille et même d'autres personnes que je ne connaissais pas. J'ai dessiné à la main des motifs sur 70 T-shirts pour une école maternelle. J'ai dessiné des motifs sur des T-shirts pour d'autres magasins de cadeaux chrétiens qui avaient vu mon travail. Lorsque j'ai dessiné à la main plus de 300 T-shirts, tout en étant écrasée dans mon canapé, Bob a suggéré que nous trouvions un système informatique qui pourrait reproduire en masse mes dessins sur des T-shirts. Il est devenu évident que je n'allais pas pouvoir répondre à la demande en dessinant à la main. J'avais quelques inquiétudes avant d'investir dans un système informatique coûteux. Tout d'abord, nous n'avions pas encore reçu les résultats de ma biopsie et nous ne savions pas encore si j'étais atteinte de la forme potentiellement mortelle de la maladie d'*Ehlers-Danlos*. Il serait dommage de contracter un prêt pour quelque chose que je ne pourrais pas utiliser. Deuxièmement, je n'avais aucune formation en informatique. Je n'étais pas seulement analphabète en informatique, j'étais aussi hostile à l'informatique! Il n'y avait aucune chance que j'apprenne tous ces trucs d'informatique. C'était pour des gens qui, comme mon mari, faisaient leur travail sur ordinateur. Mon mari était un actuaire; i faisait tout son travail sur son ordinateur. Mais moi, j'étais une simple artiste, pas une férue d'informatique! « Je vais réfléchir à la possibilité de démarrer *Biblically Correct* en investissant dans le système, mais je ne promets rien. N'échafaude pas des projets trop ambitieux » dis-à Bob.

Alors que les choses semblaient se dégrader progressivement en même temps que ma santé, elles s'améliorèrent avec *Biblically Correct*. Même nos enfants se sont impliqués dans notre petit apostolat familial. J'ai de nouveau réfléchi au fait que seul Dieu pouvait prendre en main un problème et en faire en Son œuvre glorieuse. J'étais clouée sur un canapé, incapable de conduire ou de voyager, et notre famille répondait à l'appel du pape Jean-Paul II aux Catholiques à s'engager dans l'évangélisation catholique d'une manière que nous n'aurions jamais crue possible. J'avais prié pour trouver une réponse à mon ennui, et Dieu m'a envoyé son entreprise de T-shirts à gérer. Je savais que *Biblically Correct* était l'affaire de Dieu. Nous n'étions simplement que ses employés reconnaissants.

Une autre éclaircie extrêmement lumineuse a brillé dans les ténèbres. Nous avons appris que ma biopsie du type vasculaire d'Ehlers-Danlos était négative. Dieu soit loué! Avec cette heureuse nouvelle, Bob et moi nous sommes sentis plus à l'aise pour continuer le commerce de T-shirts, même si nous étions encore inquiets à l'idée de contracter un prêt de 12 000 $, compte tenu de mes limitations physiques. Cependant, si c'était l'entreprise de Dieu et qu'Il voulait que nous évangélisions avec nos T-shirts, mais que, par peur, nous ne le ferions pas, ne serions-nous pas comme l'homme de la parabole qui ava enterré ses talents? (Matt. 25:25) Nous avons donc prié. Je voulais simplement faire ce que Dieu voulait. Mais comment le savoir? Qu'est-ce qui m'aiderait à prendre la décision qui me donnerait la paix?

Je me souviens que, pendant que j'étais sur le canapé, et que je regardais la télévision. je me disais que c'était pour moi ma seule chance de voir le Saint-Père à Baltimore. Je m'étais involontairement agglutinée à mon canapé et reconnaissante à EWTN [le réseau national américain catholique de télévision, *Verbe Éternel*] de couvrir la visite du pape Jean-Paul II aux États-Unis. Ce qui me rendait vraiment jalouse de tous ceux qui avaient la possibilité de voir le Sa Sainteté de près dans le stade *Camden Yards* de Baltimore, c'est le fait que le pape se trouvait à moins de 30 miles [48,28 km] de chez moi et que je ne pouvais le voir qu'à travers la télévision Cela m'avait énormément exaspérée. J'ai même demandé à mon mari d'ouvrir la porte arrière pour que je puisse au moins respirer le même air que mon saint héros. J'ai pensé qu'il aurait tout aussi bien pu être de retour en Italie. Cela ne me servait à rien de l'avoir si près de moi et, en même temps, ne pas être capable pas le voir en personne.

J'ai fait une proposition à mon mari. « *Si* nous investissions dans le système informatique pour lancer notre entreprise de T-shirts, et si l'entreprise remboursait le prêt, et *si* je pouvais me permettre le voyage, et *si* j'étais suffisamment en forme pour y aller, m'emmènerais-tu en Italie pour voir le Pape? » Bob a répondu : « Bien sûr! Qu'est-ce que j'ai à perdre? » Le lendemain, j'ai appelé et commandé le système informatique pour notre entreprise de T-shirts *Biblically Correct*. J'ai ensuite emprunté 12 000 dollars à mes beaux-parents, à rembourser intégralement en quatre ans, en mai 1998. J'avais hâte d'aller à Rome pour voir « Papa », même si je devais attendre. Je n'allais nulle part de si tôt, si ce n'est à d'autres rendez-vous médicaux. Au moins, j'avais maintenant une raison de travailler pour quelque chose ou pour quelqu'un.

Il me semblait amusant de penser que le pape était maintenant une lumière qui guidait de ma vie. Le même homme que, des années auparavant, je ne savais même pas s'il était catholique. Avant ma conversion, quand quelqu'un demandait en plaisantant : « Le pape

## Chapitre 9: Motivation

est-il catholique? » Je ne le savais pas quoi répondre. J'étais trop gênée pour m'informer auprès de quelqu'un parce qu'il me semblait que tout le monde savait déjà s'il l'était ou non. Aujourd'hui, des années plus tard, je le sais. Je me souviens que, alors que j'étais assise dans mon auto à un feu rouge, en rentrant de l'université, la radio a annoncé que le pape avait été victime d'un attentat. J'ai ressenti un sentiment d'effroi, sans trop savoir pourquoi. Je me souviens avoir pensé : « C'est vraiment grave? ». Je savais que le pape était un saint homme. Je ne savais rien d'autre à son sujet à l'époque. Mais, à présent, je le sais.

« Si le pape Jean-Paul II peut se lever tous les matins, à son âge, avec sa mauvaise santé, et faire les choses qu'il fait, alors je le peux aussi! », me disais-je lorsque je ne me sentais pas la force de sortir du lit. Il m'a incitée à ne pas abandonner. C'est vers lui que je pouvais me tourner pour trouver des conseils et des encouragements, un exemple du Christ. Jean-Paul II a connu et vécu « l'offrande » à chaque instant de sa vie, et il m'a encouragée à me lever du lit et à faire la volonté de Dieu. Jean-Paul II, le chef visible de l'Église, le vicaire du Christ et mon Papa. Il était un exemple de l'amour inconditionnel de Jésus-Christ pour ses enfants. Le Saint-Père m'a montré que « je peux tout par le Christ qui me fortifie. » (Ph.4:13) Et si le pape, par amour pour ses enfants, a pouvait se lever chaque matin, alors je le pouvais moi aussi, par amour pour mes enfants. Je pouvais aller de l'avant, avec la grâce de Dieu et avec la passion et l'inspiration du Saint-Père. J'ai pu lancer notre entreprise de T-shirts catholiques même si je ne savais pas de quoi demain serait fait. Et, pleine d'espoir, par la grâce de Dieu, j'irais un jour voir mon héros chez lui en Italie, même si je n'ai pas pu le voir lorsqu'il est venu si près de chez moi dans le Maryland.

C'est par un bel après-midi d'été que Bob et moi nous sommes retrouvés à la même fête que le Père Jim. C'était le lendemain de son retour de voyage en Terre Sainte. Il était encore tout excité par son premier pèlerinage et m'a raconté une grande partie de son voyage. Puis, me regardant droit dans les yeux, il m'a dit : « L'année prochaine, à Rome! » Il n'avait pourtant aucune idée de l'accord que j'avais passé avec Bob. Une petite voix au fond de ma tête m'a dit : « C'est le voyage! » J'ai parlé à Bob des projets du Père Jim et je lui ai demandé s'il pensait que nous pourrions accompagner le Père Jim dans son voyage à Rome. Bob m'a répondu que, bien sûr! nous pourrions y aller si j'avais les moyens de payer le voyage. Confiante et désinvolte, j'ai répondu : « Si Dieu veut que nous fassions ce voyage, alors Il y pourvoira ». Bob a souri, j'ai souri. Nous irions à Rome.

« Tu sais, mon Dieu, j'aurais besoin d'une petite confirmation », me disais-je, alors que Papa me conduisait à un rendez-vous d'affaires avec le gérant du magasin de cadeaux du Sanctuaire de l'Immaculée-Conception. Ce matin-là, je venais d'envoyer un acompte pour garantir notre place au prochain pèlerinage du Père Jim. Deux jours seulement s'étaient écoulés depuis l'annonce du voyage à Rome, et je me suis dit qu'il valait mieux envoyer notre acompte avant que Bob ne change d'avis. Je n'étais même pas sûr du coût total du voyage et j'espérais faire le bon choix en envoyant l'acompte alors que je n'avais pas encore remboursé la totalité du prêt que nous avions contracté auprès des parents de Bob. Je faisais les paiements comme je l'avais promis, mais je me sentais un peu coupable de cette nouvelle dépense supplémentaire. Était-ce seulement mon désir profond d'aller à Rome, ou était-ce vraiment la volonté de Dieu que nous y allions? J'avais besoin d'une petite confirmation que je faisais le bon choix et que je n'étais pas financièrement irresponsable comme Papa me le répétait sans cesse.

La première fois que j'ai rencontré le gérant du magasin de cadeaux du Sanctuaire, fut quand, l'année précédente, il passa une commande de 10 douzaines de T-shirts. Cette commande surprenante nous a confirmés, Bob et moi, que nous avions pris la bonne décision en achetant l'équipement informatique. De nouveau j'aurais bien besoin d'une telle confirmation. J'espérais une autre commande de 10 douzaines de T-shirts. Si je pouvais obtenir quelques autres commandes de ce type au cours des prochains mois, je pourrais justifier mon voyage.

Après cette rencontre, alors que Papa me ramenait à la maison, j'ai lui annoncé : « Oui! c'est la volonté de Dieu que Bob et moi allions à Rome! » J'avais reçu une commande, non pas de 10 douzaines de T-shirts comme je l'avais espéré, mais de 40 douzaines.

« Comment sais-tu que cette commande couvrira le coût de ton voyage alors que tu ne sais même pas combien ce voyage va te coûter? demanda Papa.

« Peu importe le coût du voyage », ai-je répondu. « Si Dieu veut que nous fassions ce voyage, il veillera à ce que nous ayons ce qu'il faut pour y aller. Cette énorme commande était la confirmation que j'avais demandée, « Alors nous partons ». Je voyais bien que ma logique agaçait Papa, alors j'ai changé de sujet avant que les quolibets ne commencent. J'ai reçu une commande quatre fois plus importante que ce que j'avais demandé, et j'avais la certitude d'avoir reçu la bénédiction de Dieu pour notre voyage à Rome. Je n'allais pas laisser mon père gâcher ma belle journée.

Quelques mois plus tard, cependant, j'ai commencé à sentir ma confiance dériver vers le scepticisme. J'ai demandé à Bob de prier pour que Dieu lui révèle une réponse concernant notre voyage à Rome. Bob accepta de prier à ce sujet. La plupart du temps, lorsque Bob passait la porte, je lui demandais : « Alors, Dieu t'a-t-il déjà dit quelque chose? ». Bob avait fini par se lasser de mon insistance et m'a dit qu'il me le ferait savoir si et quand il aurait des nouvelles.

La date d'échéance du paiement final de notre voyage approchait à grands pas, sans parole de Dieu, sans aucune parole de Bob, et sans aucun argent pour couvrir le prix total de notre voyage. J'ai été surprise le dimanche matin lorsque Bob m'a annoncé qu'il sentait lui aussi que c'était bien la volonté de Dieu pour nous de faire notre voyage à Rome. « Que s'est-il passé? » demandai-je.

Bob m'a raconté l'histoire. « J'étais en train de prier pendant mon heure d'adoration. J'emporte toujours ma Bible avec moi, mais je ne la regarde généralement pas pendant le temps que je passe devant le Saint-Sacrement. Pour une raison quelconque, je me suis senti forcé de l'ouvrir et j'ai été choqué de voir mes yeux tomber sur le titre « *Vers Rome* ». « Oui! c'est vrai! » me suis-je dit. J'ai fermé la Bible et je l'ai rouverte pour découvrir ce que mes yeux liraient sous le titre *À Rome*. Honnêtement, j'avais peur de rouvrir la Bible et de voir qu'elle disait : « *Tu es censé aller à Rome, imbécile!* » J'ai donc refermé ma Bible et j'ai dit : 'OK! j'ai compris' ». Alors que Bob continuait à me raconter ce qui s'était passé pendant l'adoration, il m'a dit : « Je pense que ce que Dieu dit : c'est 'Oui!' Je bénis votre voyage. Ne t'inquiète pas et arrête de demander. « 'Nous avons eu notre réponse?' »

Chapitre 9: Motivation 139

Où était donc l'argent pour notre voyage? Il n'était certainement pas sur le compte bancaire *de Biblically Correct.* J'étais enfin dans le noir et il ne me restait plus que deux paiements à effectuer sur notre prêt. Je n'avais pas les 5 000 $ nécessaires pour envoyer un chèque le vendredi afin d'effectuer notre dernier paiement à temps. On pourrait penser que, avec la confirmation que Notre Seigneur nous avait envoyée, je n'aurais aucune raison de m'inquiéter. Mais je me suis inquiétée. J'ai appelé mon amie Jeanne, qui semblait toujours avoir les bons mots. En parlant avec Jeanne au téléphone ce mardi-là, elle a perçu mon inquiétude. Je sais qu'elle comprenait mon amour pour le Pape, car elle m'avait raconté dans tous les détails de son expérience aux premières loges lors de la messe du Pape à Camden Yards. Je lui ai dit : « Je ne comprends pas. « Tout semble indiquer que nous devrions nous rendre à Rome, mais il semble que cela ne va pas se réaliser. Je ne comprends pas. Pourquoi Dieu voudrait-Il nous retirer le tapis de dessous nos pieds? Surtout quand Il sait ce que cela représente pour moi. Ou bien serait-ce que je le voulais tellement que j'ai mal discerné? Je ne sais plus où j'en suis! »

Jeanne répondit, avec une sagesse toute simple : « Joni, tu n'as pas besoin d'envoyer le chèque avant vendredi, nous ne sommes que mardi, alors arrête de t'inquiéter! » *Hmmmph!* Facile à dire pour elle, même si elle avait raison!

Quelques nuits plus tard, alors que j'étais assise dans mon bureau-salle-à-manger *Biblically Correct,* j'ai essayé de calmer mes nerfs en priant. Bob est entré dans mon bureau. Il venait de passer une autre soirée à essayer de remplir tous nos formulaires d'impôts pour l'année. « J'ai terminé. Devine combien nous allons récupérer cette année pour nos impôts? », me demanda-t-il sombrement. Avec un optimisme inattendu, ou peut-être avec désespoir, j'ai répondu : « Oh! s'il te plaît! Dis-moi que c'est 5 000 dollars! » Je ne m'attendais pas à la réponse de Bob qui m'a dit : « Que penses-tu de 5 300 dollars? »

J'ai pété les plombs! « Dieu nous a même donné de l'argent de poche », ai-je crié. « Dieu soit loué! Nous allons à Rome! » Les quatre enfants sont entrés en courant dans mon bureau pour voir ce qui se passait. « Maman, calme-toi! Tu vas te faire mal », ont-ils crié. Après que j'aie cessé de crier, nous avons fait nos prières du soir pour une intention très spéciale d'action de grâce. Les enfants ont été pris dans les bras, embrassés et bénis, et ils sont allés se coucher. Bob avait une petite question à me poser, sans vouloir gâcher ma bonne humeur, mais une question qu'il se devait de poser avec un clin d'œil et un sourire. Je croyais que tu avais dit que nous irions voir le Pape quand _**tu**_ aurais l'argent. »

« Alors, quel est le problème? » me suis empressée de répondre. « Tu as toujours dit que ce qui est à toi est à moi, n'est-ce pas? Et s'il n'y avait pas eu toutes les dépenses professionnelles, nous n'aurions pas récupéré autant d'argent, n'est-ce pas? » Bob savait que cette discussion n'avait plus sa raison d'être et qu'il ferait mieux de faire ses valises. Il est allé se coucher, j'ai fait un chèque j'ai mis dans une enveloppe timbrée et adressée, et j'ai passé quelques coups de fil avant d'aller me coucher moi aussi. J'étais merveilleusement heureuse!

J'ai été choquée lorsque le Père Jim m'a appelée tôt le matin, quelques jours plus tard, pour m'annoncer la nouvelle : « Le voyage a été annulé. Trop de personnes se sont désistées. Il a été décidé d'annuler notre voyage en Italie. » En entendant ces mots, j'ai senti une bouffée d'acide descendre au creux de mon estomac. La sensation de malaise n'a duré que quelques secondes lorsque j'ai réalisé quel jour nous étions. J'avais mordu à l'hameçon!

« C'est très futé de votre part de m'avoir appelée pour m'annoncer cette terrible nouvelle aujourd'hui, Père Jim, le jour du Poisson d'avril! » J'ai-je plaisanté. Il me répondit en faignant l'étonnement: « Oh! Est-ce vraiment aujourd'hui le Poisson d'avril? ». J'ai continué sur un ton moqueur : « Quelle incroyable coïncidence! Et si vous me rappeliez demain pour me dire si le voyage est toujours annulé! » Le Père Jim s'est mis à rire, et il m'a rapidement expliqué que ma sœur l'avait appelé quelques minutes plus tôt pour lui demander s'il pouvait l'aider à me piéger en ce jour du Poisson d'avril. Holly savait à quel point je détestais ce jour et que, cette année encore, je serais sur mes gardes avec elle. J'avais juré de ne plus jamais décrocher le téléphone le 1$^{er}$ avril après la façon dont elle m'avait piégée l'année précédente et l'année d'avant. Holly savait qu'il ne serait pas facile de m'avoir cette année et pensait que je ne soupçonnerais jamais le Père Jim de l'aider dans son stratagème annuel. Sa requête crapuleuse de me jouer un bon tour était tout simplement trop belle pour que le Père Jim la laisse passer. Je ne pouvais qu'imaginer son sourire en coin et celui de Holly, alors qu'ils planifiaient ce piège parfait. Un bon plan, je devais l'admettre. « Vous devez vous confesser, mon Père! » ai-je ajouté, et nous avons raccroché.

L'Italie, c'est génial! Les paysages, l'architecture, l'art, les gens, la langue, la nourriture, et surtout le *gelato* : j'ai tout aimé. Avec mes enfants à des kilomètres au loin, de l'autre côté de l'Atlantique. Je n'ai pas eu à trouver d'excuses pour justifier le fait que maman ait pu manger une glace au déjeuner, dans l'après-midi, mais *aussi* au diner. Je justifiais toutes mes extravagances en me disant que j'avais mérité ces gâteries, surtout avec tout ce que j'avais traversé. Cela ne m'aidait peut-être pas à surmonter la douleur et les défis du voyage, mais, d'une certaine manière, lorsque les épreuves étaient recouvertes de glace italienne, elles semblaient un peu plus acceptables. Cette délicieuse technique d'adaptation, associée au fait que j'offrais mes maladies pour le pape, a rendu le pèlerinage d'autant plus doux. Bob eut, lui aussi, beaucoup à offrir pendant notre pèlerinage, puisqu'il a poussé mon fauteuil roulant d'un bout à l'autre de l'Italie, sans se plaindre. Dès le début de notre voyage, il a mérité le titre de « Saint Bob » de la part de tous les autres pèlerins avec lesquels nous voyagions.

. Bob ne voulait pas que je manque de quoi que ce soit pendant notre pèlerinage à cause de mon état de santé ou parce que je ne pouvais pas marcher beaucoup. Il a veillé à ce que je voie tout, que je profite de tout, que je fasse tout!

Nous avons commencé notre voyage en admirant le Suaire à Turin et en visitant le tombeau de Saint Jean Bosco et celui de Saint Dominique Savio. Nous avons traversé Florence et vu où Michel-Ange a vécu, étudié et créé un grand nombre de ses incroyables chefs d'œuvre. Nous nous sommes dirigés vers le sud, pour découvrir d'autres lieux saints de l'Italie. J'ai ramassé des pierres de chaque lieu que nous avons visité, pour ramener chez moi un morceau de ces villes saintes bien particulières. Peut-être Sainte Monique ou son fils, Saint Augustin, ont-ils piétiné ces mêmes pierres que j'ai ramassées à Milan. Ou peut-être que sainte Claire a foulé les mêmes cailloux que j'ai ramassés, alors qu'elle courait pour écouter saint François prêcher dans les rues d'Assise.

## Chapitre 9: Motivation

Nous sommes entrés dans la ville sainte de Sienne et avons vénéré les reliques de Sainte Catherine. Je n'ai pu m'empêcher de penser à Marie-Antoinette (« des têtes vont tomber ») ou de vouloir faire le signe du pouce à mon amie Marie en regardant la tête et le pouce incorruptibles de sainte Catherine. En regardant son pouce, nous avons entendu l'un des autres pèlerins suggérer que Sainte Catherine devienne la patronne des auto-stoppeurs. Après avoir ri de son commentaire amusant, j'ai demandé : « Mais où sont les restes de Catherine? » Notre guide ne le savait pas. Personne ne le savait. J'ai assuré Mary et Bob que je n'avais pas les restes de Sainte Catherine cachés chez moi ou sur ma table de prière avec mes autres reliques de première classe. J'aurais aimé avoir une relique de la Sainte, mais je devais me contenter d'un caillou provenant des rues de sa ville. Nous avons cherché une petite pierre de Sienne, mais nous n'en avons trouvé aucune, pas une seule. Les rues avaient été nettoyées. Il n'y avait pas une seule petite pierre à rapporter de la ville de Catherine. Cependant Bob avait remarqué une brique qui s'était détachée du mur qui entourait la ville. « Peut-être que Catherine elle-même s'était appuyée sur cette brique! » pensai-je. « Va la chercher! », lui ai-je ordonné avec enthousiasme. En mari aimant et dévoué qui comprenait mon obsession pour les pierres et les reliques, Bob a accédé à ma demande incompréhensible. J'avais ma pierre de Sienne : une brique volée!

J'étais prise dans l'excitation du moment et je ne me suis pas rendu compte de ce que j'avais fait. Ce n'est que plus tard dans la soirée que j'ai réalisé que j'avais volé une brique du mur de Sienne. Je n'avais jamais rien volé de ma vie. « Si tout le monde prenait une brique du mur, Sienne ne resterait pas longtemps une ville fortifiée.

« Qu'est-ce que j'ai fait? me suis-je dit. Et qu'ai-je fait en rendant Saint Bob complice de mon crime? » Donc je devais me confesser.

Le lendemain matin, après le petit-déjeuner et avant de visiter Assise, j'ai pris le Père Jim à part. Il a entendu ma confession alors que nous étions assis sur un banc surplombant la magnifique campagne ombrienne. J'ai confessé mon épisode du vol de la brique, j'avais le cœur contrit et j'ai reçu l'absolution. J'ai remercié Dieu de ce que le Père Jim ne m'ait pas demandé de remettre la brique à sa place dans le mur. J'ai fait ma pénitence et j'ai promis à Dieu de ne plus jamais voler de briques. J'étais reconnaissante d'avoir été pardonnée et bénie d'avoir reçu le sacrement de la réconciliation dans cette ville belle et sainte.

À Assise, j'ai eu l'impression de remonter dans le temps. Le soir de notre arrivée, je pouvais presque entendre par la fenêtre de notre chambre saint François chanter à son frère Soleil ou à sa sœur Lune. Était-ce François que j'entendais éclabousser dans les flaques d'eau qui se s'étaient formées tout au long de la journée suivante, alors que la pluie ne cessait de tomber? Mais s'il devait pleuvoir, il semblait parfait qu'il pleuve là où François nous apprendrait à louer Dieu même par temps pluvieux. Le temps pluvieux ne nous a pas arrêtés ni ralentis outre mesure. Bob a mis dans l'ombre un instant de son image de saint Bob en acceptant de nous emmener, moi et mon fauteuil roulant en taxi. Même *Saint Bob* n'a pas réussi à gravir les collines glissantes, humides et escarpées d'Assise avec moi dans mon fauteuil roulant, bien qu'il ait essayé.

Nous avons prié au pied du crucifix du haut duquel Jésus a dit à François de reconstruire son Église. Et nous avons prié dans la petite chapelle de la Portioncule que François a reconstruite brique par brique. J'ai posé mes deux paumes ouvertes sur les murs de cette sainte relique de saint François, en essayant d'absorber autant de grâce que possible. Lorsqu'on nous a dit qu'il était temps de partir, j'ai retiré à contrecœur mes mains du mur de la petite chapelle et j'ai remarqué qu'il y avait quelque chose dans la paume de ma main. C'était un petit morceau de la Portioncule. Dieu m'a pardonnée et Il me connaît si bien. Il savait à quel point je désirais emporter avec moi un morceau de ce lieu saint. Dans sa miséricorde, pardonnant vraiment mon indiscrétion passée, Il m'a dit : « Joni, tu n'as pas besoin de voler un morceau de mur. Ce petit morceau, je te le donne. » J'ai serré fermement le petit cadeau dans mon poing et je l'ai tenu jusqu'à ce que je le mette délicatement dans ma valise, à côté de ma brique.

Nous avons continué à voyager à travers l'Italie jusqu'à Rome. Nous avons marché là où les saints ont marché et prié. Nous avons traversé l'Italie. Des Américains dans un pays étranger! Nous avons mangé des pizzas avec nos mains en regardant les Italiens manger les leurs avec fourchettes et couteaux. Nous avons mal chanté des chansons italiennes, nous avons ri à tue-tête et nous avons demandé pardon sincèrement et souvent, avec notre nouveau mot italien préféré, « *scuzi* ». Et puis, nous sommes allés à Rome.

# Chapitre 10

## Un rêve réalisé

*J'estime, en effet, qu'il n'y a pas de commune mesure entre les souffrances du temps présent et la gloire qui va être révélée pour nous.*

Romains 8 :18 (*Traduction liturgique de la Bible*
 Association Épiscopale Liturgique pour les pays Francophones

En entrant dans Rome, mes rêves se réalisaient. J'avais envie de demander au chauffeur du bus de s'arrêter pour pouvoir ramasser une poignée de terre. Je voulais m'agenouiller et embrasser le sol, comme j'avais vu le pape lui-même le faire lorsqu'il arrivait à ses différentes destinations. Pour moi, l'expression « *tous les chemins mènent à Rome* » était ma devise. J'étais arrivée!

En nous rendant à notre hôtel, nous sommes passés devant plusieurs monuments historiques et de nombreuses églises catholiques. Il semblait y avoir une quantité exorbitante de constructions en cours dans toute la ville, un peu comme c'était le cas à Assise où on pouvait voir les échafaudages, soutenant les églises et les bâtiments qui avaient été endommagés par le tremblement de terre de l'année précédente. Ici, à Rome, il n'y avait pas eu de tremblement de terre. Alors, que se passait-il? Notre guide nous a expliqué que de nombreuses églises étaient en train d'être nettoyées et préparées pour le prochain Jubilé et que la ville s'attendait à ce que des foules de pèlerins du monde entier convergent vers Rome, prête dans toute sa splendeur. Il me semblait étrange de voir de nombreux monuments, que je n'avais vus auparavant qu'en photos, enveloppés dans un enchevêtrement de métal, de bois et de plastique. Lorsque nous sommes arrivés sur la place Saint-Pierre et que j'ai vu le Vatican complètement enveloppé dans ce qui ressemblait à du papier-bulle, j'ai commencé à rire. Mon excitation était telle que je craignais exploser en arrivant à Saint-Pierre. Mais au lieu de cela, j'ai retrouvé mon calme et j'ai contemplé ma bien-aimée basilique Saint-Pierre, couverte d'échafaudages. Mes prières étaient exaucées et maintenant, juste une semaine après l'anniversaire du Saint-Père, pendant l'Année du Saint-Esprit, j'étais chez moi.

La nuit qui précéda l'audience du Pape du mercredi, j'ai passé la pire nuit de mon voyage sur le plan physique. J'avais bien géré mes douleurs et mes problèmes avec du repos et des médicaments pendant notre voyage, mais c'est ce soir-là que mon corps décida de se venger. « Mon Dieu, tu sais pourquoi j'ai entrepris ce voyage. Je ne peux pas manquer de voir le Pape une seconde fois! » Même si nous étions mal assis et que je me sentais mal, je m'en fichais. Il fallait que je sois là. Cette nuit-là, l'excitation et la douleur m'empêchèrent de dormir. Je me suis donc levée tôt, je me suis habillée et j'ai préparé le cadeau d'anniversaire que j'avais apporté pour le Saint-Père. Dans un cadre, il y avait une image imprimée que j'avais dessinée sur laquelle, on pouvait lire : « *L'Esprit Saint existe* ». J'avais décoré un grand sac-cadeau blanc sur lequel, j'avais écrit « Joyeux anniversaire! Papa. Nous t'aimons! » et je l'avais mis dans ma valise avec le cadre enveloppé dans du papier de soie. Après avoir emballé le cadeau pour le pape dans le sac-cadeau qui, gonflé et rempli de papier de soie, était énorme. Je me suis assise avec le sac cadeau sur les genoux

## Chapitre 10: Un rêve réalisé

en attendant dans mon fauteuil roulant que Bob m'emmène au petit-déjeuner. « Qu'est-ce que c'est? » me demanda-t-il.

« Le cadeau d'anniversaire du pape », ai-je expliqué.

« Et penses-tu que vous va vraiment pouvoir lui donner? » interrogea Bob.

« On ne sait jamais », ai-je répondu. « Et si je ne peux pas le lui donner personnellement, je suis sûre que l'un des gardes suisses le fera. » Bob secoua la tête d'un air qui disait : « Cette femme est folle si elle pense qu'elle va pouvoir offrir un cadeau d'anniversaire au pape ».

Tout notre groupe était enthousiaste à l'idée d'assister à l'audience du mercredi, mais aucun ne l'était autant que moi. Tout d'abord, nous sommes allés à la messe à la basilique Sainte-Marie-Majeure. N'importe quel autre jour, j'aurais pu profiter davantage de cette belle église. Mais aujourd'hui, je n'avais qu'une chose en tête! Après la messe, nous avons pris le bus pour nous rendre sur la place Saint-Pierre, couverte de rangées de chaises et de zones bloquées par des cordes. Avant d'entrer sur la place, nous avons attendu, dans une longue file, que nos sacoches et nos sacs soient vérifiés afin de s'assurer que nous ne dissimulions pas d'armes. Lorsque le garde a regardé dans l'énorme sac contenant le cadeau d'anniversaire du Saint-Père, il a simplement secoué la tête et nous a fait signe d'avancer. Venais-je de manquer ma seule occasion d'offrir mon cadeau au Saint-Père? Aurais-je dû demander au garde de le lui remettre? Je devais trouver un moyen de lui remettre son cadeau plus tard, car pour l'instant, nous devions rester avec notre groupe et trouver nos places.

Alors que notre groupe suivait notre guide, Bob et moi avons vu un garde suisse nous faire signe et venir nous rejoindre. Bob m'a poussée vers l'avant. On nous a ensuite indiqué un autre garde suisse qui se trouvait un peu plus près de l'avant de la place. À ce moment-là, nous avons perdu notre groupe et nous nous nous nous sommes contentés de suivre les indications des gardes. Je me suis dit qu'ils avaient peut-être une place spéciale pour les personnes en fauteuil roulant. Bob a continué à suivre les indications des gardes, tout en nous approchant de plus en plus de l'avant. Mon cœur s'est mis à battre la chamade. Je me suis dit : « Wow! on va avoir de bonnes places! » Alors que nous étions à la limite de la place, car il y avait des marches devant nous qui menaient à l'endroit où le pape s'assoirait, deux gardes suisses se sont approchés de nous. Je pensais qu'ils allaient nous montrer où nous devions nous asseoir. Mon cœur battait encore la chamade pendant qu'ils s'approchaient. Puis, brusquement, ils ont pris mon fauteuil roulant et l'ont porté jusqu'en haut des marches.

À ce moment-là, j'ai compris ce qui se passait et j'ai craqué. J'ai mis ma tête dans le sac-cadeau et j'ai pleuré, humectant une grande partie du papier de soie qui enveloppait le cadeau du pape. Je n'arrivais pas à croire que Dieu me permettait de m'asseoir si près de l'endroit où Sa Sainteté allait s'asseoir. J'étais aux premières loges, à environ 15 pieds [5 mètres] de mon héros, de ma source d'inspiration, de mon père. J'étais encore sous le choc et je pleurais lorsqu'un homme vêtu de l'uniforme officiel du Vatican s'est approché de nous. Il s'est tourné vers Bob pour lui poser quelques questions, car il était évident que je n'étais pas en état de répondre intelligemment à quoi que ce soit.

Il demanda à Bob : « Quel est votre nom? » Bob le lui donna. Puis il demanda à quel hôtel nous étions descendus? » Bob lui en donna

## Chapitre 10: Un rêve réalisé

le nom. Confuse, j'ai repris mes esprits pour lui demander pourquoi il posait ces questions. L'homme nous a expliqué que lorsque nous rencontrerions le pape, le photographe prendrait des photos et les enverrait à notre hôtel.

Lorsque cet homme eut prononcé les mots « Quand vous *rencontrerez le Pape* », j'ai commencé à me sentir à bout de souffle. « Vous voulez dire que nous allons RENCONTRER LE PAPE?! » essayai-je de demander à travers halètements et sanglots. « Eh bien! Oui! », a-t-il marmonné, craignant que je ne fasse une crise cardiaque. Je n'arrivais pas à y croire. Je savais que Dieu pouvait faire cela, mais le fait de le voir s'accomplir faisait simplement déborder mes émotions. J'allais rencontrer le pape! Le fonctionnaire du Vatican était impatient de passer à autre chose, avant que je ne tombe sous ses yeux raide morte à cause de ce choc.

J'ai pleuré et pleuré. J'ai remercié Dieu et j'ai encore pleuré. J'ai commencé à craindre que notre groupe de pèlerins ne s'inquiètent de ce que nous avions été séparés d'eux ou que nous nous nous soyons perdus. Un sentiment de culpabilité m'envahissait. J'étais là, aux premières loges, et eux étaient dans l'immense foule. Je voulais partager cette joie avec eux. Je sentais que tout cela arrivait grâce aux prières de mes amis. Je voulais être leur représentante. J'ai prié : « S'il te plaît! mon Dieu, fais que mes amis vivent cette expérience avec moi. » Tout à coup, une vague d'applaudissements s'est soulevée. Elle s'est amplifiée. À l'extrémité de la place Saint-Pierre, je pouvais distinguer le pape. La foule était folle d'émotion et d'amour pour cet homme, leur père dans la foi. De l'endroit où j'étais assise, il ne mesurait que deux pouces [cinq centimètres]. Cela n'avait pas d'importance. Cela me suffisait. Je le voyais. Je voyais mon pape. Mon cœur s'est dilaté et j'ai crié de joie avec les autres dizaines de milliers de personnes : « Papa! Papa! » La place était remplie d'amour pour cet homme, pour la personne il était et pour l'Église. Au fur et à mesure que la *papamobile* se rapprochait, une grande paix m'envahit à tel point que je me suis tournée vers Bob et que je lui ai chuchoté : « Tu le sens? » Il n'avait aucune idée de ce dont je parlais. J'ai cessé de sangloter. Dieu allait me permettre de voir mon pape avec des yeux secs et clairs! Il n'allait pas me faire approcher de si près et me faire manquer de voir Son Vicaire à cause de mes larmes.

Profitant de mon calme, j'ai regardé le pape passer devant moi pour se rendre à son siège spécial. Il n'était pas à plus de deux, peut-être trois pieds [1 mètre] devant moi. J'ai levé la main pour le saluer. Il m'a regardé droit dans les yeux, maintenant gonflés, et il a levé sa main et m'a fait signe en retour. Le pape m'avait fait signe. Moi! Les larmes ont recommencé à couler alors que le pape se dirigeait vers son fauteuil.

Lors de l'audience du pape, il s'est adressé aux pèlerins anglophones avec un accent polonais si prononcé que je ne comprenais pas grand-chose à ce qu'il disait. Je ne m'en souciais guère, et j'avais le sentiment que la plupart des personnes présentes, quelle que soit la langue qu'elles parlaient, ne comprenaient pas non plus les paroles du pape. Et Elles ne s'en souciaient guère. Nous étions en présence de Sa Sainteté, et c'est ce qui nous importait. L'amour du pape pour Dieu, pour son Église et pour ses enfants rayonnait dans ses paroles, dans son sourire et dans tout son être. Tout en écoutant le pape, je l'ai vu lutter physiquement. Cela n'était peut-être pas visible pour tout le monde, mais ses mouvements et ses expressions subtiles pouvaient être perçues par ceux qui luttent contre la douleur. Nous

# Chapitre 10: Un rêve réalisé

étions unis dans notre douleur et, surtout, dans les souffrances du Christ. Pourtant, notre pape était là, présent pour nous, pour nous saluer, pour nous aimer. Et, par la grâce de Dieu, j'étais là! Je pouvais moi aussi être là pour mon pape. Assise là, je priais mon rosaire et je l'offrais pour lui. Je réalisais que j'étais en train d'avoir la chance de rencontrer mon Papa, seulement grâce à ce que j'avais vécu ces dernières années, à ce qui m'avait amenée à me déplacer en fauteuil roulant. La douleur, la peur, l'anxiété, les inconvénients m'ont traversé l'esprit en un instant. Et, d'une manière ou d'une autre, j'ai pris conscience que les pièces du puzzle s'assemblaient pour former le tableau dont je faisais désormais partie, ce tableau fabuleux et coloré de la réalisation de mon rêve. J'ai commencé à comprendre et j'ai même pu remercier Dieu pour ce voyage. Tout cela en valait la peine.

Ce moment m'a rappelé une autre rencontre similaire. Cette rencontre n'avait pas eu lieu avec le pape, bien sûr, mais avec Celui dont l'Esprit remplit le pape. Ce moment s'était produit environ un an auparavant, pendant l'adoration eucharistique lors d'une conférence *Defending the Faith* [*Pour la défense de la foi*] à Steubenville, dans l'Ohio. Bob et moi avions décidé d'y aller avec quelques couples de notre groupe d'appartenance. Même si je ne m'étais pas encore aventurée loin de chez moi à ce moment-là, sauf pour des rendez-vous chez le médecin ou pour de courts voyages, tout le monde pensait que cette retraite me ferait le plus grand bien. Honnêtement, si le Père Benedict Groeschel n'avait pas été l'un des orateurs, je n'aurais probablement pas tenté un voyage aussi ardu. Mais j'avais besoin d'une « cure de Groeschel ». Alors j'y suis allée.

Le voyage a été extrêmement difficile. Le trajet en voiture a mis à rude épreuve ma colonne vertébrale, mes muscles et mes articulations, mais le fait d'être avec mes amis et de passer quelques jours avec eux et Bob en vaudrait certainement la peine, me disais-je. Les orateurs et les conférenciers furent bien meilleurs que je ne l'avais espéré et valaient vraiment ce que mon corps avait dû endurer.

La soirée d'adoration eucharistique a été une nuit incroyable. Tout d'abord, assister à l'adoration eucharistique dirigée par le père Groeschel fut comme un moment de pure grâce. Les paroles et la révérence du Père entrainait vraiment le cœur et l'esprit vers notre Seigneur dans le Saint Sacrement. La musique et la foule étaient intensément imprégnées de l'Esprit Saint. Non seulement nous avons été bénis d'être sur la terre sainte de ce campus. En effet, nous avions le sentiment profond que Dieu lui-même aimait être là, où il était si bien accueilli et adoré.

C'est pendant que nous étions bénis par Jésus dans l'ostensoir que quelque chose de puissant s'est produit dans mon cœur et mon esprit. En un instant, j'ai ressenti l'amour de Dieu. J'ai été enveloppée par Son a travers les souffrances que j'avais endurées au cours de l'année écoulée. J'ai fait l'expérience du Sacré-Cœur de Notre Seigneur, brûlant d'amour pour nous, Ses enfants. Dès que les voiles devant l'ostensoir furent levés, je fus enveloppée de Son amour à travers mes propres souffrances. J'ai pleuré de tout mon être. Son amour était d'une puissance envoûtante! J'ai senti que si, plus de voiles s'étaient levés, je me serais consumée dans le feu de l'amour divin. Je suis restée prisonnière de ce feu et je ne voulais pas en être libérée.

# Chapitre 10 : Un rêve réalisé

C'est cette profonde prise de conscience de l'amour de Dieu pour ses enfants que je revoyais ici, au centre de la place Saint-Pierre à Rome. Je savais que ma souffrance me permettait d'entrer dans les souffrances de Jésus. Par cette union, j'ai connu l'amour. Quelque chose dans ma tête et dans mon cœur a changé à ce moment-là, et j'ai pu embrasser Sa Croix et ressentir une joie intense. J'avais écrit un jour dans mon journal de prière : « Pour comprendre la souffrance, nous devons embrasser notre foi. Pour accepter la souffrance, nous devons embrasser la Croix. » Lorsque j'ai écrit ces mots, je savais qu'ils étaient vrais, mais je ne les comprenais pas et je ne les vivais pas. Peut-être que maintenant, avec la grâce de Dieu, je pourrais au moins essayer.

Les derniers jours de notre pèlerinage en Italie ont été les plus difficiles physiquement et les plus douloureux. J'avais mal à cause du voyage, du manque de sommeil et de l'inégalité des pavés de de lave des iazzas qui me causait des tortures. Mais maintenant, je pouvais offrir ma douleur pour le pape avec un sentiment de joie. « Wow! c'est parfait », me suis-je dit. Je pouvais offrir ma douleur pour mon homme, le pape, qui était assis à quelques mètres de moi. J'étais en fait sur la place Saint-Pierre, mon église, en train de prier mon rosaire pour mon pape. Je pensais avec certitude que la Sainte Mère ne devait pas être loin de son pape. Je méditais : « « ésus-Christ, corps, sang, âme et divinité, est présent dans le tabernacle situé dans la chapelle d'adoration à l'intérieur des portes de la basilique, à ma gauche. Jésus était également présent d'une manière particulière dans le Vicaire du Christ, assis devant moi ». Dieu le Père avait permis que tout cela se produise et l'Esprit Saint m'avait remplie d'une joie qui dépassait l'entendement. « Il n'y a rien de mieux que cela! » me suis-je dit. J'ai recommencé à pleurer en pensant à l'amour de Dieu pour moi, qui avait permis à mon rêve de se réaliser. « Merci! Seigneur, Merci! Je t'aime. Je t'aime, je t'aime », ai-je dit à Dieu dans mes larmes. « Et, Joni, je t'aime aussi », ai-je entendu dire dans mon cœur.

Après l'audience, Jean-Paul II a commencé à saluer les dignitaires. On pouvait lire sur leur visage la joie et le respect qu'ils avaient pour Sa Sainteté. Une femme en particulier lui a dit quelque chose qui a suscité une réponse intéressante de la part du Pape. Il lui a *donné une tape sur la* tête. « J'aimerais que le pape me donne aussi une tape sur la tête. » ai-je brièvement songé, ce dont je suis la seule à avoir connaissance et, bien sûr! Dieu. Les autres hommes et femmes ont rencontré le pape et ont brièvement échangé des mots gracieux. Ensuite, ce fut notre tour de le rencontrer.

Une fois de plus, Dieu m'a permis, par sa grâce, de me ressaisir. J'ai essayé de me concentrer sur ce qui se passait, ne voulant pas manquer un seul moment ou oublier un détail. Bob m'a poussée dans mon fauteuil roulant jusqu'au pape. J'ai tendu la main et, tandis qu'il me regardait dans les yeux, comme si j'étais la seule personne présente, j'ai touché le ciel. En embrassant le simple anneau en forme de croix du Vicaire du Christ, j'ai déclaré mon amour pour l'Église. Alors que Jean-Paul II continuait à me tenir la main, j'ai regardé ses yeux aimants qui attendaient ce que je voulais dire. J'ai ouvert la bouche pour dire « Je t'aime ». Aucun son n'est sorti. Je devais être tellement bouleversée que je ne savais plus quoi dire. Mais cela n'avait pas d'importance parce que, comme je marmonnais des mots à mon Papa, il savait ce que mon cœur disait, et il a souri doucement. Il a alors levé légèrement la main et m'a *donné une tape sur la* tête.

## Chapitre 10: Un rêve réalisé

J'avais vraiment vécu tous les désirs de mon cœur. Certains ne sont connus que de Dieu seul.

Les gardes ont fait avancer mon fauteuil roulant, et Bob a eu l'occasion de rencontrer le pape. J'ai profité de ce moment en m'asseyant tranquillement et en absorbant l'expérience que je venais tout juste de vivre. Nous avons continué à avancer pour que d'autres aient la chance de leur vie. Lorsque nous nous sommes retournés pour descendre les marches, un autre fonctionnaire du Vatican s'est approché de nous. Un homme très aimable m'a demandé si je voulais faire bénir par le pape ce qui se trouvait dans mon sac. « Oh non! » ai-je dit en sortant de mon étourdissement. « J'ai oublié de donner au pape son cadeau d'anniversaire! » Le fonctionnaire a vu à quel point j'étais déçue, et à quel point j'étais troublée par ma rencontre avec le pape, et il m'a dit : « Ne vous inquiétez pas. Je veillerai à ce qu'il reçoive son cadeau. Notez votre nom et votre adresse, et il vous enverra un mot de remerciement. »

« C'est bon, je n'ai pas besoin d'un mot de remerciement. Je viens de le rencontrer, c'est à moi de lui envoyer un mot de remerciement », ai-je répondu. Le garde a insisté et j'ai écrit nos coordonnées sur le côté du sac-cadeau. Un mois plus tard, je recevais un mot de remerciement du pape Jean-Paul II.

Nous avons descendu les escaliers en espérant pouvoir retrouver le reste de notre groupe. Mon répit tranquille a été soudainement brisé sans avertissement alors que nous descendions les escaliers. Tout à coup, j'ai réalisé ce qui s'était passé au cours des deux dernières heures. Les vannes se sont ouvertes et j'ai éclaté en sanglots! Lorsque nous avons atteint le bas des marches, nous avons vu de nombreuses femmes âgées qui nous regardaient descendre les marches. En regardant leurs yeux pleins de larmes, j'ai réalisé qu'elles pleuraient avec moi. Elles aussi partageaient l'expérience de ma rencontre avec le pape et la grâce de l'amour de Dieu. Lorsque nous avons croisé ces chères femmes, certaines m'ont tendu la main. Je comprenais parfaitement leurs paroles, même si elles parlaient en italien. Leurs sourires, leurs larmes et leurs gestes me disaient : « Nous étions là avec vous lorsque vous avez rencontré le pape. Nous partageons votre amour pour lui. Nous ressentons la joie avec vous, et nous avons ressenti l'amour de Dieu à travers vos larmes de joie ». Nous étions devenus « un dans le Christ ». (Gal. 3:28).

Au fur et à mesure que nous avancions, la mer de pèlerins se clairsemait. J'ai vu l'un des plus jeunes membres de notre groupe de pèlerins, Jake, courir vers nous. Ses yeux débordaient de larmes. N'importe quel autre jour, Jake aurait pris son air de *dur à cuire* que j'avais vu à maintes reprises à l'église ou en retraite. Pour une raison que j'ignore, Jake a toujours occupé une place spéciale dans mon cœur. Je crois que je me reconnaissais beaucoup en lui, ce qui me rappelait qu'à son âge, moi aussi, je me protégeais intérieurement. Mais chaque fois que je regardais Jake, je ne pouvais que constater qu'il avait un cœur d'or et un grand potentiel d'amour. À présent, les émotions de Jake ne restaient plus cachées sous sa carapace, et il m'a prise dans ses bras, et nous avons pleuré ensemble. Jake a partagé ma joie et mon expérience de la rencontre avec le pape. Les larmes de joie de Jake, jeunes et sincères, ont été l'un des moments forts de mon pèlerinage. Ensuite, lorsque tout notre groupe nous a récupérés , nous avons tous pleuré ensemble. Dan, le Père de Jake, a dit : « Nous avions l'impression d'être là-haut avec vous! ». Le Père Jim, les yeux mouillés, m'a serrée dans ses bras et m'a dit : « Tu viens de rencontrer Pierre ». Nos larmes ont alors coulé encore plus fort. Mes prières avaient été exaucées au-delà de ce que mon esprit aurait pu imaginer.

# Chapitre 11

## Vivre immergé dans la vie et la grâce

*Jésus dit alors à ses disciples : « Celui qui veut venir après moi doit renoncer à lui-même, se charger de sa croix et me suivre. »*

*-Matthieu* 16:24

Après avoir rencontré le pape, j'étais prête à retourner chez moi. Oui! Vraiment! Mes enfants m'avaient manqué! J'avais vécu mon rêve et je ne pouvais attendre pour tout leur raconter, en particulier comment Dieu avait répondu aux prières les plus profondes de mon cœur. Je savais qu'ils aimeraient entendre parler de notre voyage, car ils s'étaient habitués à ce que je partage avec eux toutes mes *expériences avec Dieu*. Même lorsqu'ils s'exclamaient: « Oh! Non! Maman, pas une autre histoire! », ils restaient et écoutaient, riaient et pleuraient avec moi. Lorsque je partageais mes histoires avec ma famille et mes amis, les enfants complétaient toujours les détails manquants que j'avais oubliés ou que j'avais l'intention d'escamoter.

Le soir du jour où nous avons rencontré le pape, nous avons téléphoné à ma sœur qui avait eu l'incroyable gentillesse de garder nos enfants pendant la semaine de notre voyage. J'avais dit à ma fille, lors de notre conversation téléphonique de la veille, que, si nous rencontrions le pape, je l'appellerais pour l'en informer. S'ils n'avaient pas de nouvelles, ils devraient supposer que tout allait bien et que nous les verrions dans quelques jours à la maison. Lorsque Kaitlyn entendit ma voix au téléphone, elle avait manifestement oublié notre conversation de la veille. Confuse, Kaitlyn me demanda : « Pourquoi appelles-tu encore, Maman? Je t'ai parlé hier soir. »

« Mais Kaitlyn, je t'ai dit que je t'appellerais si... » À cette réponse, Kaitlyn s'est mise à rire, et j'ai su qu'elle avait compris. Elle savait que j'avais vraiment pu rencontrer le pape. J'ai adoré entendre ce rire sincère. « Puis-je le dire à tout le monde, aux garçons, à tante Holly et à oncle Mike? « Je peux le dire à Grand-maman et à Grand-papa? « Puis-je le dire à Sam? » Kaitlyn était impatiente de partager notre toute nouvelle et incroyable histoire de Dieu. « Kaitlyn, tu peux le dire à tout le monde ». Et c'est ce qu'elle a fait.

Lorsque Bob et moi sommes revenus à la maison, nous avons raconté à nos amis notre formidable rencontre avec le pape Jean-Paul II. Ils voulaient en connaître tous les détails. Nous avons partagé nos expériences ainsi que nos photos de Bob et moi avec le pape. C'était vraiment arrivé, et nous en avions la preuve. Lorsque Papa et Maman ont vu nos photos, ils se sont mis à pleurer. En fait, ce fut la réaction de presque tous ceux qui ont vu les photos. Ils savaient ce que cela représentait pour moi. Ils avaient prié pour que je rencontre mon héros, et Dieu a répondu à leurs prières et aux miennes. Je me sentais tellement gâtée, et mes amis savaient que je l'étais. J'ai prié pour que Dieu ne cesse pas de me gâter, ce qui était devenu pour moi une prière familière.

Peu après notre pèlerinage, les enfants et moi avons passé avec ma sœur et sa famille une journée entière. Bob ne s'était pas joint à nous, car il avait beaucoup de courses à faire à la maison. Lorsque nous sommes revenus à la maison, j'ai vu Bob en train de feuilleter les pages jaunes. « Qu'est-ce que tu cherches? » lui ai-je demandé.

Chapitre 11: Vivre immergé dans la vie et la grâce

« J'ai été me confesser cet après-midi. » a-t-il répondu.

« C'est bien, mais quel lien y a-t-il avec ce que tu cherches dans l'annuaire? »

« J'ai avoué la brique », a-t-il déclaré.

« POURQUOI? C'était mon péché! Je me suis confessée à Assise et j'ai été pardonnée. Pourquoi as-tu senti le besoin de confesser ma brique? » Demandai-je, perplexe.

« J'ai été complice », déclara Bob en toute logique. « Le Père a dit que je devais réparer, alors je renvoie la brique ».

Je ne savais pas si je devais rire ou pleurer. Je pensais que mon mari était complètement tombé sur la tête. Secouant lentement la tête d'un côté à l'autre, je lui ai demandé : « À qui envoies-tu cette brique, chéri? ».

« J'essaie de trouver une agence de voyage à Sienne à qui je pourrais renvoyer la brique par la poste. »

« Oh! mon Dieu! Il est sérieux! » Ne croyant toujours pas à cette conversation, je lui dis : « Tu ne parles pas italien et tu vas envoyer une brique par la poste à une agence de voyage? Et crois-tu vraiment que la personne qui ouvrira le paquet comprendra tout et replacera gentiment la brique dans l'un des trous ouverts dans le mur? Ou penses-tu qu'elle rira aux éclats parce que quelqu'un lui a envoyé une brique? Ensuite, ils jetteront la vieille brique à la poubelle! » Bob n'a pas saisi l'humour de la conversation, mais il a pensé que j'avais peut-être raison sur le fait que la brique ne retrouverait jamais sa place dans le mur de Sienne.

Quelques jours plus tard, Bob m'a demandé : « La mère de Rob ne va-t-elle pas en Italie à la fin du mois? »

« Oui! », dis-je, espérant que nous n'allions pas reprendre la conversation sur la brique que je croyais close. Mais c'est alors qu'elle a repris :

« Renseigne-toi pour savoir si elle va à Sienne. »

« Veux-tu que j'appelle Pat Fatzinger? Veux-tu et que je lui demande d'emporter une brique en Italie dans sa valise et de la replacer dans le mur de Sienne? Vraiment? » Je l'ai regardé droit dans les yeux, attendant un clin d'œil de sa part.

« Ouais! Appelle-la. »

J'aurais préféré être une épouse obéissante plutôt que d'en être une qui voulait rire avec une amie aux dépens de son mari. J'ai appelé Pat et je lui ai raconté toute l'histoire. Elle l'a appréciée autant que moi. « Et oui! Je vais à Sienne. D'accord! Si Bob veut que je ramène la brique 'a Sienne, alors je la ramènerai. » Quelques jours plus tard, Pat appelle pour annoncer une mauvaise nouvelle : « Mon fils Éric, qui est officier de police, ne veut pas que je prenne la brique avec moi en Italie. Il a peur que je ne passe pas la douane. Il a dit qu'ils pourraient penser que j'essaie de faire passer de la drogue hors du pays dans la brique ou quelque chose comme ça », m'informa Pat.

Lorsque Bob fut rentré du travail, j'ai pris un air sérieux et je lui ai expliqué pourquoi Pat n'allait pas pouvoir reprendre la brique. « Laisse tomber, Bob! Lui ai-je dit : « C'est fini! Tu pourras expliquer à ton confesseur pourquoi tu n'as pas pu ramener la brique en Italie. »

« Le prêtre ne m'a pas dit explicitement que je devais rendre la brique. Il m'a dit que je devais faire une forme de réparation, ce que j'ai déjà fait. « Dis donc! C'est toi qui as eu l'idée de remettre la

## Chapitre 11: Vivre immergé dans la vie et la grâce 165

brique?! » Je secoue la tête et roule des yeux. « Alors! La brique est à moi, et je la garde sur la table de prière. »

Un après-midi, la fille de mon amie, Ruth, m'a appelée pour me dire que Mère Teresa participerait à une messe à Washington, D.C., pour la profession religieuse des nouvelles sœurs de son ordre. Ruth savait combien l'exemple et la foi de Mère Teresa comptaient pour moi. Lorsque Ruth m'a dit qu'elle et sa mère, Jean, allaient assister à la messe et qu'elles voulaient que je les accompagne. J'étais folle de joie! Ruth m'a dit que ce ne serait pas un problème pour elle de me pousser dans mon fauteuil roulant, sachant à quel point j'étais mal à l'aise d'être vue dans un fauteuil et si démunie. Je ne pouvais pas laisser ma fierté m'empêcher de profiter d'une telle occasion, et j'ai donc immédiatement dit à Ruth que j'aimerais beaucoup y aller. Elles viendraient me chercher le lendemain pour me donner la chance de ma vie.

La messe fut très belle. Son Excellence Monseigneur William E. Lori était le célébrant principal et l'homéliste. Il s'est avéré que Ruth, Jean et moi avons été les trois dernières à être autorisées à entrer dans la Basilique bondée de fidèles. « Incroyable! » me suis-je dit, « Encore une fois, Dieu me gâtait. Et encore une fois, je L'ai supplié de ne pas s'arrêter. Nous nous sommes assises dans la dernière rangée du côté droit de la Basilique, sur la moitié droite d'un banc vide. On nous a tout de suite dit que les places restantes à ma gauche étaient réservées à quelques sœurs. Jusqu'à ce que ces sœurs prennent place, j'aurais une vue totalement dégagée sur l'allée centrale. « Peut-être pourrai-je même voir Mère Teresa marcher dans l'allée? » me disais-je. La messe a commencé peu après avoir pris place dans le banc. Aucune sœur n'est venue occuper le banc vide à notre gauche. Lorsque les offrandes ont été apportées à l'autel, je n'en ai pas cru mes yeux! Mère Teresa se tenait là, à moins d'un mètre de moi. Elle aidait ses sœurs à apporter les offrandes. J'avais une vue parfaite de chaque centimètre de cette petite sainte. Je pouvais clairement voir son amour maternel pour ses sœurs ; elle les attendait et les aidait à s'assurer que tout soit parfait avant qu'elles ne retournent dans l'allée principale avec les offrandes.

Vers la fin de la messe, Après que Monseigneur Lori exprima ses derniers remerciements et qu'il fit quelques commentaires, il nous a annoncé que, malheureusement, Mère Teresa ne s'adresserait pas à nous après la bénédiction finale. Après la messe, juste avant que chacun ne quitte son banc, nous avons été surprises par une autre annonce. Mère Teresa avait décidé de nous adresser quelques mots. La joie s'est répandue dans la Basilique et s'est prolongée tout au long du discours inspirant de Mère Teresa. Même si ses paroles semblaient s'adresser à ses sœurs, elles ont touché le cœur de toutes les personnes présentes. Nous avons été vraiment bénies.

Puis les choses se sont encore améliorées. Quelques jeunes sœurs qui sortaient de la Basilique ont vu et reconnu Ruth. Elles ont attendu qu'elle et nous sortions. Les sœurs se sont présentées à Jean et à moi, puis nous ont immédiatement invitées toutes les trois à nous rendre à leur Maison du *Don de la Paix* où il y aurait une réception en l'honneur de Mère Teresa et ses nouvelles professes. Ruth m'a demandé si j'allais bien et si j'étais prête à y aller, car elles voyaient bien que mon malaise grandissait. Je me suis dit : « Vous plaisantez?! » Je n'allais pas laisser la douleur m'empêcher de vivre cette expérience unique!

# Chapitre 11: Vivre immergé dans la vie et la grâce

Lorsque nous sommes arrivées au *Don de la Paix*, nous avons été accueillies comme une famille. J'ai été immédiatement frappée par la joie des sœurs. Être avec les Sœurs Missionnaires de la Charité, leurs familles et leur sainte Révérende Mère m'a fait penser que j'avais trouvé l'endroit le plus heureux sur la terre. Mère Teresa s'est assise sur une chaise que les sœurs avaient préparée pour elle et qu'elles avaient placée sur la belle pelouse. Près d'une centaine de sœurs, vêtues de leur sari blanc, étaient assises avec amour aux pieds de leur mère spirituelle. Elles chantaient et la beauté se voyait partout.

La Révérende Mère Supérieure du Couvent du *Don de la Paix* a ensuite adressé quelques mots chaleureux à Mère Teresa. Elle a ensuite souhaité la bienvenue à la foule nombreuse et on nous a informés que Mère Teresa ne pourrait pas saluer chacun d'entre nous individuellement. Nous étions déçues, mais nous avons compris. J'ai apprécié rencontrer de nombreuses sœurs, pleines de vie qui étaient impatientes de partager leur joie avec nous trois. Les plats indiens préparés pour la célébration étaient délicieux. Juste avant de partir, nous avons reçu une autre annonce : Mère Teresa avait décidé de rencontrer les nombreux invités désireux de la saluer.

Ruth, Jean et moi n'avons finalement pas quitté l'endroit. Et il s'est avéré que nous étions parmi les premières personnes à faire la queue pour rencontrer Mère Teresa. Lorsque je l'ai rencontrée, j'ai été surprise par l'impression qu'elle m'a laissée. Je pensais que Mère Teresa aurait un visage plus céleste, peut-être même rayonnant de la grâce qui l'habitait. Pendant qu'elle me saluait et me tenait la main, je l'ai vue comme la femme minuscule et pleinement humaine telle qu'elle était, sainte et robuste. Son humanité n'enlevait rien aux qualités de sainteté qu'elle manifestait. Mais elle était une personne comme nous. Puis, Merveille! je l'ai vue comme un calice de sainteté, son corps vide d'elle-même, mais remplie pleinement de Notre Seigneur et de Notre-Dame d'une manière extraordinaire, rendant Mère Teresa encore plus Mère Teresa. Je l'ai vue comme la mortification personnifiée et glorifiée. Elle était un exemple du Christ et de sa Sainte Mère, parce que Mère Teresa, elle aussi, proclamait le *Fiat*, « Oui! Que ce ne soit pas ma volonté, mais la tienne qui se fasse! » Alors que j'absorbais ma rencontre avec cette sainte vivante, je me suis retournée pour la quitter. Puis, une fois de plus, j'ai entendu : « C'est ainsi que tu dois être, comme cette femme ». Immédiatement, j'ai compris que le fait d'être vide de soi-même, de mourir à soi-même, permet au Christ de nous remplir, comme Il l'a fait pour Mère Teresa, en la rendant plus pleinement elle-même et plus pleinement humaine. J'ai également réalisé que ce serait plus facile à dire qu'à faire et qu'il s'agirait d'un défi à relever tout au long de ma vie ; un défi pour lequel j'aurais besoin de beaucoup de grâces pour maintenir le cap vers un *oui* ferme de ma part...

Après ma rencontre avec Mère Teresa, rencontre qui m'a bien ouvert les yeux, j'ai eu quelques occasions de m'entraîner à mourir à moi-même. En sortant de l'église par un beau dimanche matin, je me suis brisé un pied. Je n'avais pas trébuché ni ne m'tais tourné le pied. Je n'avais pas dévalé les marches. Je sortais de l'église et mon pied s'est brisé. Je me suis accrochée au bras de mon mari et j'ai boitillé jusqu'à la voiture. Tout le désordre de mon corps m'a été jeté à la figure, et j'étais incapable de me cacher ou de nier la réalité du désordre de mon corps. Cela ressemblait beaucoup à ce qui s'était passé des années plus tôt, lorsque je m'étais cassé la jambe en m'assoyant dans mon lit.

Me casser le pied a été extrêmement dur pour moi, non pas à cause de la douleur, mais plutôt à cause des inconvénients, de la frustration et de la colère. Bien que le pied blessé m'ait donné de nombreuses occasions de pratiquer la vertu d'abnégation, je ne me sortais pas bien de ce défi. La fracture s'est produite juste une semaine après que, en me retournant dans mon lit, j'ai déchiré le cartilage de certaines de mes côtes, reliées à mon sternum. À 5 heures du matin, mon pauvre mari s'est réveillé en entendant mes cris. Je ne pouvais pas bouger de ma position à plat ventre sur le lit sans ressentir une sensation de déchirement dans toute la poitrine. J'ai dû croiser les bras sous ma poitrine, tandis que Bob me soulevait pour me mettre en position assise. J'ai senti toute la partie supérieure de mon torse se remettre en place, côtes et tout. J'ai passé le reste de la journée au cabinet du médecin et au laboratoire de radiologie. On m'a posé un appareil orthopédique pour me maintenir en place le temps que mon cartilage guérisse lentement. Sans cet appareil énorme et encombrant, je continuerais à me déboîter les côtes. Je devais également dormir entre deux oreillers pour essayer d'éviter d'autres luxations durant mon sommeil.

Une semaine plus tard, nous devions à nouveau passer des radiographies au centre d'urgences de la localité. Alors que la semaine précédente, le test n'avait révélé aucune fracture, cette nouvelle série de radiographies montrait une fracture compliquée, une fracture qui prendrait du temps à guérir pour une personne en bonne santé et qui nécessiterait peut-être une intervention chirurgicale. Non seulement le pied était douloureux et le plâtre gênant, mais lorsque j'utilisais les béquilles, l'état du cartilage déchiré près de mes côtes s'aggravait et ce cartilage ne parvenait pas à guérir.

Bob voulait que j'utilise mon fauteuil roulant dans la maison, pensant que cela améliorerait les choses. Pour moi, l'idée d'introduire un fauteuil roulant dans la maison n'aurait fait qu'empirer les choses et, de plus, j'aurais l'impression de de concéder ma défaite. Je devais déjà utiliser le fauteuil roulant pour me déplacer à l'extérieur de la maison, mais le faire entrer chez moi, c'était porter atteinte à mon indépendance et, surtout, à mon orgueil. J'avais accepté le fait que ma vie soit régie par des tonnes de médicaments, qu'elle tourne autour de mon programme de kinésithérapie et qu'elle soit guidée par la quantité de sommeil que je prenais ou non, ainsi que par le degré de douleur que je pouvais ou ne pouvais pas supporter. J'avais même accepté d'avoir l'assistance d'une aide à la maison et avec les enfants. Je tolérais d'être dépendante des autres pour conduire mes enfants et moi-même partout où nous devions aller, à l'école, chez le médecin, en thérapie et dans nos activités professionnelles et sociales. Je devais apprendre à supporter les dislocations de mes pouces de temps en temps quand j'essayais de sortir quelque chose du four. Je pouvais apprendre à laisser tomber la colère que je ressentais lorsque je me penchais pour ramasser un objet et que je me disloquais quelque chose dans le cou. Je pouvais vivre avec le fait que je ne pouvais pas changer les draps de mon lit parce que cela me déboîterait les épaules. Accepter la douleur qui accompagnait les activités banales m'était devenue presque normale. Mais le fauteuil roulant dans la maison? C'était simplement trop!

J'étais reconnaissante d'avoir trouvé un kinésithérapeute qui ne se lassait pas de me remettre sur pied chaque semaine. J'étais également reconnaissante à Dieu de m'avoir donné le sens de l'humour. Après tout, j'avais donné une toute nouvelle signification à l'expression « femme libre ». Ce dont je ne pouvais pas rire, je l'ignorais. Ce que je ne pouvais pas ignorer, je l'offrais. Puis j'essayais de vaquer à mes occupations jusqu'à ce que le prochain problème surgisse.

Les gens me faisaient remarquer qu'ils oubliaient que j'avais tous ces problèmes. Ils me disaient : « Tu n'agis pas comme une personne malade ». C'est probablement parce que je ne me considérais pas comme une personne malade. J'avais tout simplement des problèmes, c'est tout! Et qui de nous n'en a pas? Si j'examinais quotidiennement ma situation, je serais déprimée, et à quoi cela servirait-il? Le déni et la diversion sont devenus mes techniques d'adaptation préférées. Elles fonctionnaient la plupart du temps. Du moins, c'est ce que je pensais. C'est ainsi que je comptais mes bénédictions, que j'étais heureuse avec mes amis, ma famille et, surtout, avec mon mari et mes enfants. La plupart du temps, je m'occupais pour m'éviter de ne penser qu'à moi-même.

. Après tout, j'avais quatre enfants qui avaient besoin de l'attention de leur mère. Et Dieu m'a donné le commerce de T-shirts pour m'aider à faire face à la situation. Lorsque je souffrais beaucoup, mais que j'étais encore capable de fonctionner à un certain niveau, j'allais peindre des images des saints sur ma tablette numérique. Pendant que je peignais, j'offrais ma douleur en invoquant le saint que j'étais en train de peindre pour qu'il intercède en ma faveur et celle de ma famille. Et les saints ne m'ont pas déçue. Leur exemple et leur amour pour Dieu m'ont aidée à apprécier le Seigneur qui a offert Sa vie pour moi. C'est en méditant sur Son sacrifice d'amour que, la plupart du temps, j'ai pu empêcher le désespoir d'entrer dans mon cœur. Dieu m'a permis de voir comment le fait d'unir ma douleur à la Sienne et, dans mon offrande, de prier avec mon corps me rapprochait de Lui et des autres. C'était devenu mon antidote à la dépression et au désespoir. Mais parfois, j'oubliais et je me sentais frustrée. J'avais un long chemin à parcourir pour m'approcher de l'acceptation totale de Sa volonté à laquelle mon cœur aspirait. Mais Dieu a toujours été patient avec moi. Parfois, la patience de Dieu semble frustrer mon impatience.

Il semblait que la tentation du désespoir se manifestait aussi souvent qu'elle le pouvait. Et à chaque fois, je devais me demander : « Ai-je vraiment confiance en Lui? ». Je le voulais. Je savais que je le ferais. Zut! Dieu m'a permis de rencontrer le pape! Quel est mon problème? Pourquoi ne puis-je pas m'abandonner et Lui faire confiance? Dieu a prouvé à maintes reprises qu'Il est digne de confiance. Je craignais qu'il me faille toute une vie pour Lui faire totalement confiance. « Est-ce que jamais j'y parviendrai? »

Le pied cassé m'a donné une nouvelle occasion de faire confiance, mais je n'ai pas accepté ce défi avec joie. C'est en autorisant le fauteuil roulant à entrer dans ma maison que j'ai tracé la ligne de démarcation. Je l'aurais toujours en pleine face comme le siège-ascenseur que Bob projetait d'installer dans les escaliers pour me transporter d'un étage à l'autre, car notre maison avait trois niveaux. Pas question! Le déni ne pouvait pas fonctionner si ces mécanismes métalliques me rappelaient constamment que j'avais de sérieux problèmes. La croix de Jésus était en bois, la mienne semblait être en métal.

## Chapitre 11: Vivre immergé dans la vie et la grâce

C'est à cette époque que j'ai dû faire face à la réalité de ma situation. L'optimisme ne me venait naturellement. Le réalisme allait s'avérer un véritable défi. Le pied cassé était un autre rappel désagréable que je n'étais pas *faite correctement*. Tout ce qui me restait de l'idée d'avoir un réel contrôle sur ma propre vie me paraissait désormais une erreur. Matin, midi et soir, on me rappelait que je ne pouvais pas faire grand-chose par moi-même. Je devais abandonner l'optimisme et retrouver l'espoir, l'espoir dans les promesses de Dieu. Ce n'est qu'avec l'espoir en Dieu que je pouvais gérer ma réalité. Et pas seulement la gérer, mais la transcender, ce qui ne pouvait se faire qu'en permettant au Christ d'entrer dans ma souffrance comme Il m'avait permis d'entrer dans la Sienne. Hé! Mais comment?

Mon amie Karen et moi avons décidé que participer à une retraite pour femmes pourrait être exactement ce que le Médecin céleste nous ordonnait. C'est au cours de cette retraite que j'ai compris que je me tenais à l'écart de Dieu. Pendant l'adoration, Jésus m'a fait savoir qu'Il me voulait entièrement, et pas seulement les bribes que j'étais prête à Lui donner. J'avais peur, non seulement de mourir de ma vraie mort, mais aussi des petites morts de mortifications. Je me n'abandonnais pas de peur de perdre mon moi. Dieu, dans Son infinie sagesse, m'avait déjà montré que je devais me vider de moi-même pour qu'Il puisse me remplir, comme Mère Teresa. Mais je m'entêtais à essayer de m'accrocher à ce qui restait de moi après que ma maladie m'avait tant dépouillée. Je me suis souvenue des mots que j'avais entendus dans mon cœur lorsque je suis tombée malade pour la première fois : « Plus tu es faible, plus Je peux travailler à travers toi », et cela m'est revenu à l'esprit. « Seigneur, aide-moi à Te faire confiance. J'essaierai, Seigneur. Que Ta volonté soit faite! Et si je ne le pense pas vraiment, aide-moi à le penser. Aide-moi à faire confiance à Ta volonté dans ma vie. »

# Chapitre 12

## Envoyée en mission

*En effet, annoncer l'Évangile, ce n'est pas là pour moi un motif de fierté, c'est une nécessité qui s'impose à moi. Malheur à moi si je n'annonçais pas l'Évangile! Certes, si je le fais de moi-même, je mérite une récompense. Mais je ne le fais pas de moi-même, c'est une mission qui m'est confiée.*

I Co 9 :16-17

Pour une raison ou une autre, j'ai senti que Dieu voulait aussi que j'écrive un livre. J'avais le sentiment persistant que Dieu voulait que j'écrive quelque chose, mais je ne savais pas quoi. « Mais Seigneur, je dessine, je n'écris pas! » Néanmoins, j'ai essayé de mettre en mots certaines des leçons que Dieu m'avait enseignées au cours de mes luttes contre la maladie. Ce n'était pas le moment, car les mots sur le papier étaient fades et sans vie, très différents de la façon dont je décrirais ma vie jusqu'à ce moment-là... Au moins, j'ai essayé. Des mois plus tard, alors que le sentiment ne disparaissait pas et que j'espérais que Dieu ne continuerait pas à faire pression sur moi, j'ai constaté que ces pensées tenaces continuaient à refaire surface. J'ai décidé de ne pas essayer d'écrire avant de savoir exactement ce que je devais faire. J'étais déjà assez occupée avec les enfants et l'entreprise, ainsi qu'avec ma vie et mes problèmes de santé.

Ensuite, j'ai commencé à donner quelques conférences. Des gens complètement inconnus m'appelaient spontanément pour m'inviter à parler de la prière ou de l'histoire de ma conversion à leur groupe religieux. J'ai même reçu des appels pour des interviews à la radio, ce qui m'a fait très peur les premières fois. Pendant mes conférences et mes interviews à la radio, je demandais à ma famille quitter la maison et d'aller prier devant le Saint-Sacrement. Je tenais fermement dans ma main l'une de mes reliques de première classe et je priais pour obtenir l'aide de ce saint. Et je priais pour que Dieu permette aux gens d'entendre non pas ce que je disais, mais ce que Dieu voulait qu'ils entendent. Je voulais avoir toutes les atouts en main. Lorsque le secrétaire de l'église méthodiste de notre localité m'a appelée pour m'inviter à exposer l'une de leurs réflexions de carême, j'ai trouvé cela plutôt étrange. « Vous savez que je suis catholique, n'est-ce pas ? » lui ai-je objecté. « Bien sûr ! » me répondit-il. Nous aimerions vraiment que vous nous adressiez la parole ». Ils avaient vu dans notre journal local un article sur *Biblically Correct* et sur la façon dont une dame de Bowie, qui luttait contre une maladie qui la rendait fortement handicapée, avait créé cette entreprise. Et ses paroissiens voulaient en savoir plus.

« O.K. » ! J'ai accepté l'invitation. Je leur ai parlé de mon histoire de conversion, de la prière, et surtout de la valeur de la souffrance rédemptrice. Ils m'ont écoutée avec bienveillance et m'ont dit à quel point ils avaient apprécié mon exposé. Beaucoup m'ont dit qu'ils n'avaient jamais entendu parler des choses dont je les avais entretenus, mais que c'était vraiment plein de sens. Mon ami Richard, qui, quelques années auparavant, avant sa conversion au catholicisme, avait appartenu à cette même église, m'a lancé en plaisantant : « Peut-être qu'ils t'inviteront à nouveau l'année prochaine, et que tu pourras leur parler des fondements scripturaires de la papauté ! » « Je

## Chapitre 12: Envoyée en mission

ne pense pas que cela se fasse, lui répondis-je, mais au moins toute cette pratique m'aide à vaincre ma peur de parler en public. »

Bob pensait que nous devrions essayer de promouvoir nos T-shirts sur un marché plus large que celui de notre ville natale de Bowie. Je pressentais que Dieu nous appelait dans la région de Philadelphie, mais je ne savais pas trop pourquoi. Après tout, je pensais que Dieu voulait que j'écrive un livre et rien ne s'était concrétisé. Sans le vouloir, en naviguant sur l'internet, nous avons découvert un site qui annonçait une conférence charismatique catholique dans le New Jersey, à environ une demi-heure de Philadelphie. Bob me dit : « Allons-y! » Nous avons donc loué une table et nous nous sommes rendus à notre première conférence en tant que vendeurs, pour voir si les catholiques en dehors de la région de Washington porteraient eux aussi nos T-shirts. L'aspect commercial de la conférence s'est avéré très fructueux. L'aspect social et spirituel a été encore meilleur. Nous avons rencontré des vendeurs formidables, comme Mark Nelson de *Nelson's Woodcrafts* qui nous a donné de précieux conseils en matière de marketing. Nous avons rencontré des sœurs de *Pauline Press,* ainsi qu'un jeune homme nommé Matt Pinto, qui était très enthousiaste à propos d'un nouveau magazine d'apologétique catholique qu'il venait de lancer avec un certain Patrick Madrid. Il nous a montré le premier numéro d'*Envoy Magazine,* tout juste sorti des presses. Je me suis dit : « Pourquoi, diable! devons-nous nous excuser d'être catholiques? Et pourquoi ce type est-il si enthousiaste à ce sujet? » Matt a commencé à m'éclairer sur l'apologétique catholique. Il m'a également dit que le magazine aimait beaucoup publier des histoires de conversion et m'a encouragée à essayer d'écrire mon histoire et de l'envoyer à la revue.

Nous sommes rentrés chez nous, encouragés par la réaction positive à nos T-shirts. J'ai également pensé que je devrais peut-être essayer d'écrire comment et pourquoi je suis entrée dans l'Église catholique, car ce sentiment tenace qui me poussait à écrire ne m'avait pas encore quittée. Mais là encore, rie ne me venait à l'esprit! Je n'avais ni l'inspiration ni les mots pour écrire l'histoire de ma conversion.

Tandis que ma vie de mère et d'épouse continuait. J'allais à mes séances de kinésithérapie et je recevais des traitements pour mes os. Je peignais des saints, je dessinais des T-shirts, tout en priant Dieu de me soulager de mes souffrances atroces. J'étais frustrée de ne plus pouvoir conduire ni lire, car ces deux activités provoquaient de terribles maux de tête, des dislocations de la colonne vertébrale, des subluxations et des spasmes musculaires. J'attendais avec impatience l'heure du mardi soir pour prier avec mon groupe du Rosaire et me faire de nouveaux amis qui étaient chargés de me conduire à la chapelle. Lorsqu'il faisait beau, nous priions dehors devant la statue de la Sainte Vierge. « Peut-être que l'air frais de la nuit me libèrera suffisamment l'esprit pour que le Saint-Esprit me donne de l'inspiration! » me disais-je.

En ce mardi soir particulièrement beau, alors que je priais le quatrième mystère glorieux, j'ai eu l'impression d'être frappée comme par un coup de massue spirituelle. Tout à coup! tout devint clair comme de l'eau de roche, après tous ces mois de questionnement. En ce moment, alors que je méditais sur l'Assomption au ciel de la Sainte Mère, je savais enfin ce que je devais faire. J'allais écrire des poèmes sur les saints que j'avais peints et j'allais aussi illustrer le livre avec les images que j'utilisais pour mes T-shirts. « Je peux faire ça! »

## Chapitre 12: Envoyée en mission

me suis-je dit. Tout excitée, J'ai informé mes amis de mon projet d'écrire un livre sur les saints que j'avais dessinés et j'ai ajouté que c'était Dieu m'avait révélé tout cela au cours de la récitation du quatrième mystère glorieux. « Je ne sais pas pourquoi le quatrième, mais c'est bien pendant le mystère de l'Assomption de Marie », ai-je bredouillé. Ils m'ont regardée comme si j'étais un peu folle. Ce soir-là, une fois mes enfants couchés, j'ai écrit un poème sur Padre Pio. Le lendemain matin, je me suis réveillée avec des poèmes plein la tête. J'avais hâte de les taper sur l'ordinateur et de voir ce qu'ils allaient dire. En une semaine de grâce incroyable, j'ai écrit 14 poèmes. C'était un tourbillon d'inspiration du début à la fin. J'étais tellement reconnaissante à notre Seigneur et à sa Sainte Mère de m'avoir confié ce projet. J'étais si heureuse de savoir enfin ce que Dieu voulait que j'écrive et si heureuse qu'Il m'ait même donné les mots.

Ma fille Kaitlyn m'a aidée à faire des recherches pour les poèmes. Mes enfants m'écoutaient lire chaque poème encore et encore jusqu'à ce qu'il soit parfait. Mon amie Jean, qui est éditrice, m'a proposé de relire mon travail. Lors d'une conférence sur le *homeschooling* [*l'école à la maison*], un an auparavant, j'avais rencontré Susan Brindle, illustratrice et auteure d'une magnifique collection de livres pour enfants sur les sacrements. Susan m'avait méticuleusement montré comment elle préparait ses propres livres avant de les mettre sous presse. À l'époque, je ne comprenais pourquoi Susan me montrait comment faire. Aujourd'hui, je le sais. Et, grâce à Susan, j'ai pu préparer mon livre comme elle le faisait, et j'ai même fait appel à son éditeur. Toutes les pièces du puzzle se mettaient en place.

Quand tous les poèmes furent terminés et prêts pour l'édition, j'en ai envoyé la transcription au bureau de notre évêque pour qu'il donne l'approbation ecclésiastique [l'*Imprimatur*]. C'était au début du mois de février. Le seul problème qui restait à résoudre était d'établir, d'une page à l'autre, un lien de continuité entre les images des saints. Je n'avais pas non plus de titre pour mon livre. Un matin, j'ai eu l'idée d'utiliser des nuages comme arrière-plan de chaque portrait. Je pourrais avoir des nuages de couleurs différentes qui iraient bien avec chaque portrait. « Oui! J'aime cette idée. Il ne me manque plus qu'un titre », me suis-je dit. Et une seconde plus tard, le titre m'est apparu : « Cloud of Witnesses [« *Nuée de témoins* ».] Mon livre était maintenant terminé. Il ne me restait plus qu'à attendre l'approbation de l'évêque.

J'ai attendu plus de trois mois entiers. J'ai finalement appelé le bureau de l'évêque pour savoir s'il y avait un problème, car je n'arrivais pas à comprendre pourquoi ça prenait tant de temps. Mon livre n'était pas théologiquement profond ou difficile. Il s'agissait d'un livre facile pour enfants sur la vie et les missions de vingt saints. La secrétaire pensait que le livre lui était familier, mais elle devait vérifier si l'évêque connaissait la cause du retard. Elle me rappellerait.

Environ une semaine plus tard, lorsque je lui ai téléphoné de nouveau. Elle m'a informée que l'évêque se souvenait d'avoir vu mon livre mais qu'il ne savait pas où il se trouvait. J'ai dit à la secrétaire que je comprenais. Même le bureau des droits d'auteur avait perdu ma demande et les épreuves de mon livre, et j'avais dû leur envoyer une nouvelle copie. Un mois après avoir envoyé le second exemplaire de mon livre à l'évêque, je n'avais pas encore eu de nouvelles et j'ai donc appelé à nouveau. La secrétaire m'a dit qu'elle savait s'ils avaient reçu le deuxième exemplaire et qu'elle verrait l'évêque pour savoir où il en était dans le processus d'approbation et qu'elle me

# Chapitre 12: Envoyée en mission

rappellerait. Je lui ai dit que je comprenais que l'évêque avait beaucoup de choses importantes à faire et qu'il me déplaisait vraiment de le déranger. J'estimais simplement ne pas vouloir publier avant d'avoir reçu le sceau de son approbation. Je voulais m'assurer que tout ce qui se trouvait dans le livre était *"kasher"* et qu'il ne contenait rien de contraire à la foi.

Le lendemain, la secrétaire m'a rappelée pour me faire part de son embarras : le deuxième exemplaire avait également été perdu. Elle m'a demandé si je pouvais lui envoyer un autre exemplaire, en l'adressant à elle personnellement. Je lui ai répondu que je pouvais probablement faire mieux. Je pouvais demander au nouveau pasteur associé de notre Paroisse du Sacré-Cœur de lui remettre le livre à elle-même. Notre pasteur associé travaillait au Centre pastoral, juste au bout du couloir où se trouvait le bureau de la secrétaire. « Parfait! dit-elle, Nous allons terminer cela dès que possible. Revenez me voir dans deux semaines ». C'est ce que j'ai fait. Pour résumer une histoire très longue et compliquée, le résultat final fut que finalement j'ai dû faxer au bureau de l'évêque la quatrième transcription de mon livre. J'ai fait mes corrections et mon manuscrit m'a été remis en main propre avec l'approbation ecclésiastique, signée par l'évêque le 15 août, jour de la fête de l'Assomption de la Sainte Mère.

J'ai toujours pensé que la Sainte Vierge avait joué un grand rôle dans la réalisation de mon livre, parce que l'inspiration m'était venue en priant son rosaire, en particulier pendant le quatrième mystère glorieux. Lorsque j'ai vu la date d'approbation de l'évêque, des larmes se sont mises spontanément à humecter mes paupières. Puis je me suis souvenue : « Oh! Là! Là! C'est l'Assomption de Notre Dame! » J'ai ri en pensant que même une chose comme la perte d'un si grand nombre de copies de la transcription, qui semblait être une mauvaise chose, a fonctionné pour la gloire de Dieu et selon son plan. Louons Dieu, de qui découle toute bénédiction!

J'étais reconnaissante à notre Sainte Mère pour son amour constant et son soutien maternel. J'avais commencé à me sentir coupable, car j'avais l'impression d'avoir mis Marie en veilleuse ces derniers temps. Depuis le temps où j'ai commencé à voir ma santé m'effondrer, je me suis sentie attirée par Jésus et son Sacré-Cœur. Marie a toujours été ma mère, depuis ma conversion. J'avais souvent prié pour que, lorsque le moment soit venu pour moi de rencontrer le Fils de Dieu, au Ciel, Sa mère, Marie, me prenne par la main et me conduise jusqu'à Lui. Je ne voulais pas me trouver devant le trône de Dieu sans Marie à mes côtés. Alors que je la remerciais pour son intercession et son amour et que je m'excusais de mon manque d'attention à son égard ces derniers temps, j'ai compris que Marie n'allait pas attendre que je sois au Ciel pour me prendre par la main et me conduire à son Fils. Elle le faisait déjà. Et bien sûr! Marie ne s'était pas offusquée de l'avoir mise à l'arrière-plan de mon cœur. Elle se tenait derrière Jésus, à sa place, me poussant vers son Fils.

« Quel lien y a-t-il entre les saints et l'Assomption de Marie? » me suis-je demandé. La réponse m'est venue en priant sur ce que j'allais dire lors d'une courte intervention de cinq minutes à la radio que l'on me demanderait de faire un an plus tard, le 15 du mois d'août :

> *« Le lien impressionnant entre les saints du Ciel et le merveilleux événement de l'Assomption de la Vierge est le suivant : Le BUT, C'est le ciel! Notre BUT, C'est le CIEL!*

## Chapitre 12: Envoyée en mission

« *L'Assomption de Marie en est la preuve, comme on peut le voir dans le dogme de l'Assomption qui définit comme vérité de foi, que Notre Dame, en corps et en âme, a été élevée au ciel par la puissance de Dieu.*

« *Et, en déclarant que quelqu'un est un saint, l'Église déclare définitivement, et sans réserve, que cette âme sainte a atteint ce but, qu'elle a terminé la course et gagné la récompense, et cette récompense, c'est le CIEL!*

« *Nos récompenses ne sont pas de grosses voitures et de grandes maisons, beaucoup de choses, une belle apparence, des gratifications momentanées. Ces choses ne durent pas! Elles n'apportent pas de joie durable ni de paix intérieure. Elles peuvent apporter un plaisir temporaire, un bonheur éphémère. Mais ce à quoi nos âmes aspirent, c'est à une paix constante, à une joie durable et à un amour parfait qui surpasse toute compréhension. Ce genre d'amour, de paix et de joie peut être trouvée au CIEL: vivant ta vie avec Dieu! C'est cela le ciel. Et Vous n'avez pas besoin de mourir pour commencer à vivre votre vie avec Dieu. Vous pouvez commencer dès maintenant!*

« *Prions donc maintenant pour que nous vivions sur la terre comme au ciel, pour que nous aimions Dieu* **maintenant** *comme nous l'aimerons au ciel. Et nous prions pour que toutes les âmes qui sont encore au purgatoire puissent entrer au Ciel aujourd'hui! Regardons la montée au ciel de notre Mère céleste avec l'espoir et la joie de pouvoir, nous aussi, obtenir un jour notre place dans le Royaume céleste qui a été préparée pour nous par notre Seigneur et Sauveur Jésus-Christ. Nous* *prions pour que, en méditant aujourd'hui sur le don spécial de l'Assomption de la Sainte Mère, nous soyons remplis de la paix et de la joie que Marie a ressenties lorsque Son corps et son esprit ont été élevés au paradis. Père céleste, donne-nous d'aspirer à ces retrouvailles avec Toi. Donne-nous de vivre notre vie dans ce but dès aujourd'hui!*

*« Mère Marie, nous vous demandons d'intercéder pour toutes les âmes du purgatoireet de prier notre Père céleste de libérer de grandes multitudes d'âmes saintes du purgatoire aujourd'hui, en ce jour de fête où nous célébrons votre Assomption au ciel. »*

# Chapitre 13

## Tout est dans ma tête

*« Cherchez d'abord le royaume de Dieu et sa justice, et tout cela vous sera donné par surcroît. »*
*« Ne vous faites pas de souci pour demain : demain aura souci de lui-même ; à chaque jour suffit sa peine. »*
*« Si Dieu donne un tel vêtement à l'herbe des champs, qui est là aujourd'hui, et qui demain sera jetée au feu, ne fera-t-il pas bien davantage pour vous, hommes de peu de foi? »*

*Matthieu 6:25-34*

Le 16 octobre 1999, jour de la fête de sainte Marguerite-Marie Alocoque, *Cloud of Witnesses* était prêt pour sa dédicace à la librairie catholique de Sam et de Rob. Ce fut un succès immédiat, et j'en suis très reconnaissante. *Biblically Correct* a continué à se développer et notre famille a apprécié les nombreuses conférences auxquelles nous avons participé. Que nous nous soyons aventurés jusqu'en Pennsylvanie, en Virginie ou au Connecticut, nos produits ont été bien accueillis. Nous avons préféré rester sur la côte Est, car le trajet dans notre grande fourgonnette blanche, ainsi que le temps passé aux conférences, semblaient m'épuiser. Les conférences étaient très plaisantes. Nous y avons revu de vieux amis rencontrés dans des conférences précédentes et nous nous sommes fait de nouveaux amis dans le Christ. Les enfants ont vu de nombreux visages qui leur étaient familiers et nous avons tous apprécié de ne voir en personne des célébrités de EWTN.

Dès le début, j'avais espéré que *Biblically Correct serait* un projet auquel toute la famille pourrait participer. Je priais pour que l'entreprise nous aide à transmettre notre foi vivante à nos enfants. Je voulais qu'ils voient que l'Église est notre famille et que nous pouvons vivre notre foi dans notre vie quotidienne. Le fait de côtoyer des personnes passionnées pour Dieu et pour l'Église catholique ne pouvait que nous aider, comme parents, dans nos efforts pour donner à nos enfants un fondement solide à leur foi en Dieu, tout en vivant dans le monde. Lorsque Dieu nous a donné la fourgonnette pour *Biblically Correct*, nous avons eu la confirmation que la famille Seith allait prendre la route avec l'entreprise de Dieu. Lors des différentes conférences, nous pouvions partager les vérités de notre foi sur des T-shirts tout en essayant de vivre les vérités de notre foi. Nous enrichissions notre foi et nous vivions d'heureux moments avec notre famille élargie en Christ.

Au moment où *Biblically Correct* fut prêt à s'aventurer dans des conférences de tout horizon, notre mini-fourgonnette était pratiquement hors d'usage. Bob se demandait si nous devions remplacer la voiture familiale par un véhicule pour l'entreprise ou par une automobile plus spacieuse pour la famille. Avions-nous besoin d'un gros véhicule et pouvions-nous nous le permettre, ou devions-nous nous contenter d'une auto plus modeste, conçue principalement pour une famille? Pendant les six mois au cours desquels Bob cherchait ce que nous devions faire, je profitais de la situation pour ajouter mes commentaires désagréables. « Si Dieu veut que nous ayons une fourgonnette pour Son entreprise, il en mettra une devant nous et nous le saurons », répétais-je souvent. Bob me lançait alors son « regard » et je me taisais. Bob n'était pas hostile à mes taquineries désobligeantes. Il s'était habitué à mon humour sarcastique et le tolérait bien, me laissant dire ce que j'avais à dire avant de me lancer son « regard ». Bob s'est rendu compte que je considérais le sarcasme comme une vertu cardinale de ma personnalité.

Dans le cas de la fourgonnette, ce fut différent, extraordinaire, c'est le moins qu'on puisse dire. Cela faisait un moment que je voyais une fourgonnette blanche particulière se présenter dans ma tête. Elle apparaissait dans mes pensées de temps en temps. Je n'en connaissais ni la marque ni le modèle, mais elle était toujours blanche, et il y avait toujours une grande plaque sur le côté affichant notre logo et le nom de notre entreprise. C'était la fourgonnette que nous conduirions pour nous rendre aux conférences ou pour participer à d'autres activités de *Biblically Correct*. Comme la fourgonnette blanche était dans ma tête et non dans celle de Bob, j'ai estimé qu'il était de mon devoir de la lui rappeler lorsqu'il se sentait angoissé par la décision d'acheter un nouveau véhicule. Après tout, j'ai toujours pensé que les décisions aussi importantes que celle-là devaient être prises par lui.

Un matin, j'ai reçu un appel téléphonique d'une femme qui avait vu nos t-shirts lors d'une conférence sur *L'enseignement à domicile*. Elle souhaitait commander des T-shirts pour sa famille et venir les chercher plus tard dans la journée. J'ai pris sa commande et lui ai donné notre adresse. Vers midi, j'étais assise à mon bureau et je travaillais sur mon ordinateur lorsque j'ai vu une fourgonnette blanche passer devant notre maison. J'aimais beaucoup le fait de pouvoir jeter un coup d'œil sur toute notre cour depuis la fenêtre de mon bureau et de pouvoir ainsi observer tous les véhicules, familiers ou étrangers, qui venaient dans notre petit coin du monde. Je pouvais regarder les enfants faire du vélo ou jouer dans notre cour pendant que je travaillais à mon bureau. Les enfants pouvaient jouer ou faire du vélo, se sentant indépendants, tout en étant dans mon champ de vision. Ce jour-là, j'ai vu *une fourgonnette blanche* passer, faire le tour de notre cour et se garer dans notre allée. Une femme s'est approchée de notre entrée et a frappé. J'ai ouvert et cette dame s'est présentée et m'a dit qu'elle était venue chercher sa commande. Comme j'étais un peu choquée et perplexe à la vue de sa fourgonnette, qui ressemblait à celle qui n'existait que dans ma tête, mais que maintenant je voyais dans mon allée, je lui ai lancé : « Bonjour! Je m'appelle Joni. Est-ce que votre fourgonnette est à vendre? » Je lui ai posé cette question parce que je continuais à la voir dans ma tête, et que je pensais que nous devions acheter. Inutile de dire que la dame m'a jeté un regard perplexe. J'ai interprété son expression comme suit : « Enfuis-toi tant que tu le peux! Cette femme est folle ». Mais à ma grande surprise, la dame m'a répondu : « Ah! Oui! En fait, notre fourgonnette est à vendre. Mon mari et moi en avons discuté hier. Nous avons pensé qu'il était temps d'en acheter une plus grande, car nous avons sept enfants et cette camionnette ne contient que dix places. Nous espérons vraiment avoir d'autres enfants et, lorsque nous voyageons, nous avons besoin de plus d'espace pour nos bagages et autres choses.

« Génial! » Me suis-je exclamée. : « Pouvez-vous demander à votre mari si mon mari et moi pouvons venir essayer votre voiture. Pourquoi pas durant le prochain week-end? Ça devrait donner à nos maris le temps de parler et d'en découvrir la valeur au *Livre bleu*."[1]

---

[1] Le Kelley Blue Book, un guide populaire et fiable pour les cotations automobiles en Amérique du Nord.

# Chapitre 13: Tout est dans ma tête

« Bien sûr! », a-t-elle répondu, et je l'ai invitée à entrer pour lui remettre ses T-shirts.

Roxanne est restée et nous avons conversé pendant plus d'une heure. Elle m'a raconté comment ils avaient acheté leur première fourgonnette de la Congrégation des Sœurs de Mère Teresa. Plus rien ne surprend Roxanne, qui a été témoin de nombreuses interventions divines. Nous nous sommes raconté des histoires et nous avons parlé comme deux amies qui se connaissaient depuis toujours, alors que nous venions tout juste de nous rencontrer. Nous avons conclu notre conversation, sachant que nous nous rencontrerions pour discuter de l'achat de la fourgonnette. Après le départ de Roxanne, j'ai appelé Bob à son bureau pour lui dire que notre « problème de voiture » semblait sur le point d'être résolu. Je lui ai dit que la fourgonnette blanche que j'avais en tête s'était arrêtée dans notre allée, juste devant mes yeux, et que, oui! elle était à vendre. Je lui ai demandé s'il pouvait chercher sur l'internet un prix raisonnable pour la fourgonnette et appeler Joe, le mari de Roxanne, le soir même pour discuter des détails concernant la marque, le modèle et le kilométrage. J'étais très enthousiaste, mais Bob ne semblait pas partager mon enthousiasme. « Nous en reparlerons à son retour de mon travail. »

Bob a appelé Joe le soir même et ils ont discuté des détails. Je ne voulais plus être impliquée dans la transaction, car je ne me souciais guère des véhicules, quels qu'ils soient. La balle était maintenant dans le camp de Bob et de Joe. Les époux se sont arrangés pour que nous allions voir le véhicule, le prochain samedi après-midi. Cela leur donnerait assez de temps pour fixer un prix raisonnable et nous pourrions essayer le véhicule pour nous assurer de son bon fonctionnement pour ne pas me disloquer quelque chose dans le corps à chaque cahot de la route. Entre-temps, Bob fit quelques recherches et nota que cette fourgonnette particulière vaudrait probablement entre 10,000 et 11,000 dollars dépendamment de son état.

Samedi matin, je me suis réveillée avec le nombre « *8,000* dans la tête. Je ne savais pas vraiment pourquoi ce nombre était là, mais je ressentais que je devais partager cette information avec Bob. Il a secoué la tête avec l'expression habituelle que j'avais appris à reconnaître. Malgré son air moqueur, je lui ai dit : « Je ne sais pas ce que cela signifie, mais le nombre *8,000* est inscrit dans ma tête. Cela ne me concerne pas vraiment, parce que je pense vraiment que toute cette histoire de fourgonnette doit être réglée par toi. J'ai juste le sentiment que, si cette fourgonnette est proposée à *8,000* dollars, nous devrions nous dire que c'est un signe de Dieu qui nous indique que c'est la fourgonnette que nous sommes censés acheter pour *Biblically Correct.* » Mais c'est tout ce que je te dis. C'est à toi de décider ». Bob secoua à nouveau la tête.

Après le petit-déjeuner et les tâches ménagères du samedi, nous avons fait monter les enfants dans notre minibus délabré et nous sommes partis pour essayer la fourgonnette blanche sur la route. Après une brève conversation et la possibilité pour Bob d'examiner le véhicule, nous nous sommes entassés dans la fourgonnette blanche et avons pris la route. Nos enfants l'ont tout de suite appréciée, car elle offrait beaucoup plus d'espace à chacun d'entre eux. Bob a trouvé qu'elle se conduisait très bien et semblait en bon état, même s'il n'était pas encore convaincu. J'ai été surprise par le confort du

# Chapitre 13: Tout est dans ma tête

siège. Il serait certainement confortable pour mon corps, et j'ai informé Bob que je ressentais une paix incroyable dans cette fourgonnette. J'ai également dit à Bob que j'avais l'impression que c'était la fourgonnette de Dieu pour son commerce de T-shirts et que, s'Il voulait que nous ayons une fourgonnette pour son commerce, Il nous le ferait savoir. Mais, bien sûr! cette décision était entre les mains de Bob, et je ne voulais vraiment pas devoir m'en mêler, Oui! vraiment!

Le moment de vérité arriva lorsque nous nous sommes garés dans l'allée et que nous avons discuté des points délicats. « OK! Combien? » demanda Bob. « Bien! D'après mes recherches, dit Joe, la fourgonnette devrait se vendre entre 10,000 et 11,000 dollars. Mais que pensez-vous de 8,000 dollars? » Depuis nous adorons notre nouvelle fourgonnette blanche et nous nous souvenons souvent de cette histoire. Les plaques de chaque côté sont superbes, arborant le logo de Biblically *Correct*.

Notre Seigneur me rappelle constamment que notre vie doit être pour sa gloire, car lorsque j'essaie de faire quelque chose moi-même pour moi, j'échoue généralement lamentablement et je me retrouve vide. C'est ce qui s'est passé lorsque j'ai essayé d'écrire mon histoire de conversion. Généralement, une ou deux fois par an, je rencontrais, lors d'une conférence, Matt Pinto, toujours plein d'énergie et toujours enthousiaste à propos du *magazine Envoy* et du travail d'apologétique dans lequel il était impliqué. Chaque fois que je voyais Matt, il me demandait : « As-tu déjà écrit l'histoire de ta conversion? ».

« Non! Matt. Je n'en suis pas là », répondais-je. Pendant deux ans, je n'ai rien fait. Je n'avais aucune idée de ce qu'il fallait écrire.

« De toute façon, j'ai déjà écrit ce que Dieu voulait que j'écrive », pensais-je. Mon livre, Nuée *de témoins*, était terminé, et je travaillais sur un deuxième livre contenant vingt autres images de saints et des poèmes. Je dessinais et je pouvais maintenant écrire des poèmes. Je ne pouvais pas écrire d'articles. La réponse à la question de Matt était donc toujours la même : « Non! Il n'y a rien de fait! ».

Un week-end, Bob m'a fait la surprise de m'offrir un ordinateur portable d'occasion. « Maintenant, lorsque tu n'as pas une bonne journée, tu peux toujours taper tes poèmes dans le confort de ton fauteuil. Tu n'auras plus à t'asseoir devant ton ordinateur et à te fatiguer le cou. Peut-être que cela t'aidera un peu ». Bob essayait toujours de me faciliter la vie. Qu'il s'agisse de faire les courses, de faire la lessive ou de m'acheter un ordinateur portable, il me montrait toujours son amour de façon particulière. L'exemple le plus évident de son amour est le fait que Bob ne m'a jamais quittée lorsque je tombais en morceaux. Il a choisi d'obéir aux vœux qu'il avait prononcés lors de notre mariage. Il m'a prouvé que l'amour est un choix, et pas seulement un sentiment. Lorsque nous préparions notre mariage, le Père David avait dit que l'amour était un choix. Je n'ai jamais compris comment cela pouvait être un choix. Je pensais que c'était ceci : ou bien tu éprouves de l'amour pour une personne, ou bien tu n'en éprouves pas. Mais l'amour, c'est vouloir et choisir le bien de l'autre, même quand on ne se sent pas très bien, comme lorsque les choses deviennent difficiles dans un mariage. Mes problèmes de santé et mes souffrances ont donné à Bob l'occasion de faire le choix de l'amour. Il est resté avec moi, avec peu ou pas d'avantages pour lui, physiquement ou émotionnellement. Il a décidé de dire « oui » à l'amour alors qu'il aurait été beaucoup plus facile pour lui

# Chapitre 13: Tout est dans ma tête

de dire : « Au revoir! Tu n'es plus la personne que j'ai épousée, et je veux partir ». Grâce à la fidélité de Bob à notre alliance contractée devant Dieu, il a bénéficié de la grâce de Dieu. Bob m'a dit qu'il avait l'impression que, à cause de mes maladies, Dieu l'obligeait à être un bien meilleur père et un bien meilleur mari. Je savais que je ne portais pas mes croix toute seule ; Bob était toujours là pour moi, comme Simon de Cyrène était là pour Jésus. J'ai appris à quel point mon mari m'aimait vraiment. Il m'a toujours été facile de l'aimer.

J'avais maintenant un nouveau rappel de l'amour et de l'attention de Bob pour moi, un ordinateur portable. Je n'allais pas tarder à devoir l'utiliser. Ce week-end-là fut terrible. Frustrée par la douleur, j'ai pris l'ordinateur portable et l'ai posé sur mes genoux. J'ai commencé à taper. J'avais trop mal pour faire quoi que ce soit d'autre. Au lieu d'essayer d'écrire des poèmes sur les saints, je me suis mise à réfléchir à la façon dont j'étais arrivée là où j'étais. J'ai tapé et j'ai pleuré, à cause de la douleur de mon corps et des mots qui s'écrivaient. Pendant que je tapais, j'ai senti que Notre Seigneur mettait des choses sur mon cœur et qu'il m'aidait une fois de plus à voir comment sa grâce avait travaillé tout au long de ma vie. C'était comme si mon subconscient éclatait et que je tapais des choses dont je n'avais jamais eu conscience. J'ai envoyé par courriel à Matt « *Mon histoire de conversion* » avec les mots suivants : « Je suppose que l'on peut dire que c'est enfin arrivé ». J'ai éprouvé un sentiment d'accomplissement et j'ai senti que j'avais fait l'expérience de ce que certains appellent un *travail oint*, c'est-à-dire un travail dans lequel Dieu lui-même se repose. L'article était un don de Dieu à ma famille et à moi-même, et il m'a apporté une guérison dont je ne savais même pas avoir eu besoin. Qu'il soit ou non publié dans *Envoy me* paraissait de moindre importance par rapport à l'expérience que j'avais vécue en écrivant ce récit et en le lisant.

Quelques jours plus tard, Matt m'a répondu qu'il aimait l'histoire et qu'il la transmettrait aux rédacteurs d'*Envoy* pour qu'ils en prennent connaissance. Après, je n'ai eu aucun écho de qui que ce soit. Je me suis dit que personne d'autre n'avait aimé mon histoire et qu'elle ne valait pas la peine d'être publiée. Mais j'avais enfin mis des mots sur l'histoire de ma conversion ; j'avais fait ma part du travail et c'était fini. J'ai essayé de ne pas me laisser gagner par l'inquiétude de savoir si mon texte serait publié ou non. J'avais l'occasion de m'exercer à dépendre de la divine Providence et j'ai essayé de classer mon article au fond de ma tête.

De toute façon, j'avais tellement d'autres choses à penser. La grande année du Jubilé approchait et je voulais préparer mon âme en devenant une meilleure mère et une meilleure épouse. Comme si cela ne suffisait pas à me tenir occupée, j'avais aussi l'affaire des T-shirts et l'affaire d'un traitement de canal dont je devais m'occuper.

J'étais effrayée à l'idée de devoir subir un traitement de canal, car c'est l'extraction de la dent de sagesse et l'infection qui s'en suivit qui semblent avoir provoqué le déraillement d'Ehlers Danlos. Mais maintenant, j'avais besoin d'un traitement de canal. La procédure du premier jour ne me sembla pas trop douloureuse. Comparé au reste des problèmes et des douleurs de mon corps, le traitement de canal ne semblait pas une grosse affaire. Le lendemain, je me suis rendue à l'hôpital pour subir le reste de l'intervention. La douleur étant plus intense, je l'ai offerte pour plusieurs de mes amis. Lorsque le médecin eut terminé, il retira tout son attirail de ma bouche et s'est revint pour nettoyer l'endroit où il avait travaillé. C'est alors que l'enfer s'est

# Chapitre 13: Tout est dans ma tête

déchaîné! Je ne pouvais plus me taire, littéralement. Je ne veux pas dire que c'était comme les fois où j'ai commencé à parler et que je ne pouvais plus me taire. Je veux dire que physiquement, ma bouche ne pouvait pas se fermer. La douleur était atroce alors que j'essayais sans succès de bouger ma mâchoire. Je suis passée d'un gémissement à un véritable cri à glacer le sang. Le médecin s'est retourné pour constater que ma mâchoire s'était disloquée et était restée coincée, os contre os, dans une position ouverte. Maman est entrée en courant dans la chambre à temps pour voir le médecin et l'infirmière blancs comme des fantômes et moi en train de pleurer de façon hystérique. Maman est entrée dans ma chambre immédiatement après que le médecin eut remis ma mâchoire dans sa position correcte, en forçant les os à se remettre à leur place. Les marques des doigts du médecin sur mes joues ont duré deux jours et ont témoigné des efforts et de la force du médecin.

Après être rentré chez moi et m'être calmée, j'ai pensé à ce qui avait dû se passer dans la tête des patients assis dans la salle d'attente. Si j'avais été l'un d'entre eux et que j'avais été programmée pour un traitement de canal, j'aurais filé dehors à toute allure. Cette idée m'a fit rire, mais la douleur a figé mon rire. Ma mâchoire me faisait vraiment mal!

J'avais laissé de côté mon histoire de conversion pendant quelques mois, quand un jour elle m'est revenue à l'esprit. J'ai envoyé un courriel pour savoir s'ils avaient eu l'occasion de l'examiner. Quelques jours plus tard, j'ai reçu une réponse : Bien que ma proposition leur ait semblé familière, il semble que mon histoire de conversion avait été perdue. « Pourriez-vous, s'il vous plaît! nous la renvoyer? » Oh! NON! Ça recommence!!! »

J'ai envoyé par courrier électronique à l'assistante éditoriale d'*Envoy* une autre copie de mon histoire de conversion. Quelques semaines plus tard, j'ai reçu leur décision de la publier. J'étais à la fois choquée et ravie! « Ma conversion avait été un voyage plein de grâce vers Dieu, une histoire de conversion que je serais heureuse de partager. Si, par la grâce de Dieu, mon histoire pouvait apporter à quelqu'un un peu d'espoir en Dieu, alors louons le Seigneur. Après tout, c'est Son histoire pensais-je, pas la mienne. »

# Chapitre 14

## Grâces inattendues

*On lui amenait des enfants pour qu'il les touche, et les disciples les réprimandaient. Voyant cela, Jésus s'indigna et leur dit : « Laissez les enfants venir à moi, ne les empêchez pas, car c'est à eux qu'appartient le royaume de Dieu. En vérité, je vous le dis, quiconque ne reçoit pas le Royaume de Dieu comme un enfant n'y entrera pas. » Il les prit dans ses bras et les bénit en leur imposant les mains.*

-Marc 10:13

Bob et moi avons commencé l'année jubilaire par un petit pèlerinage au Sanctuaire de l'Immaculée Conception. Nous aimons passer du temps au sanctuaire en tant que couple, y prier, en tant que mari et femme, pour notre mariage et, en tant que mère et père, pour nos enfants. Avec la proclamation du Jubilé de l'an 2000 par le Saint-Père, il y avait beaucoup de grâces à obtenir non seulement des indulgences partielles, mais aussi des indulgences plénières disponibles tous les jours de l'année. Et le 1er janvier 2000, nous allions commencer le nouveau millénaire avec éclat. Nous avons essayé de remplir les conditions requises pour l'obtention des indulgences. Nous avons franchi les portes saintes du Sanctuaire de l'Immaculée Conception, nous nous sommes confessés et avons assisté à la messe, et nous avons prié pour être vraiment libres de tout attachement au péché, ce qui est le plus difficile. Nous avons prié pour notre Saint-Père, puis nous avons visité le Sanctuaire. De retour à la maison, nous avons raconté à nos enfants la visite de Papa et Maman au

Sanctuaire de l'Immaculée Conception et la façon dont nous avons essayé de remplir toutes les conditions pour gagner une indulgence plénière. «Alors, vous êtes prêts à partir?» s'est exclamé Chris. Je ne m'attendais pas du tout à cette réaction, mais j'ai supposé que c'était vraiment son désir. Nous avons répondu : «Nous sommes prêts à partir, au moins pour le moment.»

La compréhension de Chris au sujet de l'indulgence plénière et sa petite phrase m'ont fait penser que nos enfants comprenaient en fait une partie de ce que nous essayions de leur enseigner. Mais je n'allais pas me glorifier d'avoir si bien réussi à les élever dans la foi. Mais je me suis dit que c'est la grâce de Dieu qui est nécessaire pour garder mes enfants sur le bon chemin. En outre, Dieu m'avait déjà enseigné lors d'une expérience précédente, alors que j'avais l'impression de faire du bon travail, que je ne devais pas être trop prétentieuse. Dieu s'est servi de mon orgueil pour m'humilier. Il a aussi utilisé un peu d'humour.

Ça s'est passé quand Logan avait cinq ans et qu'Éric en avait quatre. Kaitlyn et Chris étaient tous deux à l'école et je servais le repas à mes petits garçons. Alors que je me dirigeais vers le réfrigérateur pour leur donner quelque chose à boire, j'ai entendu ces mots : « Au nom du Père, du Fils et du « *Hoewee* .» Éric déformait la prononciation du mot « *Holy* » Spirit« du « *Saint*-Esprit. » en faisant son signe de croix.] Je rayonnais de fierté. J'étais si heureuse qu'ils se aient à dire le bénédicité tout seuls, sans que je le leur rappelle. Je suis restée du côté de la cuisine, pour ne pas les déranger dans cet instant sacré. Après avoir fait le signe de la croix, Logan et Éric se sont tenu la main, comme le veut la tradition de la famille Seith pendant le bénédicité. Éric a commencé le bénédicité. Chaque mot qui

## Chapitre 14: Grâces inattendues

sortait de sa petite bouche renforçait ma fierté : oui, je faisais du bon travail en enseignant la foi à mes enfants. Mon petit ange a prié avec coeur meme s'il déformait les mots: "Hoewee God, Holwee Mighty One, Holy Moly" [Holy God, Holy Mighty One..., ou, en français, Saint Dieu, Saint Puissant...]. Puis Logan, sans perdre de temps, et plutôt perturbé par la récitation incorrecte d'Éric, a commencé à corriger son frère. En regardant Éric, Logan a dit : « Non, c'est notre prière du soir! ». Après tout, je n'étais pas la meilleure des mères ni la meilleure des enseignantes. J'étais tout de même fière de mes petits garçons pour leurs efforts en matière de prière. J'étais humble et amusée.

Notre Seigneur a utilisé un autre épisode avec mon plus jeune fils, Éric, pour me donner une autre leçon inattendue. Une fois de plus, je me trouvais au Sanctuaire de l'Immaculée Conception avec mon mari, nos enfants, ma meilleure amie Marie, ses deux nièces et son neveu. Nous y etions allés pour visiter une exposition sur le Suaire de Turin, prier le chemin de croix et nous confesser. C'était le Vendredi saint de l'année jubilaire 2000. La veille, Bob et moi avions emmené nos enfants à la messe du Jeudi saint. Mes enfants savent que le Jeudi saint est ma messe préférée de l'année et ils essaient de la rendre spéciale pour moi en évitant de se tortiller sur le banc ou de se plaindre de la longueur de la messe. Ils aiment aussi participer à la procession eucharistique après la messe, qui part de l'autel de notre église principale et traverse le magnifique terrain et monte jusqu'à notre petite chapelle historique du Sacré-Cœur située au sommet la colline. La procession du Saint-Sacrement aux chandelles se termine par l'adoration jusqu'à minuit. Cette année, cependant, Éric et moi n'avons pas gravi la colline avec les autres. Éric s'était endormi pendant la messe et avait continué sa sieste dans la voiture avec sa maman, qui n'a pas pu monter la colline non plus. Lorsque nous sommes arrivés à la maison, Bob a porté Éric dans la maison, en essayant de ne pas perturber son profond sommeil. C'est alors qu'Éric s'est réveillé.

Un quart d'heure plus tard, nous avons tracé le signe de croix sur le front des enfants et les avons envoyés au lit. Quelques minutes plus tard, Éric est redescendu en pleurant. « Qu'est-ce qu'il y a ? » lui demandai-je. J'ai voulu le prendre dans mes bras, car il était évident que quelque chose le bouleversait. Lorsque j'ai tendu les bras vers lui, il s'est éloigné de moi, effrayé. « Qu'est-ce qui ne va pas, Éric ? » Ai-je dit en m'approchant de lui. Il s'est de nouveau éloigné de moi et s'est retiré dans un coin. « Chéri, qu'est-ce qui ne va pas ? Dis-le à maman. »

Tu n'es pas ma mère. », dit-il, alors que ses larmes se transforment en sanglots.

« Bien sûr ! je suis ta mère. Je t'aime. Tu es mon bébé. Éric, qu'est-ce qui ne va pas ? » À ce moment-là, je craignais qu'il ne soit encore endormi et qu'il ne fasse une sorte de cauchemar nocturne. J'ai crié à Bob de venir m'aider à réconforter mon bébé, qui avait maintenant nettement peur de moi. Mon cœur se brisait parce qu'Éric me regardait comme si j'étais une étrangère, quelqu'un qu'il ne connaissait pas et en qui il ne pouvait pas avoir confiance. À travers ses larmes, Éric m'a raconté qu'il y avait une dame nommée Mary qui lui avait qu'elle était sa mère, et qu'elle portait un nœud dans les cheveux. Il a décrit Mary en détail et nous a dit, à Bob et à moi, que cette Mary lui avait dit qu'il était son enfant et que je le lui

# Chapitre 14: Grâces inattendues

avais enlevé. Il avait vu Mary à l'école ; c'était une gentille dame et elle l'aimait aussi. Je n'arrivais pas à croire ce que j'entendais. Qui était cette femme? Pourquoi lui racontait-elle ces choses? Éric l'a visiblement crue car il m'a regardée comme si j'étais une femme méchante, capable d'enlever l'enfant de quelqu'un. «Éric, cette Mary te ment. Tu ne sais pas à quel point je t'aime? Tu es à moi. Tu viens de mon ventre.»

« Je sais que tu m'aimes, mais peut-être que tu aimes tellement les enfants que tu m'as enlevé à elle pour que je sois ton bébé», dit Éric, encore étourdi par son sommeil.

« Éric, pourquoi crois-tu cette femme et pas moi? Connais-tu le nom de famille de Mary? Je vais appeler l'école lundi matin pour savoir qui elle est et pourquoi elle dit de telles choses. Éric, penses-tu qu'elle te taquinait ou qu'elle s'amusait avec toi, et qu'elle te disait qu'elle aimerait que tu sois son enfant parce que tu es un enfant si génial?»

«Je ne sais pas», dit Éric, ses larmes commençant à se calmer.

Bob et moi avons parlé avec Éric pendant environ une heure. Nous lui avons demandé s'il se souvenait des vidéos de sa naissance. Il s'en souvenait. Au fur et à mesure que nous parlions avec lui, il s'est rapproché de moi. Sa peur diminuait au fil du temps. Finalement, il a compris que je suis vraiment sa mère. Bob et moi avons pensé qu'Éric avait fait un rêve ou un cauchemar très perturbant pendant qu'il dormait à l'église ou dans la voiture. Il devait être en plein rêve et confus lorsqu'il s'est réveillé. Comme il n'avait que six ans, il était logique qu'il ait du mal à faire la différence entre la réalité et ses rêves, d'autant plus qu'il venait tout juste de se réveiller. Éric a également pensé que c'était probablement ce qui s'était passé. Il m'a serré dans ses bras et m'a dit qu'il était fatigué et qu'il voulait retourner au lit. « Tu sais, maman, je suis presque sûr que c'était un rêve. Oublie-le. D'accord? Je t'aime, maman », m'a-t-il dit, et il est remonté calmement se coucher. Pour ma part, j'avais besoin de me remettre de l'heure écoulée : la peur de mon propre enfant envers moi, sa mère. Mon bébé ne savait pas qui j'étais. Bob m'a suggéré d'essayer de considérer cela comme un mauvais rêve. « Éric a fait un cauchemar et a été désorienté. Essaie de l'oublier. Il est monté à l'étage et s'est couché. Bob avait raison, ce n'était qu'une grosse erreur. Mais pendant un certain temps, j'ai ressenti la douleur du rejet de mon enfant. Elle était réelle et me faisait plus mal que n'importe lequel de mes problèmes physiques. Cette douleur était dans mon cœur. Je suis restée en bas et j'ai *prié le chapelet de la Divine Miséricorde.*

Le lendemain, au Sanctuaire, alors que je faisais la queue pour me confesser, les événements de la nuit précédente me sont revenus en mémoire. J'avais le cœur lourd et les yeux remplis de larmes. « Je ne sais pas comment je pourrais l'aimer davantage. Quand j'étais enceinte de lui, j'aurais préféré mourir plutôt que de le voir mourir ou être tué. Comment a-t-il pu ne pas savoir qui j'étais? Il a vécu avec moi pendant presque sept ans en tant que mon fils, et la plupart du temps, nous avons été inséparables. Comment a-t-il pu nier que j'étais sa mère? C'est mon fils. Je ne sais pas comment l'aimer plus que je ne l'aime déjà. » À cette dernière question, j'ai ressenti une telle douleur dans mon cœur, une douleur de perte, la perte de l'amour et de la confiance de mon enfant. J'étais extrêmement reconnaissante que les questions et les doutes d'Éric aient été tempo-

## Chapitre 14: Grâces inattendues

raires, même si mon cœur continuait à souffrir. J'ai alors pris conscience que chacune de mes questions avait également touché le Cœur de Jésus, à un degré bien plus élevé, la nuit de son agonie dans le jardin de Gethsémani. J'ai senti que, d'une manière étrange, Notre Seigneur m'avait permis de comprendre une fraction de son agonie à travers ma propre agonie vécue avec mon enfant la nuit précédente, le soir même où nous commémorions l'agonie de Jésus dans le jardin.

Puis, alors que je me préparais à la confession, j'ai pu entendre et ressentir dans mon propre cœur brisé par mon chagrin d'amour ce que Jésus avait ressenti lorsqu'Il a été trahi, battu et crucifié. À Judas, Jésus aurait pu dire : « Comment peux-tu ne pas savoir qui Je suis? Tu as vécu avec Moi pendant trois ans. La plupart du temps, nous avons été inséparables. Je ne pourrais pas pu t'aimer davantage, tu es à Moi. » Alors que la foule criait « Crucifiez-Le, crucifiez-Le », Notre Seigneur a dû ressentir la douleur du rejet par ceux qu'Il aimait. Éric me rejetait pour quelqu'un qui n'était même pas réel. Mon cœur s'était brisé à cette idée. Lorsque les clous ont été plantés dans les mains de Jésus, ce ne sont pas seulement les blessures de la perforation qu'il a dû ressentir, mais aussi les trous déchirés dans Son Cœur par le rejet de Ses propres enfants. Le Sacré-Cœur de Jésus s'est vidé, déversant jusqu'à la mort l'amour inconditionnel de Dieu pour nous, et Son Cœur n'a pas été rempli de notre amour. Son Cœur est resté creux, vidé de Son sang. Et on Lui a craché dessus. Jésus Lui-même n'aurait-il pas pu dire? : « Comment peux-tu ignorer combien Je t'aime? Je n'aurais pas pu t'aimer davantage. J'aurais préféré mourir Moi-même plutôt que de te voir souffrir la mort ». En ce moment, j'ai ressenti un véritable repentir, peut-être pour la première fois. « Je suis désolée, Jésus. Je suis tellement désolée. » J'étais maintenant prête à me confesser.

Après la confession, j'ai rejoint ma famille pour prier le chemin de croix dans la crypte de la Basilique. Mon Éric est venu s'asseoir sur mes genoux. Il s'est aussi blotti aussi contre moi le plus près qu'il put pendant que nous priions ensemble les stations du Chemin de la Croix. Mon cœur était guéri.

L'année jubilaire s'est déroulée intense et difficile. Nous avons dû déménager d'une maison que notre famille adorait parce que ses trois étages étaient devenus ingérables et impraticables. Et nous avons quitté des voisins que nous aimions. J'avais espéré que cette année jubilaire serait marquée par de nombreuses grâces extraordinaires. Avec le recul, je constate que ce fut le cas. Les bénédictions se sont manifestées de façons auxquelles je ne me serais absolument pas attendue, mais auxquelles j'aurais dû m'attendre. Jean-Paul II avait dit à ses fidèles de prier avec audace, et c'est ce que j'ai fait. Un soir, après avoir atteint ma limite de la douleur et de l'exaspération à cause du déménagement, j'ai crié vers Dieu dans la prière de façon mélodramatique : « Après tout ce que j'ai dû offrir cette année, Seigneur, je ne veux rien de moins que la conversion de toute ma famille juive. » Puis je me suis sentie un peu coupable de demander une si grande faveur, alors j'ai révisé ma prière : J'ai donc révisé ma prière : « « Et pourquoi pas celle de Papa, celle de Holly, et celle de quelques oncles et tantes? » Puis j'ai senti Dieu dire : « Est-ce que les peines, les difficultés et les prières que tu as offertes et unies à ma propre passion cette année en vaudraient la peine si c'était juste pour le baptême de ton père et de ta sœur? » J'ai répondu : « Oui! »

« Cela aurait-il valu la peine si c'était seulement celui de ton père? » « Oui! Définitivement!» ai-je répondu.

« Cela en vaudrait-il la peine si c'était pour le père de quelqu'un d'autre? »

Comprenant où cela me menait, comment pouvais-je répondre autrement que par l'*affirmative*?

« Et si quelqu'un offrait sa souffrance en échange de grâces pour mon père?» me suis-je dit.

J'ai alors senti le Seigneur répondre : «J'ai souffert pour ton père. Et j'aurais souffert et offert ma vie même si c'était seulement pour ton père, parce que je l'aime tant.»

Immédiatement, j'ai compris que si j'étais la seule sur cette terre, Jésus aurait souffert et serait mort pour moi seule. Il m'aime à ce point. J'avais l'habitude de penser que ce n'était qu'une belle pensée, mais maintenant, cela avait du sens. Dieu aime chacun d'entre nous à ce point!

# Chapitre 15

## Appelés à vivre la Messe

*Le Rédempteur a souffert à la place de l'homme et pour l'homme. Chaque homme a sa part dans la Rédemption. Chacun est également appelé à participer à la souffrance par laquelle la Rédemption a été accomplie. Il est appelé à participer à cette souffrance par laquelle toute la souffrance humaine a également été rachetée. En réalisant la Rédemption par la souffrance, le Christ a également élevé la souffrance humaine au niveau de la Rédemption. Ainsi, chaque homme, dans sa souffrance, peut également participer à la souffrance rédemptrice du Christ.*

-V Partage des souffrances du Christ – « *Salvifici Doloris* »

On m'a demandé de faire un témoignage sur ma vie lors d'une réunion de la Sodalité des femmes.[1]

La réunion se tenait à vingt miles [32 km] de notre église paroissiale. Je pouvais encore assister à la Messe de 10 heures, au cours de laquelle Chris devait servir, et j'étais aussi capable d'arriver juste à temps à la réunion pour présenter mon témoignage à 13 heures. Je détestais manquer la Messe au cours de laquelle Chris était servant.

---

[1] Women's Sodality est une Congrégation mariale (Sodality of Our Lady). Une Congrégation mariale était, dans l'Église catholique, un groupe de laïcs qui se réunissait en association avec la Compagnie de Jésus. Ces congrégations, qui appartenaient à la famille ignatienne, existèrent de la fin du XVIe siècle jusqu'aux années 1960.

J'avais toujours aimé voir mes garçons servir à l'autel. C'était presque aussi impressionnant que de les voir communier. La seule expérience plus gratifiante que de communier moi-même est de voir mes enfants recevoir le Seigneur dans leur propre corps. Les enfants ont compris et ne se demandent plus pourquoi Maman les fait passer avant elle dans la lignée des communiants. Cela me semble parfait : Jésus-Christ dans le Saint-Sacrement qui attend que nous nous approchions pour Le recevoir. Mes enfants d'abord, mon mari et moi ensuite, et Maman ensuite, chacun derrière l'autre, se soutenant et s'amenant les uns les autres à Dieu, à travers les générations. Je pense souvent que c'est ainsi que cela se passera au Ciel. Et un jour, mon père rejoindra lui aussi la procession.

Après avoir reçu la Communion et prié la prière des *Serviteurs de l'Eucharistie* [une association de laïcs dont la spiritualité est centrée sur l'Eucharistie], j'ai demandé à Notre Seigneur de me dire ce que je devais dire aux femmes à qui je devais parler dans quelques heures. J'avais l'intention de partager mon histoire de conversion et de leur parler de la prière et de l'*offrande*, mais je n'étais pas sûre. Alors j'ai prié : « Je veux que ce soient Tes mots, et non les miens, qui sortent de ma bouche. » Dans le fond de mon cœur, Notre Seigneur me souffla : « Dis-leur que Je les aime », « Mais, Seigneur, ne le savent-elles pas déjà ? » Lui ai-je fait remarquer. « Après tout, continuai-je, Ce sont des femmes d'église. » Sa persistance, cependant, était claire : Il voulait que je leur transmette Son amour irrésistible pour elles. Je me suis dit : « Génial ! Mais comment suis-je censé le faire ? Si Toi, Seigneur, Tu ne peux pas le leur faire comprendre, alors je n'ai aucune chance ». Le Seigneur me souffla : « Vivez la Messe. » Je me suis exclamée : « Oh ! La ! La ! on s'éloigne vraiment du sujet, n'est-ce pas, Seigneur? » À la fin de la messe, nous sommes rentrés à la maison et j'ai préparé le déjeuner pour les enfants. Bob m'a ensuite conduite à l'endroit où je devais prendre la parole. En route, ous avons prié le *chapelet de la Divine Miséricorde* à l'intention de mon exposé, car je n'avais toujours aucune idée de la manière dont j'allais incorporer dans mon récit de conversion et dans mon exposé sur la prière ce que je sentais que Dieu voulait que je communique.

Je me suis présentée et j'ai informé les dames de ce que j'allais partager avec elles au sujet de la prière et de ma conversion. « Je dois aussi vous dire que, pendant que je priais à la Messe aujourd'hui, j'ai senti que Dieu voulait que je vous dise qu'Il vous aime et que nous devons vivre la Messe. Voilà, je l'ai dit! Je pouvais maintenant poursuivre mon exposé.

Je leur ai raconté brièvement ma vie mondaine, la dépression, les cauchemars et la façon dont Dieu m'a sortie de mes ténèbres. Je leur ai dit que j'avais « crié vers le Seigneur et qu'il m'avait répondu du haut de sa montagne sacrée ». J'ai veillé à ce qu'ils sachent que je savais que cette phrase était tirée du Psaume 3. Je devais avoir l'air bien informée. Qui était cette jeune convertie qui allait parler de Dieu à ces saintes femmes? Elles priaient et allaient à la Messe depuis bien plus longtemps que moi. Qui étais-je pour leur apprendre quoi que ce soit? Je me suis dit qu'elles n'étaient peut-être pas nombreuses à être allées en Italie ou à avoir vu le pape, et que je pourrais donc leur faire part de mon pèlerinage italien. Cela pourrait être intéressant. Et si le pire arrivait et qu'elles s'ennuient totalement, au moins je leur donnerai les cartes saintes que j'ai peintes pour elles, de sorte qu'elles repartiront avec quelque chose. Après tout, elles m'ont servi le déjeuner.

J'ai raconté à ces dames comment notre voyage avait commencé le matin du jeudi de l'Ascension à Turin, devant le Suaire, et comment nous avons contemplé, à quelques mètres seulement, linceul dans lequel Jésus a été mis au tombeau. Nous n'avons eu que quelques minutes pour rester en présence de cette sainte relique et pour nous laisser envahir par tout ce qu'elle avait à offrir : l'image de Notre Seigneur. Non pas une image attrayante de Dieu, mais un linge taché de sang qui parlait de l'amour de Dieu pour nous. J'étais bouleversée de pouvoir regarder chacune des taches de sang de Sa flagellation, les coups qui nous ont guéris (Is 53:5). Les mains de Jésus, qui ont béni les enfants et touché ceux qui L'entouraient, ont été transpercées pour qu'Il puisse nous toucher à jamais. Sa couronne d'épines était marquée par de grandes taches de sang encerclant Son front, juste au-dessus de la face de Dieu. Il a été meurtri, ensanglanté et brisé pour nous. Je n'ai pas vu une image glorieuse de l'Homme-Dieu. Au contraire, j'ai regardé le visage de l'amour et j'ai pleuré. « Oh! comme Tu nous aimes! Oh! comme Tu nous aimes! » Au fur et à mesure que mes larmes coulaient, j'expérimentais Son amour.

J'ai ensuite partagé avec les dames notre voyage à Assise, Florence, puis Rome. Mais avant d'entrer dans Rome, nous avons fait un dernier arrêt. Nous avons traversé la campagne ombrienne, gravi les montagnes et pénétré dans la ville fortifiée d'Orvieto. Nous y avons vu une nappe d'autel miraculeuse.

Le père Jim a célébré la messe dans la petite chapelle où un tissu était enfermé dans un cadre en or au-dessus de l'autel. La fête du *Corpus Christi* a été instituée grâce à ce miracle d'Orvieto. Cette nappe d'autel proclamait la véritable présence du Christ dans l'Eucharistie à une époque où beaucoup doutaient et où circulaient

## Chapitre 15: Appelés à vivre la Messe

beaucoup de fausses doctrines. Ce miracle a confirmé la vérité de la présence réelle de Jésus dans l'Hostie Consacrée à un prêtre qui avait lui-même des doutes sur la présence réelle du Christ dans l'Eucharistie. Alors que ce prêtre sceptique célébrait la Messe, au moment de la consécration, la Sainte Hostie s'est mise à saigner sur la nappe de l'autel. C'est cette nappe qui était suspendue au-dessus de l'autel et au-dessus de nous. Et nous avons vu, dans l'abondance de traces et de taches de sang, Son amour répandu pour nous.

Pendant que la Messe était célébrée en présence de cette sainte relique, nous avons été témoins des deux miracles: le Corps et le Sang de Jésus-Christ dans le Sacrement, présents ce jour-là pour être reçus dans nos propres corps lors de la Sainte Communion, et nous avons vu Son Précieux Sang qui était devenu présent des centaines d'années auparavant pour ceux qui avaient été les témoins directs du miracle. C'était Son Sang versé pour nous depuis la Croix, le même Sang qui était sur le Suaire et le même Sang qui se trouvait dans le calice lors de la Communion. J'ai compris que Son amour pour nous est intemporel et que l'amour de Dieu pour nous est célébré et rendu présent à chaque Messe. Le sacrifice de la Messe est notre rédemption. Il nous rachète. C'est le propre Fils de Dieu, qui S'est donné totalement pour nous avec chaque goutte de Son Sang. Il nous invite à partager Son amour en nous offrant sur tous les autels du monde, à chaque Messe, et à chaque instant de notre vie dans la prière, en nous unissant à Son sacrifice saint et vivifiant. Et j'ai commencé à comprendre comment nous sommes appelés à vivre la Messe.

Après avoir raconté aux femmes ma rencontre extraordinaire avec le pape Jean-Paul II, je leur ai parlé du dernier jour de notre pèlerinage. Alors que la plupart des membres de notre groupe étaient allés voir la Fontaine de Trévi, Bob et moi avons décidé de prendre un taxi pour retourner à la Basilique Saint-Jean-de-Latran. Nous avions entendu parler d'une petite église située en face, de l'autre côté de la rue. Dans cette église se trouvent les marches du prétoire de Ponce Pilate. C'est sur ces marches que Jésus a marché après avoir été couronné d'épines et flagellé au pilier. C'est en haut de ces marches que Notre Seigneur a reçu la sentence de mort qui allait nous sauver, en clouant nos péchés sur sa Sainte Croix. Sainte Hélène, la mère de Constantin, a fait transporter les marches du prétoire à Rome vers l'an 300 de notre ère. En entrant dans la petite église de *Santa Scala*, nous avons vu les vingt-huit marches de marbre, encastrées dans ce qui semblait être du bois de noyer, les marches sacrées. Sur chaque marche, il y avait des zones découpées dans le bois. Cela permettait de glisser les mains dans les trous et de toucher la relique en marbre. À certains endroits, des fenêtres dans le bois laissaient apparaître des taches de sang sur les marches : Le sang de Jésus.

C'était le dernier jour de notre pèlerinage et nous devions prendre l'avion pour rentrer chez nous le lendemain matin. Après avoir visité les ruines et les catacombes la veille, mon corps avait atteint son niveau le plus bas! J'avais tellement mal que chaque nerf de mon corps semblait être en feu. J'ai même plaisanté avec Bob en lui disant que je n'avais pas besoin de tout voir et que s'il continuait à me faire rouler dans mon fauteuil roulant sur les pavés de lave qui bordent la Voie sacrée, il finirait par voir à quoi ressemblait vraiment une ruine romaine, moi.

La dernière journée de notre pèlerinage, avec notre groupe, nous avons été ramenés à la *Scola Santa* que Bob et moi avions déjà visitée,

## Chapitre 15: Appelés à vivre la Messe

seuls auparavant. Au moment où nous sommes arrivés sur les marches, je n'avais plus rien à perdre. Sachant que Bob m'aurait arrêtée s'il avait connu mon plan, j'ai sauté de mon fauteuil roulant et j'ai frappé les marches à deux genoux. Si les regards avaient pu me tuer, je serais morte sur le champ. J'ai fait retourner le regard de Bob vers le mien; son regard disait : « Ne m'embête pas, et je ne rigole pas! ». J'ai monté quelques marches et je me suis retrouvée entourée par d'autres pèlerins qui priaient à genoux. Oui! Il était trop tard pour que Bob m'arrête. Maintenant, je pouvais rejoindre le groupe et profiter de l'expérience, une marche après l'autre.

Je ne m'attendais pas à être touchée comme je l'ai été. Je voulais prier, mais les mots me manquaient. J'ai été envahie par l'amour que Dieu a pour nous. L'amour que Jésus a répandu dans Son Sang miséricordieux sous les ouvertures vitrées au-dessus des marches. J'ai instinctivement touché une vitre, en proclamant par mes larmes mon chagrin et ma gratitude. « Oh! comme Tu nous aimes! Oh! comme Tu nous aimes! » Mon cœur s'est contracté, chassant douloureusement les derniers doutes qu'il contenait. « Oh! comme Il nous aime! » Ce fut une expérience intense et douloureuse dans ma vie, pas seulement physiquement, mais aussi émotionnellement et spirituellement. Je suis restée sans voix. (Pour ceux qui me connaissent, c'est un miracle en soi!) En montant les marches, j'ai découvert que les prières de mon cœur étaient les mots du *Chaplet de la Divine Miséricorde*, et j'ai commencé à prier : « Père éternel, je T'offre le Corps, le Sang, l'Âme et la divinité de ton Fils bien-aimé, Notre Seigneur Jésus-Christ, en expiation de nos péchés et de ceux du monde entier. » J'ai continué, en sanglotant et en priant avec mon corps. À ce stade, il n'y avait plus une seule partie de mon corps à ne pas être brisée par la douleur, et je ne m'en souciais même pas. La douleur s'était en quelque sorte transformée en un cadeau que je pouvais offrir à Celui qui, le premier, m'a aimée. Arrivée au sommet, j'ai incliné la tête et l'ai posée sur la dernière marche, là où Jésus s'était tenu pour recevoir la sentence de mort qui aurait dû être la nôtre. « Au nom de Sa douloureuse passion, aie pitié de nous et du monde entier. » J'ai prié du fond du cœur, espérant que Jésus prendrait ce que j'offrais et l'unirait à Son sacrifice, comme une offrande de moi-même pour Lui exprimer l'amour que j'ai pour Lui. Je savais que cette offrande n'était pas comparable à la Sienne. Je savais aussi que mon amour pour Lui n'était pas comparable à l'amour qu'Il a pour nous. Mais c'était tout ce que j'avais. Et Il a compris et accepté mon petit don de moi-même.

Il est apparu clairement que notre voyage en Italie avait été une invitation à marcher avec Jésus sur son chemin d'amour. Il m'a permis de faire l'expérience de l'amour de Dieu pour nous de manière incroyable et dans des lieux incroyables,

Dieu a permis que la prière que je fais après l'avoir reçu à chaque communion prenne vie dans mon âme et réponde vraiment à son appel.

### Prière des Serviteurs de l'Eucharistie

Très Sacré Cœur de Jésus
Véritablement présent dans l'Eucharistie
Je consacre mon corps et mon âme
Pour ne faire qu'un avec ton Cœur très Sacré
Offert en sacrifice perpétuel

> Sur tous les autels du monde,
> Louant le Père
> Et implorant constamment la venue de Son royaume.
> Veuille accepter et recevoir cette humble offrande de moi-même
> Et sers-toi de moi selon Ta volonté,
> Pour la gloire du Père
> et le salut des âmes. Amen

J'étais tellement reconnaissante à Dieu d'avoir rassemblé tout cela pour que je puisse le partager. Les mots ont touché mon cœur et celui des autres parce que je n'avais jamais entendu cette explication auparavant. Et j'avais vécu l'expérience du Suaire et d'Orvieto. J'avais prié la prière des Serviteurs de l'Eucharistie pendant des années à la Messe, et je n'avais toujours pas compris comment tout était lié. Nous devons vivre la Messe en vivant le sacrifice de la Messe : nous offrir nous-mêmes avec le sacrifice de la vie et de la mort de Jésus sur la croix pour notre bien et pour le bien des autres, *l'offrir*. C'est ainsi que nous pouvons vivre son commandement : « Aimez-vous les uns les autres. Comme je vous ai aimés. » (Jean 13:34-35). « Quiconque veut être mon disciple doit renoncer à lui-même, se charger de sa croix et me suivre. » (Matthieu 16:24).

Lorsque je suis revenue chez moi, je me suis souvent rappelée notre pèlerinage ainsi que les souvenirs de ma vie. Par la grâce de Dieu, je peux revivre ces merveilleuses leçons sous un autre jour, surtout lorsque je souffre beaucoup ou que mes problèmes de santé s'aggravent. Je sais maintenant, même si ce n'est pas complètement, combien Dieu m'aime, combien Dieu nous aime! Je sais que nous pouvons vivre le Sacrifice de la Messe quotidiennement avec Jésus à la Messe, ainsi que dans nos croix quotidiennes. Lorsque le prêtre célèbre la Messe, il célèbre le don de l'amour de Dieu. Et dans notre participation et notre réception de ce don, nous sommes unis à Lui de manières que je n'aurais jamais crues possibles.

# Deuxième partie

# Chapitre 1

## Le temps s'envole

*Pour le Seigneur, un jour est comme mille ans,*
*et mille ans sont comme un jour.*

2 Pierre 3:8

Comme beaucoup de choses dans notre vie, certaines doivent être mises en veilleuse. Mon histoire était loin d'être terminée lorsque j'ai mis sur les tablettes le manuscrit original, commencé il y a vingt ans, faute de pouvoir le terminer. J'ai essayé, mais le puits de mes mots s'était tari. Puis, il y a dix ans, j'ai ajouté, remanié et édité *Pain of Grace*, espérant une fois de plus trouver une conclusion, mais ce fut en vain. Récemment, les remous d'une bonne vieille culpabilité juive et catholique m'ont incitée à me remettre au travail, et me voici. Je suppose que c'est le bon moment, car tout s'est mis en place pour que le livre que vous tenez entre vos mains, avec la conclusion et tout le reste, puisse voir le jour. Dieu soit loué! Alors, rattrapons un peu le temps perdu.

*Biblically Correct* est resté en activité pendant 15 ans et a donné à notre famille de nombreuses occasions de rencontrer des catholiques formidables qui aiment le Seigneur et son Église. Mais lorsque ma santé s'est détériorée au point que je priais pour ne plus avoir de grosses commandes, j'ai réalisé que ce n'était pas une bonne attitude à avoir dans les affaires et qu'il était peut-être temps de tout arrêter. Je n'avais plus l'énergie ni la capacité physique de passer beaucoup de temps en position *verticale* comme l'exigeait la gestion de l'entreprise et j'ai constaté que mon *temps en position horizontale* avait considérablement augmenté, de même que mon besoin de nouveaux médicaments et traitements. Il semblait que c'était e temps de fermer les portes de *Biblically Correct*.

Avec les années, j'ai constaté que mes enfants n'étaient plus des enfants, ni les miens. Ils ne l'ont jamais vraiment été. Ils ont toujours été un don du Seigneur qui, en toute confiance, nous a demandé, à Bob et à moi, de les élever pendant un certain temps. Les années de pré-adolescence et d'adolescence de mes enfants furent en fait assez agréables, à l'exception de quelques conflits d'autorité occasionnels ou de disputes au sujet de corvées de routine. Me battre avec Christopher pour qu'il pratique son saxophone était un supplice pour mes nerfs, et lorsqu'il s'exerçait enfin, c'était une épreuve pour mes oreilles. Et puis il y avait le problème permanent des horaires de sommeil de Logan. Par ailleurs, plutôt que me battre avec les enfants pour qu'ils soient respectueux ou qu'ils fassent leurs devoirs, je me battais quotidiennement avec mon propre corps pour qu'il reste en un seul morceau. Et parfois, il refusait tout simplement, disloquant des côtes, des vertèbres, des hanches et des pouces simplement parce que mon corps semblait n'avoir rien de mieux à faire que de me narguer avec la douleur et le désespoir. Mais Dieu ne voulait pas laisser cela arriver. J'ai bénéficié d'une surabondance de grâces attribuables aux prières de mes chers amis et de ma si aimante famille. Mon amie Mary était non seulement ma meilleure amie et ma **guerrière de la**

# Chapitre 1: Le temps s'envole

***prière*,**[1] mais elle a aussi joué le rôle de seconde maman pour mes enfants et même pour moi parfois, surtout quand j'avais besoin qu'on me rappelle d'arrêter ce que j'étais en train de faire, sinon j'allais souffrir le martyre plus tard. Mais moi, en désaccord avec ses mises en garde, je n'écoutais pas, et, par après, j'étais choquée de souffrir le martyre, généralement le lendemain matin. Les matins étaient toujours pour moi les pires moments. Dieu merci! Les soirées étaient généralement meilleures. Nos moments en famille et nos conversations au dîner commençaient généralement par les enfants qui nous racontaient leur journée. Même s'ils m'avaient déjà raconté leur journée, en arrivant de l'école, ils répétaient volontiers les événements à leur père pendant le dîner.

La tradition de choisir leur numéro a commencé dès l'école primaire et s'est poursuivie jusqu'au lycée. La première fois que les enfants sont rentrés à la maison en annonçant « Je suis 1. » « Je suis le 2, » et ainsi de suite, j'ai été prise au dépourvu. « Qu'est-ce que vous racontez, vous avez 1 an et vous avez 2 ans? » Éric m'expliqua : « Tu sais, quand on rentre à la maison et qu'on commence tous en même temps à te raconter notre journée, tu dis toujours : « Choisis un numéro. » Alors, on l'a fait, et je suis le numéro 1, donc je commence. » Éric a toujours été M. *Littéral*, et sa solution a très bien fonctionné. Les enfants, selon le numéro qu'ils s'étaient attribué ce jour-là, me racontaient leur journée à l'heure prévue. Ils savaient toujours que je serais à la maison en train de travailler ou de m'allonger, et, où que je sois, nous passions en revue les événements de leur journée. Honnêtement, pour moi, ce n'était pas la conversation la plus stimulante,

---

[1] Une association de femmes qui se réunissent à des intervalles reguliers pour prier ensemble.

mais je voulais vraiment que les enfants prennent l'habitude de me raconter leur journée, leurs pensées et leurs activités, qu'elles soient bonnes ou mauvaises. Je savais que le jour où ils entreraient au lycée (surtout les garçons), les conversations parents/enfants ne risque disparaître, et j'espérais que cette approche contribuerait à éviter que ce dialogue ne se produise plus.

Alors que Bob étudiait pour le diaconat permanent, Chris pour la prêtrise et Éric pour son diplôme de philosophie à l'Université catholique, nos dîners en famille sont devenus moins fréquents mais beaucoup plus *intellos*. Je veux dire plus profonds.

Au cours de ces nombreuses années, mes enfants m'ont apporté beaucoup de joie. Ce n'est pas parce que je ne pouvais pas sortir du lit un jour donné que je n'ai pas pu apprécier les écureuils qui se poursuivaient dehors, tandis que Logan me décrivait en détail ce qu'il aimait voir dans notre jardin. Et lorsque le professeur d'Éric m'a appelée pour me décrire comment mon fils avait fait danser et rire tous les enfants du bus en rentrant d'une excursion. J'ai pu l'imaginer dans mon esprit et rire comme si j'y étais moi aussi. Quand Chris a décrit le météore qui a survolé le dôme de Saint-Pierre, depuis le sommet du Collège Pontifical nord-américain,[2] un jour de fête de la Sainte Vierge, et j'ai pleuré en le voyant à travers ses yeux et le son de l'émerveillement dans sa voix. Et lorsque Kaitlyn nous a appelés pour nous dire que l'amour de sa vie l'avait demandée en mariage dans leur chapelle préférée au Sanctuaire de l'Immaculée Conception, là aussi, j'ai trouvé la joie. Et même lorsque chaque parcelle de mon corps hurlait de douleur nerveuse, j'ai pu trouver de la joie en

---

[2] Le Grand Séminaire qui accueille des séminaristes américains envoyés par leur évêque pour se préparer à devenir prêtres.

# Chapitre 1: Le temps s'envole

sachant que Dieu donnait à mon mari et à mes enfants la grâce dont ils avaient besoin pour Le suivre.

Les Seith ont aussi leurs problèmes. L'une de mes imperfections les plus notables, dont mes enfants aiment se souvenir, s'est manifestée lorsque j'ai déchiré les devoirs de mathématiques de Christopher et que j'avais dû écrire une lettre à son professeur pour lui expliquer à quel point j'étais une mère horrible. Les maths, ce n'est pas ma tasse de thé. Trop de chiffres m'angoissent. Je plaisante souvent en disant que c'est pour cela que j'ai épousé un mathématicien, pour ne plus jamais avoir à faire de maths. Malheureusement pour Chris, Bob était en voyage d'affaires lorsque Cris a eu besoin d'aide pour un problème de maths. « Un seul problème? » demandai-je. « Oui, bien sûr! » Je me suis dit : « C'est un problème de maths de 4e, pour l'amour du ciel! » En moins de trois minutes, je me suis mise à crier comme une maniaque et le pauvre Chris s'est mis à pleurer. Le reste appartient à l'histoire. Le lendemain soir, Logan m'a demandé si je pouvais l'aider à résoudre un problème qu'il avait avec ses devoirs. Je ne suis même pas sûre qu'il s'agissait d'un problème de maths, car Chris a surgi de nulle part, a volé dans la pièce, a attrapé la page de devoirs de Logan et a crié : « NON! Prends-la et déguerpis! » Christopher a aidé Logan à faire ses devoirs ce soir-là, ce qui s'est avéré être une bonne expérience pour les garçons et une autre façon pour Dieu de nous montrer qu'il peut utiliser une situation indésirable pour sa plus grande gloire et pour l'amour fraternel. Il y a beaucoup d'autres histoires sur la façon dont j'ai été imparfaite dans l'éducation de mes enfants, et si vous voulez les connaître mes sottises, Kaitlyn, Chris, Logan et Eric devront écrire leurs propres livres, ou, si vous attendez assez longtemps, le diacre Bob et le Père Chris raconteront ces histoires, car il semble qu'elles soient devenues le sujet de leurs homélies.

Les enfants Seith ont continué à grandir, à mûrir et à s'épanouir dans leurs dons. Maintenant qu'ils sont adultes, Bob et moi pouvons voir les fruits de nos efforts, ainsi que nos échecs. Heureusement que Dieu est bien plus grand que nos erreurs. « Et nous savons que, « en toutes choses, Dieu travaille au bien de ceux qui l'aiment, de ceux qui ont été appelés selon son dessein » (Rom. 8:28). Comme mon fils aîné, le père Christopher, aime me le rappeler souvent : « Maman, ne sous-estime jamais ce que Dieu fait de tes souffrances ». C'est en voyant ces grâces se manifester dans notre famille que je trouve ma joie. Non seulement Dieu transforme nos offrandes lorsque nous les unissons aux siennes, mais, ce faisant, il nous permet d'être intimement liés à ceux pour qui nous prions et faisons des offrandes. Alors que Bob et moi approchions du moment de voir le nid se vider, j'ai été réconfortée par les paroles de Chris, qui m'a dit que je me rapprochais de mes enfants dans la prière, par Lui et avec Lui.

En l'espace de deux semaines, Kaitlyn a épousé Chris McGrath, s'est installée dans la ville voisine et notre Chris est parti pour le séminaire. Lorsqu'il était petit, et que nous avions reconnu la vocation sacerdotale de Chris. J'ai prié pour que, si Dieu l'appelait à la prêtrise, « Alors Seigneur, envoie-le là où il sera bien formé et où il tombera amoureux de son épouse, l'Église ». Je n'ai donc pas été surprise lorsqu'il a été envoyé au *Collège pontifical nord-américain* à Rome. J'aurais dû faire plus attention à ce que je demandais. Christopher, resta à Rome cinq ans! Qu'est-ce qui m'a pris?

# Chapitre 1: Le temps s'envole

Après le départ de Christopher, Logan a terminé sa licence en bénéficiant d'une bourse complète à l'Université du Maryland. Il a ensuite déménagé à Houston avec une autre bourse complète pour son master en percussion à l'Université Rice. Aimant le Texas, Logan en a fait sa résidence permanente. Puis Éric, après avoir failli perdre sa foi dans un lycée catholique, a été conduit, par la grâce de Dieu, à poursuivre sa passion pour la philosophie à l'Université catholique, où il a vécu dans un logement hors campus. La tristesse de notre nid vide a été balayée par la joie pure que la foi d'Éric puisse être renouvelée dans cette formidable école sous la direction du président John Garvey, ecole dont le campus est adjacent au Sanctuaire de l'Immaculée Conception, où de nombreuses traditions familiales ont été célébrées, et de nombreuses prières exaucées.

Lorsque la foi d'Éric, au lycee avait été mise à l'épreuve du feu, nous étions tous dans la tourmente et nous nous sommes agenouillés. Bob, Kaitlyn, Chris et Logan se sont agenouillés pour prier pour Éric. Je ne pouvais plus m'agenouiller. L'idée qu'Éric s'éloigne de Dieu, de l'Église et de la foi chère à notre famille nous terrifiait. Nous ne savions pas quoi faire de plus pour lui que ce que nous avions déjà fait. Éric a toujours eu une relation spéciale avec la Sainte Mère depuis qu'il est tout petit. Alors que d'autres garçons collectionnaient les cartes de baseball, Éric avait une collection de cartes de prières mariales arborant les différents portraits et titres de Marie. Le matin suivant la crise d'Éric qui ne me reconnaissait plus comme sa maman, je m'étais réveillée en pleine agonie, de la tête aux pieds, avec ce que j'appelle une migraine généralisée. Tout le stress avait envahi une grande partie de mon corps instable, et j'ai eu l'une des pires migraines meurtrières qui soient. Les douleurs des nerfs étaient atroces à cause des nombreuses dislocations qui pinçaient les nerfs, ainsi que des spasmes musculaires dans tout mon corps qui provoquaient toute une série de symptômes neurologiques. Ma première pensée, qui m'a surprise, a été de remercier Dieu d'avoir quelque chose à offrir pour Éric. Était-ce là ce que voulait dire saint Paul lorsqu'il déclarait : « Maintenant, je me réjouis de mes souffrances à cause de vous, et je comble dans ma chair ce qui manque aux afflictions du Christ pour son Corps, qui est l'Église » (Col 1, 24)? « Est-ce que j'ai enfin compris? » Ce matin-là, à travers et dans une immense douleur, j'ai trouvé ma joie. Ma douleur unie à Notre Seigneur ce jour-là a donné pour Éric tout ce que je pouvais donner. Dieu a accepté mon don, uni au Sien, et a transformé la souffrance en grâce. Sans Dieu, la souffrance est misérable; elle n'a aucun sens. Avec Dieu, tout est possible (Mt.19:26). Une fois de plus, j'ai entendu le Seigneur dire à mon cœur : « Tu vois, tu commences à comprendre combien je t'aime. Unis tes souffrances aux Miennes sur la croix. C'est là que Je peux transformer la mort en vie nouvelle ». Embrasser mon Seigneur crucifié et ressuscité m'a donné non seulement de la joie, mais aussi de l'espoir. Lorsqu'Il a été crucifié, Jésus, pleinement homme et pleinement Dieu, a assumé toutes nos souffrances et tous nos péchés. Il les a mis à mort dans son propre corps. En ressuscitant, Il a transformé la mort en vie. La souffrance rédemptrice de Jésus est pour tous les hommes et pour tous les temps. C'est pourquoi, à chaque Messe, nous nous sacrifions pour Lui et avec Lui. C'est pourquoi nous pouvons nous offrir à Lui et avec Lui dans nos sacrifices et nos mortifications. En nous permettant de partager ce don rédempteur de Son amour lorsque nous nous unissons à Lui, Il nous transforme en vin nouveau, mêlé à Son Sang et versé

# Chapitre 1 : Le temps s'envole

par Lui, Jésus, l'outre du vin nouveau de la Nouvelle Alliance (Luc 5, 37-39). Une fois de plus, le Divin Maître a permis une chose si douloureuse pour notre famille et l'a transformée par sa puissance d'amour en un don remarquable, le don de la foi d'Éric.

Un autre cadeau remarquable a été le jour où Kaitlyn a épousé Chris McGrath, le jour de la fête de l'Assomption de Notre-Dame. Comme le veut la tradition, la mère de la mariée est la dernière à être escortée jusqu'à son fauteuil avant le début de la messe nuptiale. Il n'était pas question que j'utilise mon fauteuil roulant pour ce moment précieux. Logan et Éric m'ont donc accompagnée l'un et l'autre dans l'allée. Ni mes fils, ni personne d'autre ne s'est rendu compte que, au moment où j'avançais dans l'allée, j'étais devenue aveugle des deux yeux à cause d'une double migraine oculaire. J'ai souri et j'ai descendu l'allée en essayant d'agir normalement, alors que ma vue n'était pas du tout normale. Le Père Bill Byrne a célébré la Messe et a souligné avec humour la relation amoureuse de Kaitlyn et Chris, qu'il avait connus en tant qu'aumônier du Centre des étudiants catholiques de l'Université du Maryland. J'ai pleuré et je me suis réjouie lorsque ma fille unique et son bien-aimé ont échangé leurs vœux et ont été déclarés mari et femme. J'ai souri pour les photos, secrètement impatiente de les voir, afin de voir clairement ce que j'avais manqué, car je ne pouvais pas voir e clairement sinon seulement un tourbillon de lumières et de couleurs qui me donnaient la nausée. Ma vue s'est éclaircie une heure après le début de la réception, lorsque mes médicaments ont enfin fait leur effet. J'ai alors été témoin de la joie dans les yeux de Kaitlyn, qui dansait avec son nouveau mari. Quant à Chris, qui n'avait d'yeux que pour Kaitlyn depuis le jour où ils s'étaient rencontrés, il brillait à présent sous les yeux ravis de sa nouvelle épouse. Notre famille et nos amis qui s'étaient rassemblés se sont réjouis de cette union sacrée, et j'ai enfin pu voir dans les yeux remplis de larmes de nos invités leur émerveillement devant cet événement béni de l'amour véritable.

Les yeux de mon père, cependant, reflétaient la confusion et l'anxiété de quelqu'un qui venait d'être récemment diagnostiqué comme atteint de la maladie d'Alzheimer. Lorsque les pensées de Papa ont commencé à devenir incohérentes et que ses inquiétudes se sont intensifiées, ma sœur et son mari ont généreusement réaménagé une aile de leur propre maison et en ont fait un magnifique foyer pour mes parents. Là, ils se sont occupés sans relâche des besoins croissants de Maman et de Papa, les emmenant à de nombreux rendez-vous médicaux et visites à l'hôpital et faisant tout ce qu'ils pouvaient imaginer pour eux. Lorsque la maladie d'Alzheimer devint beaucoup trop difficile à gérer à la maison, ils ont trouvé un merveilleux personnel attentionné dans une maison de retraite près de chez nous. Dans ce nouvel établissement, étourdie que j'étais, je n'aurais pas à faire face à tous les obstacles qui rendaient rares mes visites à mes parents quand ils habitaient chez ma sœur. Je ne pouvais non plus rendre visite à mon père aussi souvent que je l'aurais souhaité dans son nouveau lieu de vie en raison de mon incapacité à me tenir debout. Comme je devais passer de plus en plus de temps au lit, je priais pour la paix de Papa, tandis que Bob allait religieusement lui rendre visite tous les dimanches.

Lorsque Papa ne fut plus capable de communiquer, nous lui tenions la main, ce qui l'assurait notre amour. Il était toujours Papa, mais à une autre étape de sa vie. Comme la santé de Papa se détériorait, j'espérais et je priais continuellement à travers mes propres combats, demandant au Seigneur d'utiliser cette période difficile pour lui, comme une partie de son purgatoire. La mort de Papa, le Mercredi des Cendres, fut pour nous une sainte immersion dans le saint temps du Carême dans lequel nous entrions.

# Chapitre 2

## Les montagnes russes

*Le Seigneur a donné et le Seigneur a repris ;*
*que le nom du Seigneur soit béni!*

Job 1:21

Lorsque Monseigneur Panke a annoncé à Chris que le Diocèse souhaitait qu'il termine ses études en vue de la prêtrise au Collège pontifical nord-américain (NAC) à Rome, seul Chris a été surpris. Monseigneur Panke a dit qu'il comprenait si Chris pensait qu'il valait mieux ne pas y aller à cause de mes problèmes de santé et que ses études au séminaire pouvaient être achevées au séminaire Mount St. Christopher. En fils aimant et attentionné, m'a demandé mon avis.

« Tu es fou? Tu *me* demandes de t'empêcher d'étudier pour la prêtrise à Rome! Vraiment!? Le Vatican?! » Ce à quoi Chris répondit : « Maman, je serai parti pendant cinq ans. Je partirai juste après que Kaitlyn soit revenue de sa lune de miel, donc elle sera partie. Logan partira pour l'université, Éric est occupé avec l'école, et Papa est occupé avec ses cours de préparation au diaconat et son travail. Aucun d'entre nous ne sera là, ce qui sera déjà assez difficile pour toi. Avec l'aggravation de ton état, tu ne pourras peut-être pas venir me voir à Rome. Et pour le premier été, je n'ai pas le droit de revenir aux États-Unis, donc je ne te verrai pas pendant 22 mois ». « « D'accord! » Mon cœur a battu la chamade quand j'ai entendu « vingt-deux mois » sans que Chris ne revienne à la maison, mais je lui dis : « Tu vas y aller! C'est clair! Pas de discussion! Ce n'est pas un problème ».

Alors que ma tristesse grandissait à l'idée de son départ, je me suis souvenue des leçons que Papa m'avait données tout au long de ma vie, à savoir de compter mes bénédictions parce que d'autres avaient connu des situations bien pires. Je n'arrêtais pas de me dire que je devais être reconnaissante de cette chance offerte à Christopher et que mon sacrifice de ne pas voir mon fils pendant 22 mois n'était rien comparé à celui des mères, des pères, des époux et des enfants dont les proches servent comme militaires et défendent notre liberté. J'ai décidé que, chaque fois que Chris me manquerait, je prierais et je ferais une offrande pour ceux qui protègent et défendent nos droits, en particulier ceux qui sont en danger. Cela m'a permis de relativiser mon petit sacrifice. De plus, il y avait Skype et, qui sait, peut-être que Bob et moi pourrions rendre visite à Chris à Rome. Après tout, si Dieu le voulait, cela pourrait arriver. J'ai demandé à Bob de me procurer les premiers niveaux du cours d'italien de *Rosetta Stone*,[1] car « on ne sait jamais ».

Le déni et la distraction m'ont bien servi pendant un certain temps, du moins c'est ce que je pensais. J'ai ignoré les conséquences de la conduite en voiture sur mon cou, ma colonne vertébrale, mes

---

[1] La pierre de Rosette est une stèle de granodiorite sur laquelle sont gravées trois versions d'un décret publié en 196 avant J.-C., sous la dynastie ptolémaïque d'Égypte, au nom du roi Ptolémée V Épiphane. Les textes du haut et du milieu sont rédigés en égyptien ancien, respectivement en hiéroglyphes et en démotique, tandis que le texte du bas est en grec ancien. Le décret ne présente que des différences mineures entre les trois versions, ce qui fait de la pierre de Rosette la clé du déchiffrement des écritures égyptiennes.

# Chapitre 2: Les montagnes russes

muscles et mes nerfs. Qu'est-ce qu'un petit voyage en avion de toute façon? Si Dieu permettait un autre voyage à Rome, alors il trouverait un moyen pour que cela se realise.. Je n'avais qu'à prier et voir quelle serait sa réponse.

Avec l'espoir d'un nouveau voyage à Rome, ma meilleure amie, Mary, et sa nièce, Erin, étaient ravies d'apprendre que j'avais quelque chose à attendre puisque chaque jour semblait plus difficile que le précédent. Erin avait travaillé pour moi, aidant *Biblically Correct* à fonctionner et à se développer. Lorsqu'Erin est partie à l'université, Mary a pris le relais pour m'aider à faire fonctionner notre entreprise de T-shirts alors que je n'avais plus la force physique ou mentale de le faire. Nous savions tous que le jour viendrait bientôt où je devrais abandonner l'entreprise des T-shirts de Dieu, mais en attendant, je pouvais me distraire en peignant des saints et en réfléchissant à la manière dont je pourrais me rendre à Rome en un seul morceau. Lorsque Mary a découvert que les sièges de la classe affaires et de la première classe s'inclinaient complètement vers l'arrière, mon premier problème a été résolu. On m'a équipé d'une minerve et j'avais déjà ma dorsale, mes soutiens pour les pouces et les poignets, ainsi que mon fauteuil roulant, ce qui a permis de résoudre un autre problème. Il ne nous restait plus qu'à choisir une date, un vol et un lieu de séjour. Nous avons choisi la période du 24 avril au 3 mai, parce qu'elle se situait après Pâques et que nous espérions qu'il n'y aurait pas trop de monde. Pendant les vacances de Pâques, Chris aurait du temps libre

Quand Chris a téléphoné à l'improviste, il semblait un peu paniqué. « Avez-vous déjà fait vos réservations de vol et d'hôtel parce que quelque chose va être annoncé dans la journée qui pourrait vous empêcher d'obtenir des réservations d'hôtels ou des vols pour la semaine où vous voulez venir. » « Eh! bien, oui! », ai-je répondu. « Papa et moi, Mary et Erin sommes prêts. Nous avons tout réservé ce matin. Qu'est-ce qui se passe? » « Je n'ai pas le droit de le dire tant que ce n'est pas annoncé officiellement, mais vous allez péter les plombs! » annonce Chris avec enthousiasme. Une heure plus tard, l'annonce fait la une des journaux : Nous serions à Rome cette même semaine, non seulement pour rendre visite à Christopher comme nous l'avions prévu, mais aussi, comme Dieu l'avait prévu, pour célébrer avec l'Église universelle cette proclamation triomphale selon laquelle mon pape bien-aimé allait devenir le « bienheureux Jean-Paul II ».

Lorsque le pape Jean-Paul II a quitté son troupeau affligé le 2 avril 2005 pour rejoindre la maison de son Père, j'ai pleuré, comme des millions de personnes, devant une perte aussi importante pour notre monde, mais aussi en remerciement pour les nombreuses années pendant lesquelles il a été parmi nous pour nourrir et guider ses brebis. Même après sa mort, Dieu a donné au monde un signe clair qu'Il était toujours le Maître de toutes choses en l'appelant près de Lui après la Messe de la Vigile de la Fête de la Divine Miséricorde, célébrée à côté de son lit de mort. Jean-Paul II avait très à cœur la dévotion à la Divine Miséricorde et il a grandement contribué à ce qu'elle soit célébrée par l'Église universelle. Le moment de la mort de Jean-Paul II n'est pas une coïncidence, car c'est lui dont le Seigneur s'est servi pour rouvrir et faire avancer le processus de canonisation de la compatriote polonaise de, Sœur Faustine, qui était au point mort. Elle a été la première sainte que Jean-Paul II a canonisée au cours de l'Année jubilaire 2000. Quant à Christopher et moi, nous avons été réconfortés de savoir que l'anniversaire de notre baptême, que nous avons reçu ensemble et célébré le 2 avril, serait toujours lié à l'accomplissement par Jean-Paul II de la promesse de son baptême. Une fois de plus, Dieu nous a fait un cadeau extraordinaire en nous permettant, à Christopher et à moi, à Bob, à Mary et à Erin, ainsi qu'à deux millions d'autres personnes, de célébrer à Rome la béatification de notre Papa bien-aimé. Nous avons été remplis d'une immense gratitude.

Chris était là pour nous accueillir à l'aéroport lorsque nous sommes arrivés à Rome. Il voyait bien que j'étais épuisée, mais il a insisté sur le fait que si nous ne nous rendions pas tout de suite à Saint-Pierre avant l'arrivée des nombreux pèlerins, nous aurions peu d'espoir de nous approcher de la tombe de Jean-Paul II et d'avoir quelques instants de silence pour prier avec lui. C'est donc avec le décalage horaire et la douleur que je me suis rendue sur la tombe de mon saint héros. Cela en valait vraiment la peine car, comme nous l'avons découvert, avoir un fils séminariste à Rome avait ses avantages. On nous a fait descendre sans hésitation et nous avons pu prier tranquillement sur la tombe de Jean-Paul II pendant un long moment. J'ai ressenti la présence de Jean-Paul II si fortement que je ne voulais pas partir. Christopher, voyant qu'une file d'attente s'était formée avec d'autres personnes souhaitant se recueillir, m'a finalement éloignée avec la seule chose qui aurait pu me faire bouger. « Hé! Maman, viens. Je vais te montrer où se trouvent les ossements de Saint-Pierre. » Et nous sommes partis vers la chapelle des Célestins, qu'un des confrères séminaristes de Chris avait déverrouillée pour nous.

« Wow!!! C'est fou comme je suis gâtée », me suis-je dit, même si mon corps me suppliait de me mettre à l'horizontale. Nous avons prié dans cette belle et sainte chapelle, à moins d'un mètre des ossements de saint Pierre et du lieu de son martyre. Chris nous a expliqué que les ossements de saint Pierre se trouvaient dans une boîte derrière l'autel. J'ai fait de mon mieux pour les voir, mais je n'y suis malheureusement pas parvenue. « Ne t'inquiète pas, maman », dit Chris, « si tu peux revenir pour mon ordination diaconale dans quelques années, tu pourras peut-être participer au Scavi Tour et les voir à ce moment-là ». « *Si?* Vraiment?! »

Le jour de la béatification a été glorieux, mais deux millions de personnes, c'est une foule énorme! Nous avons pensé sommes imaginés que nous verrions mieux la Messe à la télévision dans notre chambre d'hôtel avec les fenêtres ouvertes, évidemment! Nous nous sommes aventurés sur la place Saint-Pierre avant et après la messe de béatification pour vivre une partie de l'excitation et de la joie. Après avoir entendu les témoignages de ceux qui avaient essayé d'assister à la Messe de béatification, nous avons réalisé que nous avions fait le bon choix. En effet, nous étions bien plus à l'aise depuis notre poste d'observation dans notre chambre d'hôtel que la plupart des participants à la Messe proprement dite, qui noircissaient sur quelques kilomètres la *Via della Conciliazione* et jusqu'au Tibre. Pendant une semaine entière, Rome a été envahie par la joie de personnes venues des quatre coins du monde. Transfigurés par la joie, nous pouvions nous aussi nous écrier avec mots de saint Pierre : « Il est bon que nous soyons ici » (Mt. 17, 4).

Le lendemain, Mary voulait retourner à St. Peters et prier une dernière fois sur la tombe du bienheureux Jean-Paul II. Nous

## Chapitre 2: Les montagnes russes

sommes arrivés tôt et avons fait la queue pour ce que nous pensions être la file d'attente pour son tombeau, qui avait été déplacé dans l'église supérieure. Lorsque les gens m'ont vu en fauteuil roulant, ils nous ont poussés de plus en plus loin dans la file d'attente. Lorsque nous sommes arrivés au poste de garde, Mary et Erin ont été invitées à entrer d'une certaine manière, et Bob et moi d'une autre. Quelque chose n'allait pas. L'instant d'après, on nous a fait défiler dans l'allée centrale de la place Saint-Pierre, et les gens qui occupaient les sièges des deux côtés de la piazza nous souriaient et nous faisaient des signes de la main. J'ai donc souri et salué à mon tour, comme une reine dans un défilé, tout en me demandant dans quoi nous nous étions embarqués. Lorsqu'on nous a escortés jusqu'à l'entrée et qu'on nous a remis des programmes, des bouteilles d'eau et des cartes de prière, nous avons réalisé que nous étions aux premières loges pour assister à une Messe d'action de grâces pour la béatification du bienheureux Jean-Paul II, et que l'homéliste n'était autre que le cardinal Stanislaw Dziwisz, le secrétaire personnel et ami de Jean-Paul II. Avant le début de la messe, deux personnes ont récité des poèmes écrits par Karol Józef Wojtyła, en polonais et en italien. J'ai pu comprendre l'essentiel de la poésie récitée en italien, grâce aux cours d'italien sur ordinateur que Bob m'avait donnés l'année précédente. La Messe fut EXTRAORDINAIRE! Comment ne pas l'être, - une Messe à Saint-Pierre pour la meilleure raison qui soit, du moins c'est ce que je pensais.

Lorsque nous sommes rentrés de notre nouvelle aventure romaine, j'ai rapidement réalisé que les conséquences du voyage sur ma colonne vertébrale, mon dos et mon cou étaient trop importantes pour être ignorées. Il était enfin temps d'explorer d'autres options qui rendraient ma vie plus vivable et de rechercher le médecin expert qui aidait les autres membres de la communauté Ehlers Danlos. J'ai appelé et pris rendez-vous pour une consultation avec le neurochirurgien. J'ai fait faire une imagerie par resonnance magnétique et une tomodensitométrie avant ma visite. J'avais l'espoir que les douleurs lombaires intolérables qui s'aggravaient depuis des années pourraient un jour disparaître. Et si le Dr Henderson pouvait également mettre fin aux maux de tête et aux douleurs cervicales, ce ne serait qu'un bonus, me disais-je.

"Il faut stabiliser votre colonne cervicale immédiatement". En montrant l'imagerie par résonnance magnétique le médecin nous a montré une vertèbre qui s'enfonçait dans ma moelle épinière. « Si vous tombez ou si vous avez un accrochage, vous pourriez facilement devenir tétraplégique. » « Quoi?! Je veux d'abord qu'on me soigne le bas du dos. C'est ce qui me fait le plus mal. »

« ai-je répondu. Le Dr H m'a expliqué que les problèmes liés à la colonne vertébrale étaient sa première préoccupation et qu'il fallait s'en occuper. « La stabilisation de la colonne cervicale améliore parfois les problèmes du bas du dos », a-t-il ajouté.

Mon espoir avait cédé la place à la peur, et j'ai rapidement été submergée par les nouvelles informations. Lorsque nous sommes retournés à notre voiture pour rentrer à la maison, j'ai senti l'anxiété monter en moi, mon cerveau s'est arrêté et des larmes ont coulé sur mes joues. « Nous allons simplement demander un deuxième avis », a dit calmement Bob alors que nous étions assis dans le parking, choqués par ce que le médecin nous avait dit. Bob était lui aussi effrayé, mais il essayait de réfléchir logiquement aux nouvelles découvertes. Je voulais m'accrocher à mes amis - le déni et la distraction.

Au cours des mois qui ont suivi, nous avons demandé un deuxième, un troisième et un quatrième avis. Nous avons tout entendu, de « Vous ne devriez pas vous faire opérer avant d'être complètement handicapée » à « Je suis d'accord avec le Dr H., et quand vous serez prête à vous faire opérer, je pourrai le faire si vous le souhaitez ». Un autre expert a rétorqué : « Un chirurgien serait fou d'opérer une personne avec tous vos problèmes. » Après avoir quitté la dernière consultation, j'ai fondu en larmes parce que je ne savais pas quoi faire. Je me suis dit : « Je ne tomberai pas, je n'aurai pas d'accrochage et tout ira bien ». J'ai décidé de ne rien faire, car c'était trop pour moi, mentalement et physiquement, en ce moment. Je continuerais la kinésithérapie et j'y réfléchirais demain, même si demain n'arriverait pas avant deux ans. L'ordination diaconale permanente de mon mari et l'ordination diaconale transitoire de mon fils sont passées au premier plan de mon esprit, juste derrière les pensées de mon premier petit-enfant qui arriverait bientôt dans mes bras. J'étais incroyablement excitée! De nombreuses bénédictions se profilaient à l'horizon et je ne voulais pas qu'une opération chirurgicale vienne les gâcher

# Chapitre 3

## Des bénédictions à profusion

*Nous savons qu'en toute chose, Dieu travaille pour le bien avec ceux qui l'aiment.*

-Rom. 8:28

Lorsque Kolbe est né, mon cœur a explosé de joie. Tout ce qui a été dit de merveilleux sur le fait d'être un grand-père ou une grand-mère est vrai. Être une Mamie vaut toutes les difficultés de la parentalité. Un petit-enfant, c'est la joie manifestée. Il peut sembler difficile de penser que Dieu nous aime plus que nous n'aimons ces innocentes et belles créations appelées *petits-enfants*. Mais c'est le cas. Il nous aime infiniment plus. C'est fou! Et tenir Kolbe et les autres petits-enfants dans mes bras et leur laisser faire des câlins à Mamie vaut tout l'or du monde. Non seulement j'ai trouvé de merveilleuses distractions dans le fait d'être grand-mère, mais les deux ordinations à préparer m'ont aussi détournée de mes propres problèmes. Bob a été ordonné diacre permanent pour l'Archidiocèse de Washington au Sanctuaire de l'Immaculée Conception quatre mois avant que Christopher ne soit ordonné diacre transitoire dans la Basilique Saint-Pierre de Rome. Avec 50 autres membres de la famille et amis, nous nous sommes préparés avec enthousiasme à notre grand voyage. Étant donné que je suis toujours un peu lambine, je ne suis pas la meilleure pour me préparer à quoi que ce soit.

Deux jours avant notre voyage d'ordination à Rome, Bob et moi nous sommes retrouvés dans une situation inconfortable. C'était plus inconfortable pour Bob que pour moi, car je suis plutôt du genre à voler de mes propres ailes. Deux jours avant notre départ, j'ai fini par penser à demander à Bob de descendre nos bagages du grenier afin que nous puissions préparer un voyage que nous connaissions depuis quatre ans. Lorsqu'il a descendu deux petits bagages à main, je lui ai demandé ce qu'il en était du reste. « C'est tout. C'est tout ce que nous avons », a-t-il répondu. « Nous avons donné tous nos grands bagages aux enfants pour les Journées mondiales de la Jeunesse, les auditions à travers le pays et tous les autres voyages qu'ils ont effectués. Je suppose que nous allons devoir acheter des valises ». Supposant que Bob irait faire des courses plus tard dans la soirée, j'ai posté sur Facebook, en plaisantant, la question suivante : « Combien de sacs d'épicerie équivalent à un bagage? ». Quelques-uns de mes amis ont répondu par le « *lol* »[1] Quelques-uns, dont Mary Regan, ont généreusement offert des bagages supplémentaires que nous pourrions utiliser. Le fils de Mary, le Père Kevin, était allé au Collège Pontifical Nord-Américain des années auparavant, et Mary, ainsi que beaucoup de membres de sa famille et d'amis, avaient fait le même voyage que nous et savaient exactement ce dont nous aurions besoin : fer à repasser, convertisseur électrique et valises, également. J'ai appelé Mary pour accepter son offre.

Il est remarquable que Dieu se serve de nos échecs et de nos faiblesses pour gagner et pour relier des chemins, même lorsque nous

---

[1] (Acronyme) Initiales de l'anglais [*I am*] *Laughing Out Loud* (« je ris à gorge déployée, j'éclate de rire ») ou de « **L**ots **O**f **L**aughs » (beaucoup de rires).

n'en sommes pas conscients. Quelques nuits avant le voyage inutile de Bob dans le grenier, nous avions été réveillés par un événement terrifiant : Moi, criant et tremblant, plongée dans un horrible cauchemar peuplé de démons dont je n'arrivais pas à me défaire en me réveillant. Je criais pour que Bob me réveille et me dégage de l'immondice qui semblait m'envelopper complètement. En dépit des cris que je percevais clairement dans mon cauchemar, mon mari, surpris, n'entendait que des sons étouffés et des gémissements. Il a immédiatement compris que j'étais en détresse et s'est mis à crier : « Réveille-toi! réveille-toi! ». Je n'y arrivais pas. Lorsque Bob a essayé de me secouer et m'a fait asseoir sur le bord du lit, j'ai compris et ressenti tout ce qui se passait, mais je n'arrivais toujours pas à sortir du cauchemar. J'ai continué à crier : « Je ne peux pas me réveiller! ». Cette fois, il a compris ce que je disais et il a essayé encore plus fort de me réveiller. J'ai entendu Bob dire nerveusement : « Attends, je vais allumer la lumière. » À travers mes paupières fermées, je pouvais voir que la lumière était allumée, mais je ne pouvais toujours pas me réveiller ni même ouvrir les yeux. J'étais prisonnière d'un affreux cauchemar. Enfin, de toutes mes forces, j'ai réussi à ouvrir mes paupières et à trouver mon pauvre mari qui tremblait autant que moi. J'étais terrorisée au plus haut point. « Qu'est-ce que c'est? » dit finalement Bob. « Je ne sais pas, mais c'est le pire cauchemar que j'ai jamais eu. » J'avais déjà fait d'autres cauchemars démoniaques, et d'autres cauchemars normaux aussi, dont Bob m'avait sauvée, mais celui-ci était d'un tout autre niveau. « J'avais l'impression de vivre un véritable combat spirituel ou quelque chose de semblable », ai-je répondu. Juste avant que Bob ne se rendorme, je lui ai chuchoté : « J'ai besoin que le Père m'impose les mains ». Sachant que je faisais référence à notre ami prêtre qui se formait au ministère de la délivrance et de l'exorcisme. Bob se montra tout à fait favorable, mais ne voyait pas comment cette rencontre pourrait avoir lieu avant notre départ pour Rome.

Cela faisait des années que je n'avais pas eu à faire face à un combat spirituel de cette ampleur. Bien que celui-ci rappelle les cauchemars qui ont conduit à ma conversion, ce nouveau type de combat ressemblait davantage à ce que j'avais vécu avant et pendant mon voyage à Irondale, en Alabama, où nous nous étions rendus pour une interview au cours de l'émission The Journey Home[2] de EWTN avec Marcus Grodi. J'ai eu l'occasion de raconter mon histoire de conversion à des millions de téléspectateurs lors de cette émission populaire. Quelques jours avant mon départ pour le Sud avec Bob, les choses ont commencé à se gâter, plus que d'habitude, au point que je n'allais pas pouvoir voyager, et encore moins partager mon histoire avec qui que ce soit. J'ai commencé à remettre en question tout le voyage. J'ai appelé mon directeur spirituel qui me connaissait très bien, je lui ai raconté ce qui se passait et je lui ai demandé s'il pensait que je devais recevoir l'onction des malades. Cinq minutes plus tard, il était à ma porte avec de l'huile sainte et une relique de la Vraie Croix. Nous avons parlé pendant un moment et je lui ai finalement demandé : « Suis-je folle ou s'agit-il d'une attaque spirituelle ? » Il m'a répondu avec un grand sourire : « « Tu es folle, mais il semble qu'il y a un combat spirituel en cours. Je pense que

---

[2] Il s'agit d'une émission de télévision dans laquelle M. Grodi interviewe des convertis au catholicisme ou des personnes qui sont revenues à l'Église catholique.

Chapitre 3: Des bénédictions à profusion

quelqu'un ne veut pas que tu ailles raconter ton histoire sur EWTN. » Le Père m'a imposé les mains et a prié sur moi pendant que je tenais la relique. Il m'a administré le sacrement et m'a promis de continuer à prier. Je me suis sentie remise debout. J'ai demandé au Père si je pouvais *emprunter* sa relique, et il a ri parce qu'il me connaissait bien, moi et mon amour pour les reliques, et il prévoyait qu'il ne serait peut-être pas facile de la récupérer une fois qu'elle serait entre mes mains. Cependant, je me serais certainement sentie mieux en ayant la relique avec moi pendant mon interview.

Nous sommes arrivés en Alabama un jour avant mon interview car nous voulions visiter l'église que Mère Angelica avait construite pour le *Divino Niño*[L'Enfant-Dieu] Nous avons parcouru la belle voie qui mène au glorieux Sanctuaire du Très Saint Sacrement. Nous avions l'impression de quitter ce monde et d'entrer dans un autre, plein de paix qui mène au glorieux Sanctuaire du Très Saint Sacrement. En entrant par une porte située à gauche de l'église principale, nous avons rencontré une sœur externe qui s'est présentée à nous et nous a demandé d'où nous venions et pourquoi nous étions en visite. Je lui ai dit que je devais participer le lendemain soir au programme Voyage *de retour à la maison* et que nous avions failli ne pas y arriver à cause de ma santé qui s'était brusquement détériorée. Elle m'a dit que cela ne la surprenait pas du tout et elle a détaché quelque chose de son habit. C'était une relique de la Vraie Croix qu'elle portait depuis que Mère Angelica la lui avait donnée des années auparavant, et elle voulait que je la porte jusqu'à la fin de mon interview. Elle a dit que j'en avais plus besoin qu'elle et qu'elle avait hâte de me revoir lorsque je lui remettrais la relique le lendemain de l'émission en direct. J'ai dit à la sœur que je le ferais. Une fois de plus, Dieu me gâtait.

J'ai épinglé la relique à ma chemise et je l'ai portée pendant l'interview. Environ deux heures avant de me rendre au studio, j'ai eu une terrible migraine. Je craignais que les médicaments que je prenais habituellement pour ce genre de mal de tête ne m'épuisent ou, pire, ne me rendent inintelligible, mais je n'ai pas eu d'autre choix que de les prendre parce que j'avais l'impression que ma tête allait exploser. Bob et moi avons prié pendant tout le trajet vers le studio. Je voulais juste que cette chance unique de raconter mon histoire à la télévision devant un public se passe bien et que ce soit pour la gloire de Dieu. Je ne voulais pas tout Avec Sa grâce toute-puissante et la relique de la Croix de Jésus épinglée près de mon cœur, Dieu me rappelait une fois de plus que, par le Christ, je PEUX faire toutes choses. Beaucoup de spectateurs semblaient satisfaits et inspirés par ma prestation ce soir-là, même si tout était flou pour moi. Dieu s'est occupé de tout. Et, oui! Le lendemain, j'ai rendu la relique à la religieuse.

Et maintenant, alors que je préparais mon voyage à Rome, tant d'années plus tard, notre Dieu, généreux en grâces, s'occupait de tout. Il allait utiliser ma propre tendance à la procrastination pour me permettre de recevoir un cadeau extraordinaire qui m'a montré une fois de plus à quel point j'étais gâtée. Deux jours seulement après mon dernier épisode de guerre spirituelle sous la forme d'un cauchemar, Mary Regan m'a appelée pour me dire qu'elle allait déposer les valises que nous allions utiliser pour notre voyage à Rome. Elle m'a aussi informée que son ami, le Père Gary, donnait une conférence à la paroisse du Père Kevin. Elle avait l'intention de le ramener chez elle après la conférence pour qu'il se repose, puis elle apporterait les valises chez moi. Je lui ai demandé qui était le Père Gary et quel était le sujet de sa conférence. Elle m'a ensuite demandé si j'avais lu le livre

## Chapitre 3: Des bénédictions à profusion

intitulé *The Rite*. Je ne l'avais pas lu, mais Logan me l'avait recommandé et l'avait laissé sur notre étagère lors de sa dernière visite. Comme je ne l'avais pas encore lu, je ne savais pas de quoi il s'agissait. Mary m'a expliqué que le Père Gary et son propre fils Kevin étaient devenus amis alors que Kevin était séminariste au collège Pontifical Nord-Américain et que le Père Gary étudiait à Rome pour devenir exorciste. Le Père Gary était le prêtre à propos duquel le *Rite* avait été écrit. « Oh! La! la! » J'ai raconté à Mary les événements survenus quelques nuits auparavant et j'ai dit à Bob que j'éprouvais vraiment le besoin que quelqu'un qui connaissait bien le combat spirituel prie sur moi. J'ai demandé à Mary si elle pouvait mettre les valises dans la voiture avant d'aller chercher le Père Gary de la paroisse de Kevin et, ensuite, de passer chez moi *avec* l'exorciste et les valises avant d'aller dîner chez elle. J'apprécierais vraiment cette visite spirituelle.

Lorsque j'ai ouvert la porte et que j'ai réalisé qu'un exorciste m'était remis en mains propres, j'ai été submergée par la gratitude. Un peu nerveuse lorsque j'ouvrais la porte, j'ai dit en plaisantant au Père Gary que, puisque ma tête ne tournait pas rond, j'avais l'impression que je n'étais pas aussi mal en point que j'aurais pu l'être. Le Père Gary et moi avons parlé pendant un certain temps, et sa gentillesse et sa confiance m'ont procuré beaucoup de paix. Il m'a expliqué que « Jésus a déjà remporté la victoire ». Ces simples mots racontaient l'histoire en entier. Le Père Gary dégageait un tel calme pour un homme qui a été témoin de plus de mal que je ne le serai jamais, je l'espère. « Nous avons gagné. Nous avons déjà gagné », a-t-il dit en posant ses mains sur ma tête et en priant sur moi. À ce moment-là, un sentiment de la présence de Dieu et de la paix de Dieu m'a envahie et a imprégné mon âme. J'étais désormais prête pour mon voyage à Rome, où mon fils aîné donnerait sa vie au Christ et à Son Église. J'ai également pu recevoir le sacrement des malades avant notre voyage, ce qui a été une autre grande bénédiction.

Bien que l'Ordination de Bob au Sanctuaire de Washington ait été extraordinaire, rien ne pouvait nous préparer à la beauté, à la sainteté et à la majesté dont nous allions être témoins et auxquels nous allions prendre part lors de la Messe d'Ordination diaconale de quarante jeunes hommes du Collège Pontifical Nord-Américain à l'autel de la Chaire dans la Basilique Saint-Pierre. Comment décrire ce qui se rapproche le plus de la perfection dans un monde imparfait? Je sais que, à chaque Messe, lorsque nous prononçons la prière « Saint, Saint, Saint », toutes les personnes présentes et visibles se joignent à celles qui sont invisibles pour louer le Tout-Puissant. C'est à ce moment-là que le Ciel et la Terre sont unis dans la prière. Mais cette union de la joie céleste a semblé commencer au tout début de la Messe d'Ordination et s'est poursuivie tout au long de la célébration.

La chapelle de la Chaire de la basilique Saint-Pierre a été fermée au public pendant la messe d'Ordination afin que plus de 2 500 amis et membres de la famille de ces futurs diacres transitoires puissent participer à cette expérience extraordinaire sans être distraits par le flot habituel de visiteurs. Non pas qu'il n'y ait pas eu suffisamment de distractions, car il m'était difficile de détacher mon regard des œuvres d'art stupéfiantes qui nous entouraient. Et la Chaire de Saint Pierre, juste au-dessus et derrière l'autel, entourée de bronze, nous rappelait où nous étions et que les ossements de Saint Pierre se trouvaient juste quelques mètres derrière nous, directement sous l'autel

## Chapitre 3: Des bénédictions à profusion

principal encadré par le magnifique Baldeqiuin du Bernin. J'étais si heureuse et émue de prendre conscience que j'étais là, juste un niveau au-dessus des ossements de Saint Pierre, le rocher sur lequel le Christ a construit son Église, l'Église dont Jésus lui-même a parlé à ses apôtres, et dans cette même Église, mon fils allait devenir diacre transitoire et s'engager au service de Dieu et de Son Église.

Les *Ordinandi* avaient reçu chacun deux billets pour des invités spéciaux placés dans les premiers bancs. Comme Bob avait son propre rôle à jouer dans l'ordination en tant que diacre, il s'est assis dans le sanctuaire avec les autres diacres et prêtres, et j'ai donc donné l'autre billet à celle qui a été la plus proche de Chris toute sa vie : Kaitlyn, sa sœur aînée de 16 mois et sa meilleure amie depuis sa naissance. Kaitlyn avait mérité cet honneur spécial. De plus, elle avait dû faire le voyage, seule, sans son mari et son fils de deux ans. Chris. Celui-ci lui avait gracieusement proposé de prendre sa semaine de congé pour rester à la maison et « jouer les mamans » avec Kolbe pendant que Kaitlyn profiterait d'une semaine à Rome. Assise au premier rang, mon aînée à mes côtés et moi attendions toutes deux le début de la Messe.

L'orgue a commencé à résonner. La foule excitée s'est levée et la procession de ce qui semblait être formée de centaines de prêtres et de diacres s'est mise à défiler, suivie par les *Ordinandi*. Beaucoup de jeunes hommes semblaient prier tout en étant nerveux. D'autres avaient l'air calmes et résolus. Et l'un d'entre eux arborait le plus grand sourire imaginable et semblait presque rayonner (du moins pour sa mère!). Le sourire de Chris était si évident et contagieux que les futurs prêtres qui étaient assis en face de lui pendant la messe chuchotaient et se sont poussaient les uns les autres pour regarder

Seith. Tous les garçons étaient habitués à la personnalité joyeuse de Chris, car ils avaient vécu trois ans avec lui, mais en ce jour d'ordination diaconale, le sourire et la joie de Chris avaient atteint un nouveau sommet, la prochaine étape vers ce pour quoi il a été créé. Nous avons appris que c'est au cours de l'Ordination diaconale que ces hommes, appelés à la vocation sacerdotale, font leurs promesses de célibat, d'obéissance et de prier la *Liturgie des Heures* pour l'Église et le monde entier. Même s'ils renouvelleront ces promesses lors de leur Ordination sacerdotale, leur nouvelle vie de charité commence en tant que diacre transitoire, serviteur de Dieu.

Tant de beauté et de grâce nous ont envahissaient pendant la messe que cela semblait surréaliste ; c'était trop pour de simples humains. Bien que j'aie résolu de garder mon sang-froid afin d'assister à ce trésor avec des yeux clairs, il y a eu deux moments où il m'a été impossible de garder mon sang-froid, et les mouchoirs que j'avais glissés à la dernière minute dans mon sac-à-main ont été nécessaires à Kaitlyn tout comme à moi.

Quand les candidats à l'Ordination se sont agenouillés calmement et solennellement, et, puis, se sont prosternés sur le marbre froid où nombre de leurs prédécesseurs l'avaient fait, la chorale a entamé son chant harmonieux, celui de la *Litanie des Saints*. Demandant à Dieu de répandre toutes les grâces et les bénédictions nécessaires sur ces hommes qui avaient répondu à Son appel à donner leur vie pour le Christ et son Église, la communauté des croyants a répondu : « Priez pour nous ». Tellement émue par la beauté, la gravité de l'évènement et les prières, les larmes ont lentement coulé de mes yeux. Nous étions vraiment entourés d'une *nuée de témoins*.

# Chapitre 3: Des bénédictions à profusion

Outre l'imposition des mains par le cardinal James Harvey et les paroles prononcées pour ordonner ces nouveaux diacres transitoires, il y a eu un autre moment étonnant et rare qui m'a fait couler beaucoup de larmes. Bien que cela n'ait pas été évident pour toutes les personnes présentes, mais sûrement connu de ceux qui connaissaient bien le diacre Christopher, il s'agit du moment intime où le diacre Bob Seth revêtit son propre fils des vêtements du diacre. Alors que les nombreux prêtres et diacres revêtaient les nouveaux ordonnés de leurs nouveaux vêtements, ma première réaction a été de me dire : « Comme c'est bien que Bob vête Chris ». Cela semblait si naturel. Mais ensuite, en regardant l'ensemble du tableau, mon esprit s'est dégagé de son brouillard et j'ai été témoin de l'abondance de la grâce qui se répandait sous nos yeux, de la bénédiction dont notre famille était vraiment l'objet. J'ai commencé à pleurer. Kaitlyn, également frappée par les bénédictions que Dieu nous avait accordées, s'est penchée vers moi, les yeux brillants de larmes qui coulaient sur ses joues. Sous le coup de l'émotion, j'ai passé mon bras autour de son épaule et elle a prononcé ces mots poignants : « Des mouchoirs! Des mouchoirs! J'ai besoin de plus de mouchoirs! »

Après cet événement très saint, les 2 500 personnes présentes, familles, amis et participants à la messe d'Ordination, ont été invitées à retourner au Collège Pontifical Nord-Américain pour une magnifique réception dans la cour spacieuse du Collège. Après avoir enfin rencontré de nombreux amis du diacre Christopher, dont j'avais seulement entendu parler auparavant, et avoir eu des conversations joyeuses avec eux, beaucoup d'entre nous se sont aventurés sur le toit du Collège Pontifical pour admirer la plus belle vue de Rome. Nous avons pris des photos avec nos familles et, bien sûr, avec les nouveaux ordonnés, le dôme de la Basilique Saint-Pierre apparaissant glorieusement derrière nous. Ce fut une journée remplie de Dieu et très bénie!

# Chapitre 4

## Guérisons et bénédictions et la grâce de la souffrance

*Ce n'est pas en évitant ou en fuyant la souffrance que nous sommes guéris, mais plutôt par notre capacité à l'accepter, à la faire mûrir et à lui donner un sens par l'union avec le Christ, qui a souffert avec un amour infini.*

-Encyclique "*Spe Salvi*" du pape Benoît XVI (paragraphe 37)

Au retour de ce dernier voyage à Rome, et très probablement le dernier, j'ai réalisé que j'avais repoussé les limites de mon corps. Je ne pouvais plus me mentir à moi-même en me disant que tout irait bien. Ce n'était pas le cas. Bien que chaque moment de joie en valait la peine je ne m'attendais pas à ce que notre voyage ait un tel coût sur ma santé.

J'ai trouvé le numéro de téléphone du Dr Henderson et j'ai pris rendez-vous. J'ai apporté la dernière série d'imageries par résonance magnétique Il a regardé les scanners et m'a dit : « Eh! Bien! vous avez encore besoin d'une intervention chirurgicale pour stabiliser votre colonne vertébrale, mais vous avez maintenant une fuite de liquide céphalo-rachidien et ce renflement ici, bla, bla, bla! et votre moelle épinière semble attachée, bla, bla, bla!... » J'ai recommencé à m'évanouir et je n'ai pas vraiment compris le jargon médical qu'on m'expliquait. Puis, le Dr Henderson a dit quelque chose de très clair : « Vous avez besoin d'une intervention chirurgicale. Voulez-vous attendre encore deux ans avant de vous décider, ou allez-vous me laisser vous aider avant que la situation n'empire? » Je l'ai regardé et j'ai murmuré pathétiquement : « Aidez-moi! ».

Ma première opération consistait à fusionner mes 5$^e$ et 6$^e$ vertèbres cervicales. Il s'agissait d'une opération de routine pour ce neurochirurgien expérimenté, mais pas pour moi. La veille de l'opération, je suis allée sur quelques-uns de mes sites de médias sociaux et j'ai demandé des prières. En consultant l'un de ces derniers sites, j'ai vu un message annonçant le décès d'une dame souffrant comme moi du syndrome d'Ehler-Danlos qui avait subi la même opération que celle que j'allais subir le lendemain matin, mais par un autre médecin. Cette jeune femme a eu des complications suite à son opération de fusion, elle a fait une crise cardiaque, est tombée dans le coma et est décédée. J'ai éteint mon ordinateur, je me suis couchée et j'ai prié pour l'âme de cette jeune femme et pour ceux qui l'aiment. Puis je me suis dit : « Comment vais-je moi-même sortir de l'opération demain? » J'étais terrifiée à l'idée qu'il m'arrive la même chose. Je savais que je n'arriverais pas à dormir cette nuit-là et que je serais une épave nerveuse si je décidais de procéder à l'opération.

La chose suivante que j'ai entendue, c'est le son du réveil à 5 heures du matin pour nous tirer du lit, Bob et moi, afin d'entreprendre notre voyage vers l'hôpital. Je me suis dit : « C'est bizarre! J'ai très bien dormi et je suis tout à fait calme. Comment est-ce possible? » En chemin vers l'hôpital, j'ai demandé à Bob de me rappeler que lorsqu'ils me demanderaient de compter à rebours au début de l'anesthésie, je voulais prier le *Notre Père* à la place. Sachant que le Dr Henderson était chrétien, je ne pensais pas que cela le dérangerait. Une fois que j'ai été préparée pour mon opération (et me sentant toujours étrangement très calme, le Dr Henderson est venu me parler avant qu'ils ne m'emmènent pour l'opération. Je lui ai posé quelques questions pour éviter que je subisse le même sort que la jeune femme dont j'avais lu l'histoire la veille. Le Dr Henderson a répondu à mes questions. Il m'a assuré qu'il allait prendre toutes les précautions nécessaires, puis il a fait quelque chose que je n'avais jamais entendu de la part d'un médecin. Le Dr Henderson m'a demandé si je voulais qu'il prie avec moi et, après avoir entendu ma réaction émotionnelle, il a pris mes mains dans les siennes et a prié le *Notre Père* avec moi sans même qu'il connaisse le désir que je nourrissais dans mon cœur. Il a également prié pour que le Seigneur utilise et guide ses mains tout au long de l'opération. Le calme que j'ai ressenti avant l'opération, la prière du Seigneur et le résultat positif de la fusion m'ont donné la certitude que Dieu répondait aux nombreuses prières que mes amis et ma famille avaient faites pour moi.

Un jour et demi plus tard, je suis rentrée chez moi pour récupérer. Il faut généralement 6 à 8 semaines pour se remettre de ce type d'opération, mais en l'espace de deux semaines seulement, j'ai remarqué que mes maux de tête constants commençaient à s'estomper et, par le fait de porter une minerve très résistante pour protéger la zone opérée, mon cou se sentait plus fort que jamais. Au bout d'un certain temps, j'ai pu bouger la tête de haut en bas, de droite à gauche sans qu'elle ne se coince, ne se subluxe ou ne se disloque. C'était remarquable et c'est quelque chose que je n'avais pas pu faire depuis des années. Je pouvais pencher mon cou vers l'avant sans avoir de terribles maux de tête, et j'étais même capable d'enrouler une serviette autour de mes cheveux fraîchement lavés, ce que je n'avais pas pu faire non plus depuis des années parce que mon cou ne pouvait pas supporter le poids de ma tête, et encore moins celui d'une serviette posée sur elle. J'étais tellement reconnaissante pour chaque petite amélioration que je remarquais et au moins deux fois par jour, j'annonçais avec enthousiasme à haute voix : « J'adore mon cou », sachant que la fusion rendait mes vertèbres C5/6 plus stables. J'étais ravie et j'ai commencé à imaginer toutes les choses que je pourrais faire une fois que je serais complètement guérie.

Alors que mon cou continuait à s'améliorer, les symptômes du syndrome de la moelle épinière s'aggravaient, devenaient de plus en plus douloureux et invalidants. Lors de mon bilan de fusion, il est devenu évident que je devais subir une désolidarisation de la moelle épinière dès que possible. J'ai insisté sur le fait qu'il fallait attendre la remise des diplômes de Logan à l'Université du Maryland, car j'avais déjà manqué son récital de fin d'études et je n'allais pas manquer sa remise de diplômes à lui aussi. L'ordination sacerdotale de Christopher pour le diocèse de Washington avait lieu peu de temps après la remise des diplômes de Logan et il n'était pas question de la manquer non plus. L'opération a donc été programmée deux jours après les festivités de l'ordination de Chris. Ainsi, je pourrais recevoir sa première bénédiction, la première à me confesser à lui et la première à recevoir le sacrement de l'onction des malades des mains du Père Chris nouvellement ordonné. Si cela ne me permettait pas de passer l'opération avec brio, je ne savais pas quoi d'autre pourrait le faire.

Je n'ai pas eu le temps de me préoccuper de mon opération du syndrome de la moelle épinière, ce qui a été une bénédiction. J'avais

Chapitre 4: Guérisons et bénédictions et la grâce de la souffrance    257

une Ordination à préparer et, le week-end suivant, sa première messe à préparer. Mon amie Mary Regan m'a de nouveau aidée à résoudre un problème. Mary m'a dit qu'il devrait y avoir un livre pour les mères de ceux qui vont être ordonnés, intitulé « *Préparer un week-end d'Ordination pour les nuls* ». Il y avait tant de choses que je ne connaissais pas et auxquelles je n'aurais même pas pensé, mais, Dieu merci! Mary les connaissait, ayant vécu la même chose quelques années auparavant pour son fils, le Père Kevin. J'ai eu la chance d'avoir toute une équipe d'assistants merveilleux qui sont devenus mes elfes de l'Ordination. À l'approche de l'Ordination, mes symptômes de syndrome de la moelle épinière sont devenus si graves que je passais beaucoup plus de temps au lit qu'à l'extérieur et je n'aurais rien pu préparer pour le moment le plus important de la vie du diacre Chris sans mes sœurs en Christ qui ont porté la partie la plus lourde du joug. Même si le dicton dit que « le sang est plus épais que l'eau », je peux dire « pas quand il s'agit des eaux du baptême », car lorsque nous sommes unis en Christ, il n'y a pas de lien plus fort. Je remercie Dieu pour mes Dames d'Église et mes *guerrières de la prière*.

Me concentrer sur le fait que mon fils devienne prêtre était devenu de plus en plus réel à mesure que chaque jour se rapprochait de son Ordination. La joie de Chris était contagieuse! Lorsque le jour J est arrivé, il a semblé surréaliste. Voir la mer de prêtres diacres, d'évêques et de cardinaux se diriger vers l'autel principal du Sanctuaire, suivis par les sept *Ordinandi* [ceux qui vont être ordonnés] a donné de l'espoir et un témoignage à la foule dense des fidèles, mais surtout à une mère juive fière de l'être, qui était assise à l'avant et qui était témoin de la raison pour laquelle son fils aîné était venu au monde. Dans l'église de Marie, la Basilique du Sanctuaire de l'Immaculée Conception, une autre mère juive regardait du haut du ciel et souriait.

Lorsque le Seigneur lui-même a appelé ces hommes (ainsi que tous les prêtres à être chacun un *Alter Christus*, un autre Christ, et à être unis et configurés d'une manière unique au Seigneur crucifié et ressuscité. Ces hommes ont tous répondu « Oui! » L'Ordination de ces hommes offrant leur vie, unis au Christ pour le bien de Son Corps, l'Église, m'a rappelé ce que signifie le fait que tous les chrétiens sont baptisés dans le sacerdoce royal du Christ et appelés à son dessein, chacun d'entre nous d'une manière unique. « Seigneur, ai-je prié, aide-nous à répondre à ton appel, quel qu'il soit, par un *oui* fervent. »

Le Père Chris a célébré sa première messe lors d'une vigile à la chapelle du Sacré-Cœur sur la colline. Tant de sacrements avaient été célébrés dans cette chapelle pour la famille Seith : baptêmes, mariages, confessions, et maintenant une première messe. En utilisant le calice et la patène de Monseigneur Hogan, le Père Chris semblait tout naturel. Il est vraiment né pour cela. Ce n'était plus le petit garçon qui « jouait à la messe » dans notre sous-sol avec ses frères et sa sœur et ses amis. Il s'agissait maintenant d'une vraie Messe, où mon fils adulte et prêtre consacrait le pain et le vin pour en faire le Corps, le Sang, l'Âme et la Divinité de Notre Seigneur Jésus-Christ, à l'endroit même où il avait été baptisé 25 ans plus tôt en tant que prêtre, prophète et roi du Christ. Si cela n'était pas une raison suffisante pour que les yeux de l'assemblée se remplissent de larmes, alors, le fait que le Père Chris remette à son propre père l'étole violette, utilisée par le prêtre au confessionnal, , à lui seul, en était une. Cette étole est remise par le nouveau prêtre à son propre père pour lui rappeler que c'est le père terrestre qui est le premier exemple de la miséricorde de Dieu envers son enfant. Ce cadeau et cette explication ont décuplé le niveau d'humidité dans la chapelle.

Ensuite, le Père Chris a adressé de belles paroles à mon endroit, expliquant comment ma souffrance avait contribué à façonner sa foi pour en faire ce qu'elle était devenue. Le père Chris m'a dit que, pendant sa retraite canonique, la semaine précédente, il avait eu du mal à trouver quoi me dire lors de sa première messe, alors qu'il prévoyait de me remettre son manuterge. Il s'agit du linge utilisé pour essuyer l'huile de la paume des mains du nouveau prêtre après avoir été bénies et ointes d'huile sainte, rendant ses mains à jamais capables de consacrer l'hostie et le vin, de pardonner et d'absoudre les péchés, d'oindre et de guérir les malades. La tradition veut que le nouveau prêtre remette son manuterge *à* sa mère, étant entendu que, lorsqu'elle mourra et sera mise en terre, ses mains soient enveloppées dans ce tissu sanctifié. Lorsque la mère se présente devant le Christ pour être jugée et qu'il dit : « Je t'ai donné la vie, que m'as-tu donné? », la mère lui montre alors le manuterge et lui dit : « Je t'ai donné un prêtre. » Ce geste est censé permettre à la maman d'éviter le purgatoire et de bénéficier d'un *accès rapide* au paradis. J'espère vraiment que cette pieuse tradition est vraie.

C'est en méditant sur une reproduction de la *Pieta* de Michel-Ange, représentant Marie tenant son fils mort, que le Père Chris s'est rendu compte que la réponse à son questionnement, à savoir quoi me dire, lui sautait aux yeux. Au cours de sa première messe, le Père Chris m'a dit, alors que la chapelle pleine à craquer d'invités attentifs à sa parole, que « Marie n'a pas seulement dit *oui* à Dieu en tenant son fils mort dans ses bras avec amour, mais aussi avec force, comme le montre la Pieta, mais que Marie a donné sa première fiat lorsque Dieu a voulu qu'elle s'ouvre à son plan qui se réaliserait à travers elle et en elle ». Même si Marie ne savait pas tout ce que son *oui* impliquerait, elle n'aurait jamais pensé à dire autre chose que *oui* à Dieu ». Le Père Chris m'a alors dit : « C'est ainsi que j'ai toujours pensé de toi, Maman. Quoi que Dieu te demande, je savais que tu le ferais. Quand Dieu t'a demandé d'avoir quatre enfants, tu as dit *oui*. Quand Dieu t'a demandé de créer une entreprise alors que ton corps était en train de s'effondrer, tu as dit *oui*. Et même les choses que Dieu t'a demandées sont devenues difficiles ou ont semblé impossibles à supporter, Maman, tu as quand même dit *oui*. Non pas parce que tu es folle, bien que oui, je sais que tu peux l'être, mais parce que comme Marie, Maman, tu ne penserais jamais intentionnellement à refuser quoi que ce soit que Dieu te demande ». Ensuite, le Père Chris s'est adressé à l'assemblée et dit : « Maman connaît, aime et fait confiance à Dieu, et elle m'a aidé à faire de même ». Il est évident que j'étais en train de pleurnicher pendant que mon fils prononçait ces mots, et je les garderai précieusement pour toujours! Je sais qu'il y croit. Je prie pour être à la hauteur. Lorsque le Père Chris m'a remis le manuterge, j'ai serré le plus fort possible mon fils dans mes bras et lui ai chuchoté à l'oreille : « Je t'aime tellement, père Chris, et je suis si fière de toi. Maintenant, vas-y! Et sois un bon prêtre! » À ce moment-là, toute l'assemblée était également emue aux larmes. La façon dont le Père Chris a pu poursuivre la messe après ces moments d'émotion est un miracle en soi.

Puis vint l'heure de la réception qui comprenait un excellent repas, de merveilleux invités et un défilé de tartes surprise présenté par les prêtres, diacres et séminaristes qui ont célébré avec nous, et qui rappelait le défilé de tartes à la citrouille qui est une tradition après le repas de *Thanksgiving* au Collège Pontifical Nord-Américain. Notre défilé de tartes comprenait une chanson et environ 24 tartes, faites avec amour par de nombreux amis ainsi que par un Monseigneur spécial qui avait appris au Père Chris à faire une tarte parfaite pendant son stage d'été dans sa paroisse. La célébration a été grandiose et appréciée par tous ceux qui étaient présents. À la fin de cette glorieuse journée, je suis rentrée chez moi et j'ai compris ce que cela signifiait d'être complètement épuisée tout en étant remplie d'une joie indicible. Lorsque le Père Chris est arrivé à la maison peu après, j'ai eu hâte de le serrer dans mes bras, puis j'ai instinctivement saisi ses deux mains et embrassé intensément ses paumes, réalisant que mon Christopher avait vraiment été transformé en une nouvelle création, un saint prêtre de Dieu. Puis je suis allée me coucher et j'ai prié pour une bonne nuit de sommeil, car le lendemain matin, nous avions la première messe paroissiale d'action de grâces du Père Chris au Sacré-Cœur.

Lorsque le matin s'est levé, j'ai eu l'impression d'être rompue. Mais une journée chargée m'attendait encore, une journée de grande sainteté et de célébration, non seulement pour notre famille, mais aussi pour toute notre famille paroissiale. Il était temps de donner l'impression d'être en santé et de donner le meilleur de moi-même, comme je savais que mon fils le ferait. Les grâces de la veille me remplissaient de motivation et de joie. Savoir que plus tard dans la journée, mon lit m'attendrait m'était également réconfortant. Le Père Chris a essayé de me convaincre que je n'étais pas obligée d'assister à la messe ou à la réception de ce dimanche. Tout ce que j'ai pensé, c'est : « Est-ce que ce type me connaît un tout petit peu? » Je ne manquerais jamais sa Messe d'Action de grâces dans l'église principale, où il serait le célébrant principal et où son père serait le diacre assistant, sauf *peut-être* si j'étais sur mon lit de mort. Et même dans ce cas, je ne suis pas sûre que je manquerais cela. J'ai essayé d'assurer le Père Chris que j'allais bien, mais il connaissait la vérité. Il savait aussi que j'avais trop la tête dure pour manquer cette messe spéciale qui n'arrive qu'une fois dans une vie. C'est la raison d'être d'une mère.

Je n'étais pas la seule à vouloir ne pas manquer cette Messe unique, sainte et pleine de joie. L'église du Sacré-Cœur était pleine à craquer pour la première Messe paroissiale d'Action de grâces du Père Christopher Seith. Dès que la procession s'ébranla, mes larmes se sont mises à couler. Je me suis dit : « C'est reparti! ». Puis, lorsque tous les frères et sœurs et le beau-frère du père Chris ont apporté les cadeaux, les larmes ont de nouveau coulé et j'ai attrapé ma bouteille d'eau pour me réhydrater. Au cours de la liturgie eucharistique, nous avons à nouveau vu le calice de Monseigneur Hogan s'élever très haut, cette fois au-dessus de l'autel principal de l'église du Sacré-Cœur. Pas par Monseigneur, bien sûr, mais par mon propre fils, afin que le Précieux Sang et le Corps de Notre Seigneur puissent être élevés tout comme Monseigneur Hogan l'avait fait pendant plus de 30 ans à ce même autel. Je me suis rendue compte que non seulement Monseigneur Hogan était présent à cette messe, mais aussi mon père et tous les paroissiens du Sacré-Cœur qui nous avaient précédés et qui avaient influencé la vie de mes enfants pendant leur enfance. Au moment de la communion, en voyant le diacre Bob et son fils, le Père Chris, distribuer l'eucharistie, côte à côte, à ce qui semblait être une file interminable de parents et d'amis, j'ai vraiment eu l'impression d'être au paradis.

Au moment de la réception, tout était flou et je fonctionnais en pilote automatique. Alors que le Père Chris donnait ses premières bénédictions aux multitudes, je me suis sentie dans mon élément, regnant sur la cour. comme le Père Chris l'a décrit plus tard. J'avais l'impression d'être dans mon élément, de *regner sur la cour*, ce à quoi j'ai répondu : « Eh bien! J'étais la Reine-Mère de la journée, vous savez ». J'ai énormément apprécié toutes les félicitations et les conversations avec les paroissiens qui m'étaient familiers et avec ceux qui m'étaient étrangers, ainsi qu'avec ceux qui venaient de loin, qui connaissaient le Père Chris et qui avaient l'impression de me connaître à travers lui. Beaucoup m'ont assuré de leurs prières continues pour la réussite de mon opération à venir. Après avoir vu le Père Chris bénir Kaitlyn, Chris, Kolbe et leur *petit secret* que portait Kaitlyn, j'étais prête à rentrer chez moi. Rongée par la douleur, l'épuisement et probablement la déshydratation à cause de toutes les larmes, mais totalement submergée par la joie, je suis allée me coucher pour le reste de la journée ainsi que la journée suivante.

Le 24 juin, fête de Jean-Baptiste, trois jours seulement après son Ordination, Bob et moi sommes retournés à l'hôpital. Cette fois, c'était pour mon opération du syndrome de la moelle épinière. Le Père Chris m'a oint avant que nous quittions la maison, et j'étais une fois de plus impatiente de prier avec mon neurochirurgien. J'ai décidé de ne PAS lire de messages la veille, car j'avais tiré les leçons de mon expérience passée. Lorsque l'infirmière a pris ma tension artérielle et qu'elle a constaté qu'elle était de 84 sur 61, elle n'était pas sûre de pouvoir entamer le processus de l'opération sans que ma tension artérielle n'augmente. Le médecin et l'infirmière ont décidé de m'injecter des liquides par voie intraveineuse pour voir si cela augmenterait ma tension artérielle et permettrait de procéder à l'opération. C'est ce qui s'est passé, Dieu merci! Je suppose que toutes les larmes émotionnelles m'avaient effectivement déshydraté, ce qui ne m'a pas du tout surpris. Mon diacre personnel, Bob, m'a bénie et m'a embrassée en me rappelant combien il m'aimait et qu'il prierait pour moi avec le Père Chris, qui devait arriver à l'hôpital sous peu. J'avais tout prévu et je me suis endormie paisiblement pendant que le Dr Henderson détachait ma moelle épinière.

En me réveillant en salle de réveil, on m'a dit que l'opération s'était bien déroulée et qu'au moment de la libération, ma moelle épinière était remontée de deux centimètres et demi, ce qui était un grand signe de réussite. L'infirmière m'a dit qu'ils avaient eu beaucoup de mal à me faire sortir de l'anesthésie. Je lui ai dit que mon corps avait probablement besoin de plus de sommeil parce que j'avais eu un week-end chargé. Cela ne l'a pas convaincue. On m'a emmenée dans ma chambre d'hôpital où j'ai dû rester allongée pendant un certain temps, mais comme je me portais très bien le lendemain, j'ai pu marcher un peu. Je pouvais à nouveau sentir mes pieds qui avaient été engourdis pendant un certain temps. À la fin du troisième jour, on m'a renvoyée chez moi avec d'importants analgésiques, des relaxants musculaires et au moins trois autres ordonnances dont j'aurais besoin pendant deux mois. En quittant l'hôpital, bien que souffrant beaucoup, je voyais la lumière au bout du tunnel, sans me rendre compte que cette lumière était, comme on dit, un train qui fonçait droit sur moi.

## Chapitre 4: Guérisons et bénédictions et la grâce de la souffrance 265

Je décrirais les dix premières semaines de ma période de convalescence comme si quelqu'un avait la capacité de prendre les vingt dernières années de mes maladies et tout ce qu'elles impliquaient, de les rouler dans une grosse boule et de m'écorcher en me frappant à plusieurs reprises avec cette boule de torture. J'aimerais pouvoir dire que j'exagère, mais après mûre réflexion, je ne peux pas. Avec le temps, vers la 8e semaine, le bras de l' « écorcheur » s'est légèrement affaibli et cette réduction, même si elle était de faible intensité, a été très appréciée. Mon mari a dû me rappeler chaque jour que j'avais lu à maintes reprises, les témoignages de personnes qui avaient subi le même type d'opération dans des conditions similaires, qu'il ne fallait PAS sous-estimer l'intensité de la convalescence et que cela prenait du temps. Parallèlement, j'ai rappelé à mon mari que j'avais également lu que certaines personnes avaient retrouvé un mode de vie plus actif quelques jours seulement après l'opération. Bob m'a alors rappelé qu'il y avait BEAUCOUP d'autres messages avertissant qu'il s'agissait d'une convalescence très longue et difficile, et qu'il faudrait plus de temps pour se rétablir si l'on se donnait trop de mal. Nous nous sommes tous deux souvenus que tous les participants avaient dit qu'ils referaient l'opération sans hésiter, maintenant qu'ils avaient récupéré. Cela aurait dû me réconforter, mais ce n'était pas le cas. Je voulais juste mourir.

Je décrirais bien cette expérience comme un enfer, mais cela signifierait que Dieu n'était pas là. Je savais logiquement que Dieu n'avait pas disparu. C'est juste que je ne Le trouvais pas et que je ne ressentais pas du tout Son réconfort. Pour une raison ou une autre, Il se cachait de moi. Ce n'est que grâce à la grâce de Dieu, au don de la foi et aux prières quasi-quotidiennes de plusieurs prêtres, ainsi qu'aux centaines de prières de ma famille et de mes amis, que ma foi n'a jamais faibli. La réponse du Seigneur à nombre de mes prières ne m'a pas particulièrement enthousiasmée, et j'ai dû choisir de Lui faire confiance alors que je ne ressentais absolument aucune consolation spirituelle. Je me répétais que Dieu savait ce qu'Il faisait et qu'Il m'avait prouvée à maintes reprises que je pouvais lui faire confiance. Oye! Que c'était difficile!

Un dimanche, la douleur était si lancinante que rien ne pouvait la contrôler. Rien ne soulageait la douleur C'était 10 sur 10 à l'échelle de Richter. J'étais seule à la maison, car Bob s'occupait de sa charge de diacre après la messe et allait ensuite répondre aux appels reçus de fidèles désireux de recevoir la communion à domicile et pour terminer ce ministère, il viendrait me donner la communion, à moi, la toute dernière. Lorsque la douleur de tous les nerfs de mon corps s'est intensifiée, me faisant trembler, tressaillir, transpirer, me tordre comme en agonie, je ne savais pas ce qui pouvait être fait physiquement pour me soulager d'un tel fardeau. J'ai essayé de prier, mais je souffrais trop pour me souvenir des mots d'une de mes prières bien connues. Tout ce que je pouvais répéter, c'était « Jésus, aide-moi! », et la pensée que si je pouvais simplement recevoir Jésus dans la Sainte Eucharistie. Lui seul arrangerait les choses. J'avais besoin de mon Seigneur en moi pour éteindre ce feu de douleur. J'ai commencé à avoir faim de l'Eucharistie comme jamais auparavant. En attendant que Bob revienne avec le Très Saint Sacrement, je faisais les cent pas devant la porte comme un chiot qui attend le retour de son maître pour tout arranger. Je voulais, j'*avais besoin de* dévorer notre Seigneur, et l'attente ajoutait à mon désir de recevoir l'Eucharistie. Dès que Bob est rentré à la maison, il a vu ma détresse et a

Chapitre 4: Guérisons et bénédictions et la grâce de la souffrance    267

rapidement prié la version abrégée du rite de l'Eucharistie pour les malades. Une fois que j'ai pu recevoir mon Seigneur, j'ai poussé un soupir de soulagement et j'ai prié avec le Seigneur qui était en moi et plus proche de mon cœur que tout autre moyen possible. J'ai rappelé le Psaume 63, 2-9, tel que nous le prions dans le bréviaire, heureusement mémorisé, et il a jailli de mon cœur :

> Oh! Dieu, tu es mon Dieu, je te désire ardemment ;
> Mon âme a soif de toi.
> Mon corps se languit de toi
> Comme une terre sèche, épuisée et sans eau.
> Je te contemple donc dans le sanctuaire
> Pour voir ta force et ta gloire.
>
> Car ton amour est meilleur que la vie,
> Mes lèvres diront ta louange.
> Je vous bénirai donc toute ma vie,
> En ton nom, je lève les mains.
> Mon âme sera rassasiée comme d'un festin,
> Ma bouche te louera avec joie.
>
> Sur mon lit, je me souviens de toi.
> C'est sur toi que je médite toute la nuit.
> A l'ombre de tes ailes, je me réjouis.
> Mon âme s'accroche à toi ;
> Ta main droite me tient fermement.

Avec ces mots, je me suis reposée en Lui. Là, je pouvais enfin commencer à guérir de cette opération éprouvante, et de la suivante, et de la suivante. Je reviens toujours à ce dialogue d'amour lorsque ma douleur et ma vie me semblent insupportables. Non seulement le chant du psalmiste à son Dieu, mais maintenant et toujours le chant de mon cœur, de cette enfant de Dieu à son Père. « Mon âme s'accroche à Toi, Ta main droite me tient fermement.

Ne me laissez pas partir, Seigneur! Ne me laisse pas partir!!! »

# Chapitre 5

## Mères juives

Il convient tout à fait que mon histoire commence et se termine par une réflexion sur l'amour inconditionnel d'une mère juive. Même si ma mère et moi avons eu de nombreux problèmes, je suis reconnaissante de ce que mon voyage dans la vie ait commencé avec son amour. Je suis également reconnaissante à Dieu d'avoir pu, au fur et à mesure que mes parents avançaient en âge, nous parler et guérir certaines des tensions qui affectaient notre relation. Néanmoins, comme tant de mères et de filles, j'avais l'impression que je n'aurais jamais pu plaire à ma mère. Elle ne m'a jamais comprise ni acceptée pour ce que j'étais mais elle a plutôt choisi inconsciemment d'essayer de me façonner à son image plutôt que de m'accepter et de m'aimer comme la femme que Dieu voulait que je sois en me créant. Ce n'est que par la grâce de Dieu que j'ai acquis avec la confiance l'estime de moi-même, en apprenant que ma dignité réside dans le fait d'être une enfant du Très-Haut et que, en fait, Il me connaît et m'aime avec toutes mes imperfections et mes bizarreries, tout en me transformant doucement en une meilleure image de moi-même et, espérons-le, en un meilleur reflet de Lui. Et le Seigneur continue cette tâche ardue, car je sais que j'ai encore un long chemin à parcourir! Mais ce n'est pas grave. Dieu s'en est chargé et Il est patient.

Moi aussi, j'ai malheureusement amené dans ma maternité beaucoup de problèmes, d'imperfections et d'incapacités dont mes enfants ont été les victimes. Le fait d'avoir une bonne relation avec chacun de mes enfants a permis beaucoup de communication et de guérison et, en fin de compte, ils savent que je les aime. Ils n'ont pas répondu à mes attentes. Ils les ont surpassées. Je suis très fière de mes enfants, j'aime et j'apprécie ce qu'ils sont devenus. Tout au long de leur jeune vie, j'ai souvent dit à mes enfants que ce qui me manquait en tant que mère, ils le trouveraient auprès de la Sainte Vierge Marie, leur Mère parfaite. Ma plus grande consolation et ma plus grande joie dans la vie, c'est que je peux descendre dans ma tombe en sachant que mes enfants savent que leur mère les aime, imparfaitement mais de tout son cœur, et qu'ils savent que leur Mère du Ciel les aime encore plus. Un jour, lorsque mon directeur spirituel m'a fait savoir que ma maternité et ma spiritualité étaient intimement liées, je ne savais pas si c'était une bonne ou une mauvaise chose. Je lui ai demandé : « Est-ce que c'est bien? ». Il a souri et m'a répondu : « Oui! ». Ouf! Je ne sais pas comment je pourrais les séparer, et je ne le voudrais pas. Lorsque, un jour, j'ai entendu la phrase suivante : « Une mère n'est heureuse que comme son enfant le plus triste », je me suis demandé s'il y avait des mots plus vrais que ceux-là.

Savoir que j'ai transmis le syndrome d'Ehlers-Danlos à ma fille, à mon fils cadet et à ma petite-fille me brise le cœur. Je suis heureuse de n'avoir su que j'étais atteinte de cette maladie qu'après la naissance de mes quatre enfants, car c'est une bénédiction pour moi et pour le monde que toutes ces personnes extraordinaires existent. Je suis reconnaissante de ne pas m'être trouvée dans la situation difficile d'éviter d'avoir des enfants. Ces dernières années, faire face aux luttes et aux limitations de mon fils a représenté la pire souffrance de ma vie : voir mon enfant souffrir énormément et ne pas être capable de soulager sa douleur. Être témoin de l'angoisse qui assaille physiquement, psychologiquement et spirituellement mon enfant, et ne pouvoir que rester à ses côtés et lui dire que je comprends, me cause une douleur inexprimable au cœur. Et c'est là que j'ai vu notre Sainte Mère m'attendre au pied de la Croix de son Fils. Alors qu'Éric était allongé sur le sol de la chapelle de notre maison, dans une agonie mentale et physique, disant : « J'ai peur, Seigneur, mais que Ta volonté soit faite », j'ai pleuré et j'ai reconnu Marie avec ses yeux d'ange. J'ai pleuré et j'ai reconnu Marie avec ses bras réconfortants autour de moi, de mon fils et des siens, comme nous avons tous pleuré dans le jardin de Gethsémani, alors que le fils de Marie criait lui aussi : « Éloigne de moi ce calice! Que ce ne soit pas ma volonté, mais la tienne qui soit faite. »

La Sainte Vierge Marie est une *rock star*,[1] une super-héroïne et la première « *Wonder Woman* »[2].

J'aime tellement Marie. Je ne sais pas comment j'aurais traversé mes souffrances, mes problèmes et mes luttes sans l'avoir constamment à mes côtés, m'apportant son réconfort maternel et sa force, tout en me rapprochant de son Fils. Mon fils cadet, Éric, m'a récemment fait découvrir une dévotion mariale qu'il aime et prie régulièrement, et qui le réconforte : le *Chapelet des sept Douleurs*. La prière de ce chapelet est devenue une source de réconfort pour moi aussi. En méditant sur les douleurs de Marie, il est possible de voir, à travers les yeux maternels de Marie, la douleur qu'elle a éprouvée dans son cœur pendant les années que son Fils a passées sur terre, tout en demeurant constamment dans la foi, l'espérance et l'amour de Dieu. C'est ce que je veux. C'est ce que je veux pour vous!

---

[1] Une étoile du rock. Un musicien populaire et apprécié de tous.
[2] Femme *merveilleuse*. Allusion au film Wonder Woman.

Je prie pour que, ayant parcouru les récits de ma vie, de mes luttes et de mes joies, en voyant la grâce que notre Bon Seigneur a accordée à sa fille imparfaite et brisée, vous réalisiez vous aussi à quel point vous êtes aimés de Dieu et de sa sainte Mère. Je demande également à Notre Seigneur de vous bénir et de vous rapprocher de Lui-même alors que vous luttez sur le chemin, en vous offrant en union avec le Fils, au Père et dans l'Esprit Saint. Que votre *grâce de la douleur* soit une source de bénédictions pour vous et pour les autres et un moyen de connaître l'amour de Dieu pour vous-même ainsi qu'une source pour faire connaître aux autres ce même amour à travers vous. Si nous n'avons pas une relation avec le Seigneur, je ne sais pas comment on peut avoir la paix quand on vit une telle douleur, une telle peur et un tel isolement sans consolation. Il est compréhensible que l'on perde espoir. Je connais la tentation de perdre l'espoir ; l'espoir que nos souffrances, qui sont en fin de compte une mort à soi-même, puissent être un bien. Nous devons nous rappeler qu'Il nous permet d'être un canal de grâce pour nous-mêmes, pour nos proches et pour le monde lorsque nous offrons et unissons nos souffrances aux Siennes. Il veut partager avec nous la joie et l'amour vivifiant de sa Croix de cette manière intense et intime qui, en fin de compte, nous rapproche de Lui. Ce n'est pas facile, et il semble souvent que Ses voies soient d'une « puanteur » inouïe. Sans une relation avec Dieu, nous ne pouvons pas dépasser la puanteur de notre souffrance et de notre douleur pour voir que Jésus est le seul remède pour purifier l'air et apporter la Vraie Paix. C'est dans les moments de grand stress, de peur et de douleur que nous avons besoin d'une boussole précise sur laquelle on peut compter pour notre voyage, une boussole qui pointe toujours vers le vrai Nord, Jésus-Christ. Sinon, nous risquons de nous égarer dans ce voyage qu'est la vie.

Lorsque je réfléchis à tout ce que le Seigneur m'a donné, je m'émerveille de Sa patience et de Sa bonté à mon égard, et mon cœur bat à l'unisson de celui de saint Augustin lorsqu'il a écrit ces mots :

> Je t'ai aimée tard, ô Beauté toujours ancienne, toujours nouvelle, je t'ai aimée tard! Tu étais en moi, mais j'étais dehors, et c'est là que je t'ai cherchée. Dans mon absence de beauté, je me suis plongé dans les belles choses que tu as créées. Tu étais avec moi, mais je n'étais pas avec toi. Les choses créées m'éloignaient de toi, mais si elles n'avaient pas été en toi, elles n'auraient pas été du tout. Tu as appelé, tu as crié et tu as brisé ma surdité. Tu as brillé, tu as resplendi, et tu as dissipé mon aveuglement. Tu as répandu ton parfum sur moi ; j'ai respiré et maintenant j'halète pour toi. Je t'ai goûté, j'ai faim et soif de toi. Tu m'as touché, et j'ai brûlé pour ta paix.
>
>                                   - *Les Confessions* de Saint Augustin

www.ingramcontent.com/pod-product-compliance
Lightning Source LLC
LaVergne TN
LVHW051824080426
835512LV00018B/2715